河北省社会科学基金项目《牢牢掌握高校意识形态领导权、话语权研究》（HB15MK022的最终结项成果）

| 博士生导师学术文库 |

A Library of Academics by
Ph.D.Supervisors

高校意识形态工作领导权话语权研究

———·———

申文杰　著

光明日报出版社

图书在版编目（CIP）数据

高校意识形态工作领导权、话语权研究 / 申文杰著
. -- 北京：光明日报出版社，2020.6
（博士生导师学术文库）
ISBN 978 - 7 - 5194 - 5823 - 2

Ⅰ.①高… Ⅱ.①申… Ⅲ.①高等学校—思想政治教
育—研究—中国 Ⅳ.①G641

中国版本图书馆 CIP 数据核字（2020）第 106686 号

高校意识形态工作领导权、话语权研究
**GAOXIAO YISHI XINGTAI GONGZUO LINGDAOQUAN HUAYUQUAN
YANJIU**

著　　者：申文杰

责任编辑：杨　茹　　　　　　　责任校对：刘浩平
封面设计：一站出版网　　　　　责任印制：曹　净

出版发行：光明日报出版社
地　　址：北京市西城区永安路 106 号，100050
电　　话：010-63139890（咨询），010-63131930（邮购）
传　　真：010 - 63131930
网　　址：http://book.gmw.cn
E - mail：yangru@gmw.cn
法律顾问：北京德恒律师事务所龚柳方律师

印　　刷：三河市华东印刷有限公司
装　　订：三河市华东印刷有限公司
本书如有破损、缺页、装订错误，请与本社联系调换，电话：010-63131930

开　　本：170mm×240mm
字　　数：305 千字　　　　　　印　　张：17
版　　次：2020 年 6 月第 1 版　　印　　次：2020 年 6 月第 1 次印刷
书　　号：ISBN 978 - 7 - 5194 - 5823 - 2
定　　价：95.00 元

序

意识形态工作是党和国家一项极端重要的工作，高校作为意识形态前沿阵地，肩负着学习研究宣传马克思主义，培育和弘扬社会主义核心价值，为实现中华民族伟大复兴的中国梦提供人才保障和智力支持的任务。高校在意识形态工作的重要地位和任务决定了高校意识形态工作是一项战略工程、固本工程、铸魂工程，能否做好高校意识形态工作，事关党对高校的领导，事关全面贯彻党的教育方针，事关中国特色社会主义后继有人，对巩固马克思主义在意识形态领域的指导地位、巩固全党全国人民团结奋斗的共同思想基础，具有十分重要的意义。

中国特色社会主义进入新时代，我党更加重视高校意识形态工作，明确提出牢牢掌握高校意识形态工作领导权、话语权的新论断。在党中央坚强领导下，我国高校意识形态工作取得了显著成效，特别是党的十九大以来，我国高校师生认真学习党的十九大精神，积极推进习近平新时代中国特色社会主义思想进教材、进课堂、进头脑，不断增强"四个意识"、坚定"四个自信"，在政治上、思想上、行动上与以习近平同志为核心的党中央保持高度一致，坚决拥护习近平总书记在党中央和全党的核心地位，坚决维护党中央权威和集中统一领导。从总体上看，高校意识形态领域主流是积极、健康、向上的。但是，也要清醒地看到，高校意识形态领域并不平静，各种腐朽思想文化以不同的形式向高校师生渗透，高校也是各种敌对势力与我党争夺的一个重要意识形态阵地，在多种复杂因素影响下，高校师生的思想呈现出多样、多变、多元的特征，在这种思想文化背景下，加强高校意识形态问题研究，不仅具有学术价值，而且具有重要现实意义。申文杰教授撰写的专著《高校意识形态工作领导权、话语权研究》，正是适应了我国高校意识形态建设的基本要求，深入系统地研究了高校意识形态工作领导权、话语权有关理论和现实问题。

该专著包括五章内容，第一章对高校意识形态工作领导权、话语权进行了理论分析，第二章论述了我党关于高校意识形态工作领导权、话语权的基本经验和理论观点，第三章主要分析了我国高校意识形态工作领导权、话语权面临的挑战，第四章客观分析了我国高校意识形态工作领导权、话语权在实现过程中存在的问题，第五章探究了我国高校意识形态工作领导权、话语权实现的基本途径。申文杰教授的这一专著具有以下特点。

第一，注重学术性与政治性的统一。这一专著的内容是河北省社科基金项目的结项成果，对这一问题的研究需要进行学术探究，特别是关于高校意识形态工作领导权、话语权的理论分析，需要从学术层面阐明高校意识形态工作领导权、话语权的特点和遵循的基本原则。意识形态问题具有鲜明的政治性，研究高校意识形态工作领导权、话语权必须站稳政治立场，要有高度的政治意识、大局意识、核心意识、看齐意识。作者在研究高校意识形态工作领导权、话语权问题时，自觉与以习近平同志为核心的党中央保持高度一致，对复杂的高校意识形态问题进行正确分析，做到立场坚定、旗帜鲜明。特别是该书在分析西化、分化战略对高校意识形态工作领导权、话语权的挑战，多样化社会思潮对高校意识形态工作领导权、话语权的腐蚀性时，坚持以马克思主义为指导，认清错误思潮的实质。既注重学术性，又坚持正确的政治方向，把学术性与政治性统一起来，是该专著一个内在的特征。

第二，重视理论与实践的结合。该专著的前半部分主要是对高校意识形态工作领导权、话语权进行理论阐述，这种理论阐述主要分析了高校意识形态工作领导权、话语权的内涵、特征及遵循的原则，还论述了我党关于学校意识形态工作的基本理论观点，这样，该专著就具有了一定的理论支撑。在理论分析的基础上，该专著结合当前实际论述了我国高校意识形态工作领导权、话语权面临的多方面挑战和自身存在的问题，并结合现实探究了高校意识形态工作领导权、话语权实现的基本途径，这样，作者就把掌握高校意识形态工作领导权、话语权落到实处。整篇著作既有理论分析，又有现实探究，进而把理论与实践有机结合起来。

第三，把握高校意识形态工作与国家整体意识形态工作的一致。高校意识形态工作是整个国家意识形态的组成部分，高校意识形态工作与国家意识形态工作的关系是部分与整体的关系，部分要服从整体。研究高校意识形态工作领导权、话语权必须准确把握我国意识形态工作的总体态势，全面掌握我党关于意识形态工作的基本要求，熟悉我党关于意识形态工作的最新理论成果。申文杰教授的这部著作自觉做到把党的意识形态工作理论，特别是习近平总书记关于意识形态工作的新的理论观点，应用到高校意识形态工作领导权、话语权研究过程中，这样，就使高校意识形态工作领导权、话语权的研究与国家整体意识形态建设保持高度一致，同时，也把党的最新意识形态理论成果应用到高校意识形态工作领导权、话语权研究中，进而使这一问题的研究具有鲜明的时代性。

总之，申文杰教授的这部专著自觉做到了学术性与政治性、理论性与实践性、特定性与整体性的统一，值得高校、舆论宣传、思想政治工作及党政部门的理论研究工作者一读。

张骥

2019 年 9 月 16 日

目 录
CONTENTS

引　言

意识形态工作是党和国家一项极端重要的工作，高校作为意识形态工作的前沿阵地，肩负着学习研究宣传马克思主义，培育和弘扬社会主义核心价值观，为实现中华民族伟大复兴的"中国梦"提供人才保障和智力支持的重要任务。加强高校意识形态阵地建设，牢牢掌握高校意识形态工作领导权、话语权，是一项战略工程、固本工程、铸魂工程，对于巩固马克思主义在意识形态领域的指导地位、巩固全党全国各族人民团结奋斗的思想基础具有十分重要而深远的意义。牢牢掌握高校意识形态工作领导权、话语权既是一个理论问题，也是一个实践问题、政治问题，对这一问题的研究不仅要进行学术探讨，而且要有坚定正确的政治立场，还要有高度的责任感，因为高校意识形态工作不只关乎高校的发展方向及和谐稳定，高校作为意识形态的前沿阵地，一旦丢失，就会使我国整个意识形态领域陷入被动，严重损害我国整个意识形态阵地。因此，深入系统地展开对高校意识形态工作领导权、话语权问题的研究，具有重要的理论意义、实践意义、政治意义。

一、研究背景

党的十八大以来，中国特色社会主义进入新时代，以习近平同志为核心的党中央高度重视高校意识形态工作，出台了一系列新举措，提出了许多新要求。2014 年 10 月 5 日，中共中央办公厅、国务院办公厅印发《关于进一步加强和改进新形势下高校宣传思想工作的意见》的通知，该通知明确提出"牢牢掌握高校意识形态工作领导权、话语权"的问题，并强调，加强高校意识形态建设事关党对高校的领导，事关全面贯彻党的教育方针，事关中国特色社会主义事业后继有人。在通知中还深刻阐述了牢牢掌握高校意识形态工作领导权、话语权的紧迫性。当前世界范围内各种思想文化交流交融交锋更加频繁，国际思想文化领域斗争深刻复杂，一些西方国家把我国发展壮大视为对其价值观和制度模式的挑战，不断加大对我国进行战略围堵和牵制遏制的力度。在这种背景下，高校抵御和防范敌对势力渗透的任务更加繁重。中国特色社会主义进入新时代，社会主要矛盾发生变化，发展不平衡、不充分的问题依然突出，我国改革进入深水区和攻坚期，国内各种矛盾和问题叠加呈现，人们思想活动的独立性、选择性、多变性、差异性明显增强，社会思想多样、多元、多变现象对高校师生思想的影响日趋明显，用社会主义主流意识形态引领高校师生思想的任务更加重要。随着互联网的日益普及，特别是在高校师生的教学、科研、学习、交往、生活等多方面的广泛应用，网络信息、网络文化、网络意识形态等对高校师生的思想方式、学习方式、生活方式、交往方式等影响越来越深刻，在高校师生中加强网络舆论引导、占领网络意识形态阵地、掌握网络舆论主动权的任务更加凸显。一些错误思潮如新自由主义、历史虚无主义、普世价值、宪政民主等，通过多种途径在高校传播，对部分师生的思想造成很大影响。在这种背景下，强调加强高校意识形态工作领导权、话语权更具有现实意义。

2016 年 12 月 7 日，全国高校思想政治工作会议召开，习近平总书记在这次会上就高校思想政治工作发表重要讲话。他强调，高校思想政治工作关系高校培养什么样的人、如何培养人以及为谁培养人这个根本问题。要坚持把立德树人作为中心环节，把思想政治工作贯穿教学全过程。并指出："我国高等教育发展方向要同我国发展的现实目标和未来方向紧密联系在一起，为人民服务，为中国共产党治国理政服务，为巩固和发展中国特色社会主义制度服务，为改革开放和社会主义现代化建设服务。"① 习近平同志进一步指出，我国高等教育肩负着培养德智体美全面发展的社会主义事业建设者和接班人的重大任务，必须坚持正确的政治方向。这实际上就强调了高等教育的意识形态属性，明确了掌握高校意识形态工作领导权、话语权的重要性和基本方向。

面对新形势、新任务，我国高校意识形态工作还不够适应，存在不少薄弱环节。一些高校领导对意识形态工作重视不够，抓得不紧；高校作为意识形态前沿阵地，受到错误思潮的冲击较大，高校意识形态阵地、意识形态领导权、话语权受到明显损害；个别教师思想理论水平和教书育人能力需要进一步提高；高校哲学社会科学的育人功能和学术话语体系建设需要进一步加强，在哲学社会科学领域的马克思主义意识形态话语权受到一定程度的削弱；在高校课堂、论坛、讲座、出版、社团等意识形态阵地，党的意识形态领导权受到削弱，个

---

① 习近平. 把思想政治工作贯穿教育教学全过程［N］. 人民日报, 2016 - 12 - 08.

别人淡化党的领导或者抹黑党的领导；在高校意识形态领域杂音、噪音时有出现，极少数教师在课堂上散布一些错误言论，传播一些错误观点，在学生中造成很大负面影响。

面对这些现实情况，牢牢掌握高校意识形态工作领导权、话语权显得特别重要，更具有现实感、急迫感。基于这种现实的要求，本课题着重研究高校意识形态工作领导权、话语权的实现问题，既具有理论意义，又具有现实意义。

（一）该研究课题的学术价值及理论价值

1. 有助于拓展意识形态领导权、话语权问题研究领域

意识形态领导权、话语权渗透在各个领域，每个领域都存在意识形态问题，如舆论宣传领域的意识形态问题、哲学社会科学领域的意识形态问题、文化文艺领域的意识形态问题、社会生活中的意识形态问题等，可以说，意识形态是一种无处不在的现象，因为任何领域都存在价值判断、价值引导，我党要实现对国家的全面领导，就要掌握各个领域的意识形态领导权、话语权。由于各个领域意识形态的具体表现形式不同，因此，党对各个领域意识形态工作领导权、话语权掌握的方式也是有所差异的。高校是一个特殊的领域，肩负教书育人职责，直接学习、研究意识形态问题，因此对这一领域意识形态工作领导权、话语权的研究，就使得对意识形态领导权、话语权问题的研究更加具体、更加深化，进一步拓展了意识形态领导权、话语权的研究领域。

2. 有助于深刻理解我党关于意识形态领导权、话语权的基本理论观点

我党非常重视意识形态问题，特别是近年来，特别强调意识形态工作领导权、话语权问题，习近平总书记反复强调要牢牢掌握意识形态工作领导权、话语权，否则就要犯无可挽回的历史性错误，因此，意识形态工作领导权、话语权不能旁落，必须掌握在忠于党、忠于人民的人手里。高校意识形态工作是全党意识形态工作的一个重要组成部分，牢牢掌握高校意识形态工作领导权、话语权，其直接作用就是加强党对高校意识形态工作的领导和指导，间接作用在于强化了整个意识形态建设。因此，高校意识形态工作领导权、话语权是与党的整个意识形态工作联系在一起的。通过深入具体地研究高校领域的意识形态问题，有助于深刻理解党的整个意识形态工作的基本要求，进而加深对党的意识形态理论的认识。

3. 有助于吸收借鉴西方一些学者的意识形态领导权理论，把这一理论运用到我国意识形态实际工作中

意识形态领导权理论最初是由葛兰西在《狱中札记》一书中提出的，他提

出的"意识形态领导权"本质是一种思想控制，同时也是一种政治认同，他认为，资本主义国家资产阶级通过掌握意识形态领导权实现对全社会的思想控制，巩固资产阶级的统治，无产阶级要想夺取政权，必须打破这种思想控制，掌握对思想领域的领导，才能真正夺取政权。此外，西方其他学者如曼海姆、阿尔都塞、齐泽克、福柯等都从不同角度论述了意识形态领导权、话语权。对西方学者的观点要采取批判借鉴的科学态度，不能简单地运用西方学者的理论研究我国的意识形态问题，但是，要善于把其中有价值的成分吸收过来，丰富和完善我国意识形态领导权、话语权理论。

（二）该研究课题的实践价值

1. 有助于巩固马克思主义在高校意识形态领域的指导地位

马克思主义是我国的根本指导思想，习近平总书记强调，马克思主义是科学的理论，创造性地揭示了人类社会发展规律；马克思主义是人民的理论，第一次创立了人民实现自身解放的思想体系；马克思主义是实践的理论，指引着人民改造世界的行动；马克思主义理论是发展开放的理论，始终站在时代前沿。马克思主义不仅改变了世界，也改变了中国。中国特色社会主义进入新时代，中国共产党正带领人民进行伟大斗争、建设伟大工程、推进伟大事业、实现伟大梦想，在这个过程中，我们更需要用科学理论指导我们应对重大挑战、抵御重大风险、克服重大阻力，不断坚定马克思主义信仰。高校是意识形态领域的重要阵地，是各种思想文化的交锋地带，各种不同的思想观点都在力图争夺这一阵地，对高校意识形态阵地，正确的观点不去占领，错误的、反动的观点必定会去占领。掌握高校意识形态工作领导权、话语权最直接的现实作用，就是巩固马克思主义在高校意识形态领域的指导地位，防止各种错误思潮在高校的蔓延。

2. 有助于加强和完善党对高校领导

党的十九大报告明确指出："党政军民学，东西南北中，党是领导一切的。必须增强政治意识、大局意识、核心意识、看齐意识，自觉维护党中央权威和集中统一领导，自觉在思想上政治上组织上同党中央保持高度一致。"我国的大学是社会主义大学，在办学过程中必须坚持党的领导，贯彻党的教育方针，贯彻党和国家的路线方针政策。高校意识形态工作是一项政治性、现实性很强的工作，加强和改进高校意识形态工作有助于增强高校领导干部的政治素养，使领导干部切实担负起政治责任和领导责任，提高领导水平，增强驾驭能力，强化政治意识、责任意识、阵地意识、底线意识，真正做到旗帜鲜明地站在意识形态工作第一线，与党中央保持高度一致，进而有效发挥出高校党委的领导核心作用。

3. 有助于维护高校和谐稳定

习近平总书记指出："历史和现实反复证明，能否做好意识形态工作事关党的前途命运，事关国家长治久安，事关民族凝聚力向心力。"他还进一步指出，一个政权的瓦解往往是从思想领域开始的，政治动荡、政权更迭可能在一夜之间发生，但思想演化是一个长期过程。思想防线被攻破了，其他防线就很难守得住。意识形态工作与高校和谐稳定是联系在一起的，高校和谐稳定首先就要求高校师生的思想稳定。如果高校师生思想动荡、思想出现混乱，就很容易引发高校不稳定，各种敌对势力就会趁机插手高校，挑起事端。加强高校意识形态工作领导权、话语权，有助于提高广大高校师生的政治思想觉悟，增强政治凝聚力和政治敏锐性，在高校师生中培育共同的理想信念，筑牢思想防线，为高校和谐稳定打下坚实的政治思想基础。

4. 有助于完成立德树人的根本任务

我国高校肩负着培养合格的社会主义事业建设者和接班人的重大任务。通过加强高校意识形态工作，不断地提高学生的思想水平、政治觉悟、道德品质，使学生成为德才兼备、全面发展的人才。通过加强和改进高校意识形态工作，引导大学生正确认识世界和中国发展大趋势，正确认识和把握人类社会发展的历史必然性，正确认识和把握中国特色社会主义的历史必然性，不断树立为共产主义远大理想和中国特色社会主义共同理想而奋斗的信念和信心。正确认识中国特色和国际比较，全面认识当代中国，客观看待外部世界。正确认识历史责任和历史使命，用"中国梦"激荡青春梦，激励学生自觉把个人的理想追求融入国家和民族的事业中，引导大学生把个人梦融入"中国梦"，汇聚起实现中华民族伟大复兴的精神力量，引导大学生正确处理个人理想与共同理想的关系，在个人成长过程中，把握好政治方向、价值取向和人生航向，坚定不移地走中国特色社会主义道路。加强高校意识形态工作领导权、话语权，既为大学生健康成长创造良好的环境，也为大学生成长提供精神动力和思想保障。

5. 有助于保障高校为人民服务、为中国共产党治国理政服务、为巩固和发展中国特色社会主义制度服务、为改革开放和社会主义现代化建设服务

牢牢掌握高校意识形态工作领导权、话语权，有助于保障我国高校发展的政治方向，使我国高校与我国发展的现实目标和未来发展方向紧密结合起来。我们的高校是党领导下的高校，是中国特色社会主义高校，办好高校必须坚持以马克思主义为指导，必须坚持正确的政治方向，为广大人民群众服务，为有

效实现党的治国理政任务提供智力支持、人才支撑、理论资源、精神动力，使党的治国理政任务有效实现。高校意识形态工作是与巩固和发展中国特色社会主义制度紧密联系在一起的，巩固和发展中国特色社会主义制度既需要物质基础，也需要精神基础，卓有成效的高校意识形态工作不仅可以保障为中国特色社会主义建设提供合格的人才，还可以增强对中国特色社会主义制度的认同，增强道路自信、理论自信、制度自信、文化自信，进而为巩固中国特色社会主义制度奠定坚实的思想基础。我国的改革开放需要意识形态工作发挥强大的指导功能、整合功能、动员功能、维护功能、批判功能、激励功能等。高校意识形态工作不是一个封闭的体系，高校意识形态工作必须融入改革开放的历史任务，肩负起应有的责任，切实有效地为我国改革开放和社会主义现代化建设服务。

二、国内外研究现状

（一）国内研究现状

近年来，我国学术界、理论界高度重视高校意识形态工作方面的研究，在这一领域取得了丰硕的研究成果，对高校意识形态工作进行了深入具体的研究，归纳起来，这些研究成果主要研究了下列问题。

1. 多方面地探究了掌握高校意识形态工作领导权、话语权的重要性

关于高校意识形态工作的重要性，有些学者认为，高校是人才培养的重要场所，承担着人才培养、科学研究和社会服务的重要职责，在这种情况下，高校意识形态工作关系到立德树人，对引导大学生树立正确的世界观、人生观、价值观有重要意义。还有的学者认为，高校是学习、研究、宣传马克思主义的重要阵地，高校意识形态工作对推进马克思主义理论研究和创新有重要作用；高校师生特别是大学生是思想教育的重要对象，加强高校意识形态工作，对促进高校思想政治工作有直接作用。还有的学者更为具体地提出，把握高校意识形态工作主导权是巩固思想阵地、坚守主流价值观的重要手段，是应对西方思想文化挑战、确保国家安全的需要，是维护国家政治稳定的需要。有的研究者认为，高校意识形态建设是实现"中国梦"的重要条件等。

这方面的主要研究成果有：韩震——《高校思想政治工作从非常重要到"极端重要"》，人民网，2015年1月26日；曹文泽——《让高校思想政治工作

活起来》,《人民日报》2017年2月3日;邓学源、李国兴——《加强高校意识形态工作领导权和话语权》,《光明日报》2017年2月13日;金德水——《旗帜鲜明地抓好思想政治工作》,《求是》2017年第5期;葛慧君——《高校要成为坚持党的领导的坚强阵地》,《求是》2017年第3期;蒋红——《对高校意识形态重要性的再认识》,《云南日报》2016年3月10日等。

2. 较为全面地分析了高校意识形态工作领导权、话语权面临的挑战

关于我国高校意识形态工作领导权、话语权面临的挑战,很多学者提出了下列观点:各种思想文化在高校的交流、交融、交锋日趋频繁,一些错误思想在高校抢滩登陆,企图影响高校师生;随着现代信息技术的飞速发展,高校师生成为使用互联网较为集中的人群,互联网在为高校师生提供海量信息的同时,也夹杂着各种错误思想,互联网中的错误思想对高校师生影响越来越大、越来越深;西方腐朽思想文化对我国高校的影响不可忽视,西方敌对势力采取多种手法对我国高校进行意识形态渗透,通过论坛、讲座、交流、出版物等手段宣传西方思想文化,少数师生成为西方文化的俘虏;我国发展过程中存在的不平衡、不充分的问题,也会反映到意识形态领域,对高校意识形态工作带来负面影响;社会上消极腐败、道德滑坡、贫富悬殊、食品安全等一些问题的存在,也会冲击人们的思想观念,不可避免地对大学生的意识形态认知产生冲击,制约着高校意识形态工作说服力和实际效果,进而对高校意识形态工作带来不利的影响;人们思想活动的独立性、选择性、多变性、差异性明显增强,社会成员思想的多元、多样、多变,增大了高校意识形态工作的复杂性,这给高校意识形态工作带来了很大影响,特别是在社会转型过程中,市场化的社会环境使大学生在个人发展上获得了广泛的自由度和选择权,但也使他们感受到更强的竞争和更大的压力,同时,社会转型出现的一些深层次社会问题,也对高校师生产生负面影响;新媒体给高校意识形态工作带来很大冲击和挑战,以互联网、移动通信技术为代表的新媒体在高校的广泛普及,使大学生的学习、生活更加趋向开放化、多维化、个性化,但新媒体也会传播一些垃圾信息、有害信息、反动信息,给大学生成长带来不利影响。此外,境外新媒体运用各种方式攻击、诋毁中国特色社会主义制度,传播各种错误思想观点,对高校意识形态工作领导权、话语权带来极大危害。

这方面的主要研究成果有:丁振国——《高校如何应对意识形态的挑战》,《光明日报》2017年2月14日;熊小红、肖向梅——《高校应对意识形态工作挑战的路径选择》,《人民论坛》2012年第3期;翁铁惠——《高校宣传思想工作面临的挑战》,《中国教育报》2015年2月9日;冯慧——《高校意识形态面

临的挑战及应对》，《红旗文稿》2014 年第 6 期；周守高——《认清高校当前宣传思想工作面临的三个挑战》，《求是》2015 年第 4 期；高世杰——《当前高校意识形态安全工作的几点思考》，《思想教育研究》2016 年第 5 期；钱俊——《高校意识形态安全运行机制建设研究》，《学校党建与思想教育》2015 年第 19 期；魏晓文——《论网络背景下的高校意识形态安全建设》，《思想教育研究》2014 年第 6 期等。

3. 客观分析了掌握高校意识形态工作领导权、话语权过程中存在的问题

一些学者从多方面分析了我国高校意识形态工作领导权、话语权存在的一些问题。一是，我国高校意识形态工作教育模式存在弊端，随着高等教育的大众化、国际化及教育需求的多样化，传统的意识形态教育模式已落后于时代发展的要求，高校师生对意识形态理论教育认同度低，相当一部分学生上课仅仅是为了拿到学分。同时，授课教师教学内容陈旧，对目前的新现象、新问题、新观念反映得不够，使高校意识形态教育与现实脱节，变成脱离生活的空洞说教，减弱了思政课的实效性。二是，我国高校意识形态教育理念存在缺失，部分教师重知识教育、忽视思想教育。在思想政治理论课教学中，有的教师没能及时把握学生的思想动态，没能充分发挥思想政治理论课的思想政治教育功能，还有的教师教学过程中排斥意识形态渗透；在个别学科教学中有的教师无视我国的国情，不加分析地运用西方学术观点评判我国的现实，在学生中产生了负面影响；还有个别教师在课堂上过分渲染社会阴暗面，传递负能量，散布消极情绪。三是，意识形态工作没有形成合力。一些学者强调，高校意识形态工作是一项系统工程，需要各个部门密切配合，但在高校意识形态工作中各个方面的教育主体常常是各自为政，没有真正形成合力。在课程设置上，重视专业知识，忽视思想政治教育课程，在学校管理中，一些领导重视业务工作，重视学校发展规模，忽视了学生思想教育管理；在各个部门的关系上，不同部门在意识形态工作中，不能与其他部门衔接起来，甚至有时还互相牵制，效率低下。

这方面的主要研究成果有：邓学源、李国兴——《加强高校意识形态工作领导权和话语权》，《光明日报》2017 年 2 月 13 日；焦新——《守好党和国家意识形态工作前沿阵地》，《中国教育报》2015 年 1 月 26 日；郑永廷、林佰海——《坚持高校意识形态工作的领导权和话语权》，《思想理论教育》2015 年第 4 期；陈爱梅、薛翔宇——《高校意识形态工作必须掌握网络空间话语权》，《红旗文稿》2015 年第 8 期；黄蓉生——《着力解决高校意识形态工作存在的问题》，光明网，2016 年 5 月 15 日；刘经纬、董前程——《对完善高校意识形态工作话语体系、掌握话语权的探讨》，《思想教育研究》2015 年第 9 期等。

4. 多角度论述了加强高校意识形态工作的基本对策

在如何加强高校意识形态工作问题上，很多学者和理论工作者对这一问题进行了全方位探索，提出了不少真知灼见，主要有以下观点。强化党管意识形态的原则，加强意识形态阵地管理，高校党委要担负起政治责任、领导责任，旗帜鲜明地站在意识形态工作第一线，做到守土有责、守土负责、守土尽责，确保党在高校意识形态工作中的领导权、话语权、管理权。高校党委要强化课堂、报告会、研讨会、讲座、论坛等意识形态阵地的管理；坚持学术研究无禁区、教学宣传有纪律，正确处理学术研究与课堂教学的关系，区分学术研究与意识形态的界限；开展社会主义核心价值观教育，社会主义核心价值观是社会主义意识形态的本质，在高校意识形态工作中要培育和践行社会主义核心价值观，就要把社会主义核心价值观作为高校校园文化建设的根本，重点围绕精神文化、学术文化、实践文化、物质文化等，打造"一校一品"的校园文化格局，用生动、丰富的文化形式，彰显意识形态建设的文化内涵；强化意识形态正面宣传，在高校意识形态建设中，要坚持团结、稳定、鼓劲，正面宣传为主，改进成就宣传、典型宣传、主题宣传，广泛凝聚起高校意识形态建设的正能量；以高校师生为意识形态建设的主体，本着贴近中心工作、贴近高校实际、贴近师生生活的原则，大力开展马克思主义基本理论和中国特色社会主义理论体系教育，为高校意识形态工作提供思想保障；善用善管新媒体，加强和改进网络意识形态工作，打造示范性大学生教育网站和网络互动社区，广泛开展师生网络素养教育，把新媒体技术广泛应用于意识形态工作，提高意识形态工作的影响力、感召力；打造高校意识形态工作队伍，教师的政治思想素质直接关系到高校意识形态建设成效，高校要做到全员育人、全方位育人，挖掘各类专业课程的思想政治教育资源，把意识形态教育纳入教学各个环节。高校要确保教师坚持正确的政治方向，提升教职工的政治素养和育人水平，同时，高校还要加强党政干部、辅导员和班主任队伍建设，建设一支政治坚定、作风优良、纪律严明、能打硬仗的意识形态队伍等。

在这方面的主要研究成果有：袁贵仁——《把握大势，着眼大事，努力做好新形势下高校宣传思想工作》，《求是》2015 年第 3 期；陈宝生——《发挥高校优势，加快构建中国特色哲学社会科学》，《求是》2017 年第 10 期；朱善璐——《扎实抓好新形势下高校宣传思想工作》，《中国教育报》2015 年 2 月 14日；陈旭——《准确把握加强和改进高校宣传思想工作的基本原则》，《中国教育报》2015 年 2 月 4 日；靳诺——《科学把握高校宣传思想工作基本原则》，《光明日报》2015 年 2 月 5 日；张彦——《完善宣传思想阵地管理制度》，《光明日报》2015 年 2 月 4 日；朱景林——《从"三个统一"着力大力加强师德师风建设》，《人民日报》2017 年 2 月 13 日；程美东——《从大视野把握高校思想政治工作》，《人民日报》2017 年 2 月 3 日；王永友、易鹏——《打造过硬的思想政治工作队伍》，《人民日报》2017 年 2 月 23 日；韩振峰——《高校思想政治工作必须强化"四个服务"意识》，光明网，2017 年 2 月 11 日；李建华——《大学生涵养社会主义核心价值观的十大机制》，《光明日报》2014 年 12 月 31 日；张颖颖——《提升高校教师道德素养》，《人民日报》2015 年 12 月 30 日；金东寒——《推动高校思想政治教育工作改革创新》，《求是》2017 年第 3 期等。

5. 有针对性地研究了高校意识形态工作领导权、话语权问题

高校意识形态工作领导权、话语权问题是近年来高校意识形态研究的一个热点问题、重点问题，在对这一问题的研究中，许多学者提出了下列观点。有的学者认为，意识形态领导权属于领导权的一种，广泛涉及政治领导权、组织领导权、文化领导权、话语领导权各个领域，是这些领域在意识形态领域的体现，因此，广义的意识形态领导权包括政治领导权、组织领导权、文化领导权、话语领导权等领域中关于意识形态层面上的领导权问题，狭义上的意识形态领导权，主要是指政治意识形态领导权。有的认为政治意识形态领导权是党在高校掌握意识形态领导权的核心，根本的做法就是巩固党在意识形态领域的领导地位，确保社会主义办学方向。还有的学者认为，高校意识形态工作领导权、话语权还包括管理层面的意识形态领导权问题，还要从高校师生的日常生活中把握高校意识形态工作领导权、话语权，把握好生活中的意识形态领导权、话语权，对整个高校意识形态工作有重要影响。还有的学者重点研究了党对高校的领导问题，认为党委要把意识形态工作放在极端重要的位置，纳入工作日程，定期研究高校意识形态工作，制定意识形态工作的具体任务及政策；严格实行意识形态工作责任制，把意识形态落到实处，每个岗位都肩负起意识形态职责；党委主要领导要敢于同错误思想做斗争，站在意识形态第一线，立场坚定、旗帜鲜明；把意识形态工作领导权掌握在忠于人民、忠于党的人手中，意识形态领导权不能旁落等。

这方面的研究成果有：陈宝生——《高校必须坚持正确的政治方向》，《求是》2017 年第 3 期；陈旭——《抓好高校意识形态工作的着力点》，《求是》2017 年第 3 期；梁柱——《切实加强党对高校宣传思想工作的领导》，中国青年网，2015 年 2 月 11 日；李民——《切实提高高校意识形态工作科学化水平》，《光明日报》2016 年 1 月 6 日；邓昌大——《掌握高校意识形态工作领导权和

主导权的路径》，《高教学刊》2015 年第 17 期；郭凤志——《加强高校意识形态建设的文化主体意识及话语体系创新》，《红旗文稿》2016 年第 9 期；蒋海——《掌握好高校意识形态工作领导权和主导权的策略思考》，《社科纵横》，2013 年第 6 期；夏双燕——《新时期高校意识形态工作保障体系探究》，《高校党建与思想教育》，2014 年第 2 期；吴晶等——《党的十八大以来高校思想政治工作纪实》，《人民日报》2017 年 12 月 8 日；刘奕湛——《高校大学生思想政治教育工作综述》，新华网，2016 年 7 月 5 日；夏高发——《牢牢把握党对高校意识形态工作的主导权》，《学理论》2011 年第 6 期等。

（二）国外研究状况

国外学者在意识形态领导权、话语权研究方面取得了大量研究成果。国外学者有关话语权问题的研究成果主要有以下著作。

［法］福柯：《知识考古学》，谢强等译，北京·读书·新知三联书店 1998 年版。

［法］福柯：《性史》，张延琛等译，上海科学技术出版社 1999 年版。

［英］拉克劳：《我们时代革命的新反思》，孔明安、刘振怡译，黑龙江人民出版社 2006 年版。

［英］拉克劳、墨菲：《领导权与社会主义的策略》，尹树广、鉴传今译，黑龙江人民出版社 2003 年版。

［法］皮埃尔·布尔迪厄：《言语意味着什么：语言交换的经济》，褚思真、刘晖译，商务印书馆 2005 年版。

［匈］卢卡奇：《历史与阶级意识》，杜章智、任立、燕宏远译，商务印书馆 1992 年版。

［意］葛兰西：《狱中札记》，曹雷雨等译，中国社会科学出版社 2000 年版。

［美］格尔茨：《文化的解释》，谢莉译，译林出版社 1999 年版。

［法］阿尔都塞：《保卫马克思》，顾良译，商务印书馆 2006 年版。

［美］丹尼尔·贝尔：《资本主义文化矛盾》，严蓓雯译，江苏人民出版社 2007 年版。

［英］汤林森：《文化帝国主义》，冯建三译，上海人民出版社 1999 年版。

［斯洛文尼亚］斯拉沃热·齐泽克：《意识形态的崇高客体》，季广茂译，中央编译出版社 2002 年版。

［美］约瑟夫·奈：《硬权力与软权力》，门洪华译，北京大学出版社 2005 年版。

［法］雅克·德里达：《马克思的幽灵》，中国人民大学出版社 1999 年版。

西方学者在研究意识形态领导权、话语权方面，从微观权力层面分析了话语权的重要性；阐述了意识形态领导权问题，指明了在政治斗争中要善于掌握意识形态领导权；分析了文化霸权和国家软实力等。我们要以批判借鉴的态度对待西方学者有关意识形态领导权、话语权的观点。

以上国内外关于高校意识形态工作的研究成果，对进一步具体研究高校意识形态工作领导权、话语权具有直接的借鉴意义。这些研究成果对认识高校意识形态工作的重要性、高校意识形态工作面临的问题及挑战，对于探索高校意识形态工作的主要对策，有很强的启发性、借鉴性。但是，也要清楚地认识到，上述这些研究成果没有更为具体地研究"高校意识形态工作领导权、话语权"问题，更多的是一般性研究高校意识形态工作；高校意识形态工作领导权、话语权在研究视角上更加侧重对高校意识形态工作的领导、引导、统领，更注重自觉主动地做好高校意识形态工作，对高校意识形态工作更加自觉和自信。本课题把"高校意识形态工作领导权、话语权"作为一个独立、明确的问题加以研究，这样对高校意识形态工作的研究就更加具体和深入，有助于巩固马克思主义在高校意识形态领域的指导地位，有助于巩固党对高校意识形态工作的领导，保障我国高校正确的政治发展方向，因此，研究高校意识形态工作领导权、话语权不仅有学术价值，更具有政治价值、实践价值。

三、该著作运用的研究方法

（一）历史研究法

这种研究方法首要的要求就是把高校意识形态工作领导权、话语权问题放到特定的历史范围和背景中加以考察和研究。历史研究方法还要求从历史的因果联系中把握高校意识形态工作领导权、话语权实现的规律性，分析高校意识形态工作领导权、话语权在特定历史条件下与其他政治因素的联系。研究高校意识形态工作领导权、话语权问题要从历史上对这一问题的研究入手，梳理出学术研究脉络，从中得到有益的启示，加固对这一问题研究的根基，获取对这一问题研究的理论支撑。历史研究法的特征在于注重历史史料的搜集，注重意识形态发展史的探索，注重对历史上不同时期一些理论家、学者对高校意识形态工作领导权、话语权的分析和观点。在采用这种研究方法的时候，要特别注意史料的真实性、全面性、适用性。

（二）文献研究法

该书具有很强的理论性，这就需要阅读大量的文献，通过阅读有关文献，掌握第一手资料，对文献中关于高校意识形态工作领导权、话语权的不同论述加以提炼、归纳，并加以系统化，从而增强本书所论证观点的说服力；通过阅读文献，还可以获取更多的理论支撑，有助于厘清高校意识形态工作领导权、话语权问题研究的学术脉络，进而探索新的研究路径；通过阅读文献，可以进一步夯实本课题的理论基础，本课题不仅要研究高校意识形态工作领导权、话语权的现实性，还要探索其理论依据，这就需要阅读高校意识形态工作领导权、话语权方面的论文、著作。在运用这种方式的过程中，主要阅读和运用以下方面的文献。

一是，马克思、恩格斯的著作。他们的著作中，对意识形态及意识形态领导权问题进行了深刻阐述，其中，有的是直接阐述，有的是间接分析，对这些观点需要通过仔细研读马克思、恩格斯的原著，才能有一个全面、深刻的认识。马克思、恩格斯关于意识形态的理论，对当前我国高校意识形态工作领导权、话语权问题的研究，具有深远的指导意义。

二是，中国共产党的文献。中国共产党历代领导集体都非常重视学校思想政治工作，毛泽东、邓小平、江泽民、胡锦涛、习近平都对学校思想政治工作提出了很多要求和指示，这实际上就是指出了学校意识形态建设的重要性，虽然有些不是明确地针对高校，但对高校意识形态工作有直接指导意义，其中有些文献就是直接针对高校的，如中共中央办公厅、国务院办公厅 2014 年 10 月印发的《关于进一步加强和改进新形势下高校宣传思想工作的意见》，2004 年 8 月中共中央、国务院发布的《关于进一步加强和改进大学生思想政治教育的意见》等，都是高校意识形态建设方面的重要文献。

三是，我国学者的研究成果。近年来，我国学者在高校意识形态工作领导权、话语权方面发表了大量的学术论文、有关著作。笔者通过网络阅读及下载、阅读刊物、借阅图书、购买图书、复印相关资料等多种手段，积累了丰富的有关于高校意识形态工作领导权、话语权的研究资料，通过对这些研究资料的研读，对高校意识形态工作领导权、话语权问题有了深入的体会。

（三）多学科综合研究法

意识形态工作领导权、话语权是一个多学科交叉的问题。基于本项目研究对象的这种特性，在研究过程中，不可避免地要涉及哲学、政治学、科学社会主义、思想政治教育、社会学、传播学等多学科的知识，这就需要运用不同学科的知识，对高校意识形态工作领导权、话语权问题加以阐述，这样，对这一问题的研究才具有理论说服力，体现出对这一问题的多维理论思考，避免单一学科的思维局限性、话语单一性。高校意识形态工作领导权、话语权问题既是一个政治学研究的问题，也是一个哲学、思想政治教育、科学社会主义、社会学、语言学、传播学等领域的问题，具有学科交叉性，因此要全面系统地研究高校意识形态工作领导权、话语权问题，就应该综合地运用多个学科的相关知识，这样就使高校意识形态工作领导权、话语权问题的研究更为充实和丰厚。

（四）政治分析法

高校意识形态工作领导权、话语权具有鲜明的政治性，是政治性与科学性的统一。意识形态总是为特定的政治主体服务的，体现一定政治主体的利益和要求。高校作为意识形态的前沿阵地，对高校意识形态工作领导权、话语权问题进行政治分析具有逻辑的自洽性，也有天然的合理性，马克思主义意识形态明确表明自身是无产阶级的思想武器，从不掩盖自己的阶级性、政治性。那种在研究意识形态问题时，回避阶级性的做法和言论，只是自欺欺人而已。因此，分析高校意识形态工作领导权、话语权必须站在特定的立场上，置于特定的政治环境中。

（五）比较研究法

在研究高校意识形态工作领导权、话语权的过程中，需要对不同时期的观点进行比较，需要把高校意识形态领导权、话语权与其他领域的领导权、话语权进行比较，做到同中求异、异中求同，通过比较鉴别，认真总结提炼出高校意识形态工作领导权、话语权的特点；通过纵向比较，厘清一些学术观点的演化过程和阶段性，通过横向比较，充分认识不同要素在高校意识形态工作领导权、话语权实现过程中各自所发挥的独特作用；通过比较拓宽研究思路，开辟研究新路径。

（六）归纳研究法

在研究过程中要善于把一些零散的观点归纳起来，形成系统化的认识；善于把其他学者的多方面见解加以综合，形成更加完整的认识；善于把一些分散的资料加以分类，构建起对论点的整体性论证；善于把相关的问题归结为系列化问题，逐一加以解析。本课题在研究过程中对高校意识形态工作重要性的各种观点进行了归纳；对我党在不同时期有关高校意识形态工作理论进行了归纳；对当前高校意识形态工作领导权、话语权面临的挑战和问题进行了归纳；对高校意识形态工作领导权、话语权实现的途径进行了归纳等。当然这种归纳并不是简单的归纳，在归纳过程中也进行了一定程度的创新。

四、本书的重点、难点、创新之处

（一）重点

本书的重点是较为全面地探索了高校意识形态工作领导权、话语权实现的途径和方式，本书阐述的途径主要有五种。一是，开展积极有效的思想政治工作。思想政治工作为实现高校意识形态工作领导权、话语权，提供有力的保证、打下坚实的基础、营造良好的环境、凝聚强大力量。二是，改进加强宣传舆论工作。通过科学理论武装人，促进高校意识形态工作领导权、话语权的实现；宣传舆论的引导作用，有助于高校意识形态工作领导权、话语权的实现；宣传舆论的社会化作用，有力推进了高校意识形态工作领导权、话语权的实现；宣传舆论的激励作用，直接促进了高校意识形态工作领导权、话语权的实现；宣传舆论的监督作用，有力保障了高校意识形态工作领导权、话语权的实现。三是，有效利用互联网实现高校意识形态工作领导权、话语权。互联网途径在实现高校意识形态工作领导权、话语权过程中，具有特定的交互性、平等性、即时性、开放性、协同性等特点。四是，有效发挥校园文化的作用。通过校园文化以文化人、潜移默化的塑造功能、文化动力等，来保障高校意识形态工作领导权、话语权顺利实现。五是，要有效实现高校意识形态工作领导权、话语权，还必须不断地创新，充分认识我国高校意识形态工作的新形势、新态势、新趋势，做到顺势而为，不断开创高校意识形态工作新局面。

（二）难点

一是，凝练高校意识形态工作领导权、话语权的特点。意识形态工作领导权、话语权渗透在各个领域，如舆论宣传领域存在着主流意识形态如何占领宣传舆论阵地，占领制高点、掌握话语权问题，在舆论宣传领域必须坚持党性原则，加强党对新闻媒体的领导，这实际上就是一个意识形态领导权问题。又如，在哲学社会科学领域，必须坚持马克思主义指导地位，构建有中国特色的哲学社会话语体系，这些也是意识形态领导权、话语权的体现。也就是说，意识形态领导权、话语权在不同的领域有不同的表现形式，也会有不同的要求，进而形成各个领域意识形态领导权、话语权的特点。深入研究、准确把握各个领域意识形态工作领导权、话语权的特点，是在实际工作中牢牢掌握意识形态领导权、话语权的前提。高校意识形态领域是一个特殊的领域，高校是知识分子集中的场所，肩负着教书育人、立德树人的职责，肩负着学习研究宣传马克思主义的重任，高校是意识形态的前沿阵地、敏感地带，要依据高校自身的特点及高校意识形态建设的要求，凝练出高校意识形态工作领导权、话语权的特点具有一定的研究难度。本书经过深入具体的研究，认为高校意识形态工作领导权具有前沿性、敏感性、多变性、复杂性等方面的特点。

二是，高校意识形态工作领导权、话语权的实现方式问题。高校意识形态工作领导权、话语权实现的途径主要是从宏观方面探索了高校意识形态工作领导权、话语权的实现问题。但是，高校意识形态工作领导权、话语权的实现不只是一个宏观问题，更是一个微观问题，还需要积极探索一些具体化的方式和手段，这样才能更好地把高校意识形态工作领导权、话语权落到实处。基于这样的研究思路，本书在探索了高校意识形态工作领导权、话语权实现途径的基础上，又进一步分析了高校意识形态工作领导权、话语权实现的具体方式。这些方式主要有：坚持党对高校意识形态工作的领导；不断进行高校意识形态工作制度创新；贴近高校师生、贴近高校实际、贴近高校职责；正确区分学术问题与思想问题；改进思想政治理论课教学等。

（三）创新之处

1. 对高校意识形态工作领导权、话语权的特点进行了新的概括

本书认为，高校意识形态工作领导权、话语权与其他领域的意识形态工作领导权、话语权相比，具有前沿性、敏感性、多变性、复杂性、关联性等特点，只有准确理解高校意识形态工作领导权、话语权的特点，才能有效掌握高校意识形态工作领导权、话语权。

2. 对高校意识形态工作领导权、话语权面临的挑战进行了系统性归纳

目前我国高校意识形态工作领导权、话语权面临的挑战主要来自网络负面效应对高校意识形态工作领导权、话语权的腐蚀；多样化社会思潮对高校意识形态工作领导权、话语权的危害；意识形态领域一些错误言论对高校意识形态工作领导权、话语权的干扰；西化、分化战略对高校意识形态工作领导权、话语权的侵害；市场经济的负面作用对高校意识形态工作领导权、话语权的损害。

3. 对我国高校意识形态工作领导权、话语权自身存在的问题进行了新的分析

目前我国高校意识形态工作领导权、话语权存在一些不可忽视的问题，主要有：一些地方及高校对意识形态工作重视不够；高校意识形态工作领导权、话语权运行机制不健全；高校意识形态教育工作不适应；高校意识形态舆论宣传工作不到位；高校意识形态工作话语体系创新不够；思想政治理论课教材体系建设及教学方法有待进一步改进。

4. 对高校意识形态工作领导权、话语权实现的途径及方式进行了新的探索

本书主要探索了高校意识形态工作领导权、话语权实现的思想教育途径、舆论宣传途径、校园文化建设途径、互联网途径等。同时，还具体探索了高校意识形态工作领导权、话语权实现的具体方式。

第一章

高校意识形态工作领导权、话语权的理论分析

高校意识形态工作领导权、话语权既是一个实践问题，也是一个理论问题。高校意识形态工作肩负着宣传研究传播马克思主义、培养社会主义现代化建设接班人的重任，高校是意识形态领域的前沿阵地、敏感地带，是各种社会思潮的集散地，高校这种特殊的职责、地位决定了高校意识形态工作的重要性、特殊性。在实际工作中要牢牢掌握高校意识形态工作领导权、话语权，就必须有高度的理论自觉和自信，这不仅是掌握高校意识形态工作领导权的理论基础，也是掌握高校意识形态工作领导权、话语权的理论指南。只有在理论上较为全面地掌握高校意识形态工作的基本内涵、特征、重要性、理论支撑等，才能自觉地掌握高校意识形态工作领导权。

一、高校意识形态工作领导权、话语权的基本内涵

高校意识形态工作领导权、话语权是整个意识形态工作领导权、话语权的一个重要领域。意识形态工作领导权、话语权涉及多个领域，如舆论宣传、思想教育、社会科学、文化战线、互联网空间等。习近平总书记高度重视各个领域的意识形态工作，近年来分别召开了全国宣传思想工作会议、文艺工作座谈会、新闻舆论工作座谈会、网络安全和信息化工作座谈会、哲学社会科学工作座谈会等，在这些座谈会上，习近平总书记强调了这些领域意识形态工作所肩负的职责。针对高校意识形态领域的特殊性，习近平总书记对高校意识形态工作提出了多方面的要求和指示。高校意识形态工作领导权、话语权有特定的内涵界定。

（一）意识形态

在阐述本书的主题思想之前有必要对意识形态这一概念进行界定，意识形

态是社会科学领域一个颇有争议的概念，对此，英国学者大卫·麦克里兰说："意识形态在整个社会科学中是最难把握的概念。"①

1. 马克思、恩格斯对意识形态内涵的阐述

马克思、恩格斯虽然没有给意识形态概念下明确的定义，但对意识形态的含义进行了不同角度的阐述，主要从三个方面阐述了意识形态的含义。

一是，意识形态作为一种思想观念，是对客观现实的反映。从辩证唯物主义出发，在批驳唯心主义的基础上，马克思、恩格斯认为，任何思想观念都是对客观现实的反映，"不是意识决定生活，而是生活决定意识"②。意识形态作为一种特定的思想观念，产生于现实，来自人们的物质生活和实践活动。他们明确指出："思想、观念、意识的生产最初是直接与人们的物质活动、与人们的物质交往，与现实生活的语言交织在一起的。人们的想象、思维、精神交往在这里还是人们物质行动的直接产物。表现在某一民族的政治、法律、道德、宗教、形而上学等的语言中的精神生产也是这样。"③"从他们的现实生活过程中还可以描绘出这一生活过程在意识形态上的反射和反响的发展。"④ 由此可见，马克思、恩格斯对意识形态的含义进行了辩证唯物主义的阐述，这就为我们科学理解意识形态的内涵奠定了正确的方法论基础。

二是，意识形态是社会的观念上层建筑，对经济基础有反作用。马克思、恩格斯从社会结构的角度阐述了意识形态的含义，他们认为意识形态属于社会的观念上层建筑。"在不同的占有形式上，在社会生存条件上，耸立着由各种不同的、表现独特的情感、幻想、思想方式和人生观构成的整个上层建筑。"⑤ 在此所讲的"情感、幻想、思想方式和人生观"实际上就是意识形态的具体表现形式。"这些生产关系的总和构成社会的经济结构，即有法律的和政治的上层建筑竖立其上并有一定的社会意识形式与之相适应的现实基础。"⑥ 这里的"社会意识形式"实际上就是意识形态。关于意识形态对经济基础的能动作用，恩格斯指出："经济状况是基础，但是对历史斗争的进程发生影响并且在许多情况下主要是决定着这一斗争形式的，还有上层建筑的各种因素：阶级斗争的政治形

---

① 大卫·麦克里兰. 意识形态 [M]. 孔兆政，蒋龙翔，译. 长春：吉林人民出版社，2005：1.

② 马克思，恩格斯. 马克思恩格斯选集：第1卷 [M]. 北京：人民出版社，1995：73.

③ 马克思，恩格斯. 马克思恩格斯选集：第1卷 [M]. 北京：人民出版社，1995：72.

④ 马克思，恩格斯. 马克思恩格斯选集：第1卷 [M]. 北京：人民出版社，1995：73.

⑤ 马克思，恩格斯. 马克思恩格斯选集：第1卷 [M]. 北京：人民出版社，1995：611.

⑥ 马克思，恩格斯. 马克思恩格斯选集：第2卷 [M]. 北京：人民出版社，1995：32.

式及其成果——由胜利了的阶级在获胜以后确定的宪法等等,各种法的形式以及所有这些实际斗争在参加者头脑中的反映,政治的,法律的和哲学的理论,宗教的观点以及它们向教义体系的进一步发展。"① 恩格斯进一步指出:"构成我们称之为意识形态观点的那种东西——又对经济基础发生反作用,并且能在某种限度内改变经济基础,我认为这是不言而喻的。"②

三是,意识形态是反映了一定阶级利益的思想体系。马克思、恩格斯认为,意识形态具有鲜明的阶级性,是与一定的阶级利益联系在一起的,反映了一定阶级利益的要求。对此,他们指出:"一切历史上的斗争,无论是在政治、宗教、哲学的领域中进行的,还是在其他意识形态领域中进行的,实际上只是或多或少明显地表现了各社会阶级的斗争。"③ 显然,这一论述指明了意识形态背后的阶级因素,意识形态斗争反映了阶级斗争。

2. 西方学者对意识形态概念做了不同角度的阐释和界定

在对意识形态含义的阐释方面,1797 年法国启蒙学者德·特拉西在《意识形态原理》这一著作中,最早提出了"意识形态"这一术语,特拉西把意识形态看作观念的科学,其目的是把意识形态与经院哲学、宗教神学区别开来,这有助于人们研究认识的起源。意识形态这一概念出现后,人们开始从不同角度研究意识形态,由于人们信奉的价值观各异、研究方法不同,在对意识形态的理解上存在较大的差异。曼海姆认为,可以从两个方面理解意识形态:一种是特定意义上的意识形态,它是指一个人对于现实状况的故意的或不自觉的掩饰;另一种是总体意义上的意识形态,它是指"社会群体所具有的意识形态,也就是说,当我们涉及这个时代或者这个群体所具有的总体性精神结构的构成和各种特征的时候,我们所指的是一个阶级的意识形态"④。在卢卡奇看来,"如果经济是社会的最重要的形式,是推动人们背后的社会演化的真正的驱动力,那么它必然会以非经济的、意识形态的方式进入人们的思想"⑤。他还从"物化意识"的角度阐述了意识形态问题,这种物化表现在,在资本主义社会,人们屈从于狭隘的分工,社会生活碎片化,人们受物的支配,现实生活僵硬化,无产阶级在生产过程中客体化。他指出,物化意识的实质是丧失对资本主义社会的批判和改造能力。葛兰西特别强调意识形态领导权,他认为,意识形态领导权

① 马克思,恩格斯. 马克思恩格斯选集:第 4 卷 [M]. 北京:人民出版社,1995:696.
② 马克思,恩格斯. 马克思恩格斯选集:第 4 卷 [M]. 北京:人民出版社,1995:702.
③ 马克思,恩格斯. 马克思恩格斯选集:第 1 卷 [M]. 北京:人民出版社,1995:583.
④ 卡尔·曼海姆. 意识形态和乌托邦 [M]. 艾彦,译. 北京:华夏出版社,2001:66.
⑤ LUKACS G. History and Class Consciousness [M]. Cambridge:The MRT Press,1971:252.

不是靠暴力，而是靠说服教育来维持。"每个国家都是伦理国家，因为它们最重要的职能就是把广大国民的道德文化提高到一定的水平，与生产力的发展要求相适应，与统治阶级的利益相适应。"① 格尔茨从文化视角理解意识形态，他将意识形态重新定义为符合价值和信仰的不可分割的、连贯的系统，他认为意识形态提供了必要的文化符号体系来使难以理解的世界变得有意义。马尔库塞认为，资本主义社会中的管理技术系统已成为意识形态，他讲道："发达的工业文化较之它的前身是更为意识形态性的，因为今天的意识形态就包含在生产过程本身之中。"② 技术的管理深入到人的心灵深处，人成了"单向度的思想和行为模式"。哈贝马斯则进一步明确提出，在资本主义社会科学技术便成为意识形态，技术统治的合理性变成政治统治的合法性，导致群众意识的"非政治化"。盖斯提出了意识形态的三种类型：一是，描述性意义的意识形态，二是，积极性意义的意识形态，三是，批判性意义上意识形态，即中性、褒义和贬义上的意识形态。描述性意义上的意识形态包括某一社会文化体系中的仪式、风俗习惯、手势、艺术、宗教、信仰、心理倾向等；批判意义上的意识形态是一种虚假的意识，是用来维护政治统治的；积极意义上的意识形态"是对某一特定社会的一种期望，是被构建、创造或发明出来的某些事物"③。阿尔都塞认为，"意识形态是指在某个人或某个社会集团的心理中占统治地位的观念和表述体系"④。齐泽克认为，意识形态像个幽灵，"意识形态正巧在我们试图摆脱它的时候突然冒出来，而在人们认定它会存在的地方反而不会出现"⑤。2005 年第 11版的《梅里亚姆—韦伯斯特学院辞典》把意识形态界定为是一套关于人类生活或文化的系统思想；历史学家迈克尔·亨特指出，意识形态是"一套相互关联的确信和假设，它们把一个特殊现实的复杂性简化为易于理解的关系，并提出了应对这一现实的适当方法"⑥。美国政治学家罗伯特·达尔认为意识形态是政

---

① 葛兰西. 狱中札记 [M]. 曹雷雨，译. 北京：中国社会科学出版社，2000：214.
② 赫伯特·马尔库塞. 单向度的人 [M]. 刘继，译. 上海：上海译文出版社，1989：12.
③ GEUSS R. The Idea of a Critical Theory：Habermas and the Frankfurt School [M]. Cambridge University Press，1981：23.
④ 阿尔都塞. 哲学与政治：阿尔都塞读本 [M]. 陈越，译. 长春：吉林人民出版社，2003：348.
⑤ 斯拉沃热·齐泽克，泰奥多尔·阿多尔诺. 图绘意识形态 [M]. 方杰，译. 南京：南京大学出版社，2006：3.
⑥ HUNT MH. Ideology and US Foreign Policy [M]. New Haren and London：Yale University Prss，1987：6.

治体系中的"一种信条"①。

西方学者对意识形态的理解和阐述是多种多样的，不再逐一列出。从西方学者对意识形态的阐述中可以看到，他们实际上最主要的就是从两个层面来理解意识形态。一是，把意识形态看成一种工具，或是认识社会的工具或改造现实的工具，或是批判现实或维护现实的工具等。这类定义，均强调了意识形态的作用，实际上是一种功能性的定义。从这类定义中，我们也可以看出，不少的西方学者也十分重视意识形态的功能。二是，把意识形态理解为一种信仰体系，是人们对外部世界的一种认知系统，这是一种解释性的定义，把意识形态理解为某种集团或个人意志和利益的反映，体现了一定的价值观，这类定义试图解释意识形态的本质问题。从中我们可以进一步得到启示：意识形态既是一种理论体系、信仰体系、价值体系，又是一种认识、维护、批判、改造现实的一种方法和工具，既具有理论性、观念性，又具有现实性、可操作性。从西方学者对意识形态概念的阐释中得到的这种启示，对于进一步研究意识形态的政治观念是大有裨益的，因为从这些定义中，可以体会到，意识形态具有动员、指导、论证、评价、批评、维护、遮蔽、欺骗、期望、改造、促进等多层次的功能，这就大大拓宽了我们在研究意识形态政治功能中的思路。因此，对意识形态概念的梳理，不仅有助于理解意识形态的含义，还有助于认识意识形态的政治功能。

3. 我国学者对意识形态概念的界定

意识形态问题也是我国学者研究的一个重点领域，近年来，在这个领域出版了大批的学术著作，发表了大量的学术论文，在这个研究过程中，我国学者对意识形态的内涵也进行了多方面的界定。肖前对意识形态的界定是：意识形态是对一定社会经济形态以及由经济形态所决定的政治制度的自觉反映。张国祚认为意识形态是人们对世界和社会的系统的看法、见解、信仰和追求。俞吾金对意识形态的定义是："在阶级社会中，适合一定的经济基础以及竖立在这一基础之上的法律的和政治的上层建筑而形成起来的，代表统治阶级根本利益的情感、表象和观念的总和。"② 宋惠昌则认为，意识形态"是一定社会或阶级的思想体系"③。王永贵强调意识形态"是政党的政治信仰和政治观点的表达方

---

① 罗伯特·A·达尔. 现代政治分析 [M]. 王沪宁，陈峰，译. 上海：上海译文出版社，1987：78.

② 俞吾金. 意识形态论 [M]. 上海：上海人民出版社，1993：129.

③ 宋惠昌. 当代意识形态研究 [M]. 北京：中共中央党校出版社，1993：9.

式"①。赵继伟主张："意识形态是一个系统化、理论化的思想观念体系，它是建立在一定的经济基础之上的，自觉地反映一定阶级或社会集团的经济政治利益，是这一阶级或社会集团的思想基础。"② 黄传新认为："意识形态以表现一定社会在人们的利益、意志、愿望和要求为内容，其基本职能是直接参与社会生活，以巩固或改变一定的社会关系。意识形态既是人们特定经济关系的观念表现，又直接构成了人们特定的思想关系和特定的精神生活本身。"③ 宇文利对意识形态的理解是："狭义意识形态是一个包含阶级色彩和政治意味的范畴，是指由社会的统治阶级确立和倡导的、面向并作用于所有社会群体的理论学说、精神信仰、思想观念与价值体系，即在社会结构系统中居于'形而上'层次的意识体系。"④ 王万征认为："广义的意识形态是哲学、政治、艺术、宗教、道德等一切人对世界和社会的有系统的看法和见解的总和。"⑤

我国学者对意识形态的定义也是多种多样的，不再列举下去了。我国学者对意识形态概念的理解大体可归结为三个方面：一是，在政治哲学方面，意识形态是一定阶级或集团的思想体系；二是，在认知方面，意识形态是人们对现实社会的一种自觉认识和反映；三是，从现实作用看，意识形态对社会实践具有指导作用。从我国学者对意识形态的定义中，笔者受到不少启发，也试图对意识形态做这样的阐述：意识形态是一定的阶级、政治团体对本阶级、团体的根本利益的一种反映，是一种系统化、理论化的思想观点和价值体系，是一定阶级或团体从事实践活动的理论依据和思想基础。任何意识形态都不是抽象的、空洞的，它必定反映了一定的利益和客观现实；意识形态不是零散的、感性的认识，而是一种系统而深刻的认识，往往表现为一定的理论形式或各种学说，如哲学、政治学、社会学、法学、宗教学、伦理学等；意识形态是一种具有强大功能的价值体系，它是与人们的实践活动紧密联系在一起的。

（二）话语权

话语权也是本课题的一个重要概念，厘清这个概念的内涵是整个课题研究的逻辑起点。究竟什么是话语权？国外学者对此有多方面的界定。

---

① 王永贵. 经济全球化与社会主义意识形态建设研究［M］. 北京：人民出版社，2005：18.
② 赵继伟. 马克思主义意识形态接受论［M］. 武汉：武汉大学出版社，2009：30.
③ 黄传新，吴兆雪. 构建和谐社会与意识形态建设［M］. 合肥：安徽人民出版社，2007：2.
④ 宇文利. 改革开放与社会主义和谐意识形态的构建［J］. 北京大学学报（哲学社会科学版），2009（1）.
⑤ 王万征. 对新时期我国意识形态创新的思考［J］. 毛泽东邓小平理论研究，2009（2）.

葛兰西从"文化领导权"的角度来理解话语权，认为工人阶级可以通过夺取资产阶级的文化领导权来瓦解资产阶级革命的集体意志，从而为无产阶级夺取政治权力创造条件。从广义上看，葛兰西的领导权包括政治领导权和意识形态领导权。他认为："社会集团的领导作用表现在两种形式中——在'统治'的形式和'精神和道德领导的形式中'。"① 他还进一步指出，意识形态领导权可以概括为"同意""赞同"，这其中有两层含义：一方面，统治阶级不得不对从属阶级的利益和需求做出让步；另一方面，从属阶级不会被动地承认和接受意识形态领导权，统治阶级的观念经过谈判和修改，才能适合从属阶级的日常生活经验。于是，从属阶级便对意识形态领导权产生了一种"自由赞同"，由此产生了一种"共识"或"普遍的赞同"。葛兰西较早从意识形态斗争的角度涉及话语权问题。法国哲学家福柯在《话语的秩序》中提出，话语就是人们斗争的手段和目的，他还进一步认为，话语不仅是思维符号，是交际工具，而且也是一种权力。福柯认为，话语和权力、话语和真理、话语和知识分子以及话语和主体之间存在内在联系，特别是权力与话语之间的联系更为密切，话语是权力的一部分，话语最终发展成为一种权力，这便是"话语权"。他认为，影响、控制话语活动的最根本因素是权力，而反过来看，真正具有特殊效应的权力，也是通过话语来执行的。福柯还强调，人类的一切知识都是通过话语而获得的，任何脱离话语的事物都不存在，人与世界的关系是一种话语关系，通过话语，个人或社会组织可以为其他团体所认识，可以确立其社会地位。拉克劳、墨菲提出了话语领导权理论，他们认为这种话语领导权完全摆脱了经济主义的决定论，也摆脱了社会客观性和历史必然性逻辑，他们提出，话语是由其所构建的一种关系系统，"社会概念被理解为话语空间"②，由话语构建起来的社会是异质性的、开放性的、偶然性的、非决定性的，并不存在客观规律，也没有历史必然性。他们主张话语领导权，将其视为当代社会主义的新策略。布尔迪厄从权力符号运作的角度阐述了话语权，在他看来，语言能带来一种温和的暴力，语言不仅是一种沟通的工具，还能体现一种权力关系，或是一种权力关系的工具。他认为，语言关系就是一种符号权力关系。

我国许多学者对话语权做了不同的界定，有的学者从政治、经济、社会地位的角度阐释话语权，如张国祚认为："话语权就是说话权、发言权，亦即说话

---

① 安东尼奥·葛兰西. 狱中札记 [M]. 葆煦，译. 北京：人民出版社，1983：316.
② 拉克劳，墨菲. 领导权与社会主义的策略 [M]. 尹树广，鉴传今，译. 哈尔滨：黑龙江人民出版社，2006：5.

和发言的资格和权力。这样的话语权往往同人们争取经济、政治、文化、社会地位和权益的话语表达密切相关。"① 喻国明认为，虽然每个人都有说话的权利，但就其社会声音的表达而言，社会层次的分布是很不相同的，有些人的音量比较大，比如他掌握着某种权力，操作着某种国家机器，拥有某种财产；有些人的音量比较小，因为一没权，二没势，三没财。王习胜提出："话语权的建立有两个必要条件：一是，言说者的权威性；二是，言说内容的可信性。"② 郑保卫从新闻学角度对话语权做了这样的定义：话语权指公民运用媒体对其关心的国家事务与社会事务，以及各种社会现象提出建议和发表意见的权利。从广义上看，话语权是新闻自由权利的重要组成部分，它属于新闻自由权利中的"表达权"的一部分，是公民的一项不可让予和剥夺的民主权利。一些学者从控制力层面理解话语权，如邵建认为，话语权就是语言形成的固定概念的集合，是渗透到意识中的东西，话语权是无形地控制人们的思想的力量。他还强调，话语权既是先进文明形成的，也是科学技术形成的，还是人们的思想观念形成的，一个时代有一个时代的话语，一个国家有一个国家的话语，按照历史进程，各个时期的领导人的讲话所用的观念、概念都在悄然发生变化，也就是说，权力也要服从话语权。柴尚金认为："话语权是一种影响力，首先源于国家的综合实力。"③ 不少学者从权力与权利双重含义界定话语权，黄丹提出："话语权有两种含义：一是，说话的权利；二是，一定的话语机制与话语表达的效果和力量。意识形态的'话语权'所强调的主要是指一种思想统治权，即关系国家生死存亡的意识形态主导权。"④ 张健对话语权的理解同样是：话语权指话语的权力和话语的权利。从权力方面讲，话语权是"一个人或组织具有支配'话语'的特殊力量"⑤。从权利方面看，话语权就是人们在社会活动中运用话语的资格与好处。对此，李东升也持同样的观点，认为话语权不仅体现为说话的权利，同时应当保证拥有一种说话有效的社会环境和机制，人们不但有发表意见的权利，还应该让别人倾听自己的意见，从而保证话语表达的效果与力量。徐国民从话语的本质和功能两个角度来分析话语权："话语权力有两层含义：一是，话语本身对客观世界的解释力和说服力，即话语力；二是，信息传播者通过对媒

① 张国祚. 关于"话语权"的几点思考 [J]. 求是，2009（9）.
② 王习胜. 意识形态及其话语权审思 [J]. 马克思主义研究，2007（4）.
③ 柴尚金. 对构建中国话语权的几点思考 [J]. 当代世界，2012（4）.
④ 黄丹. 牢牢掌握新媒体时代马克思主义意识形态话语权 [J]. 军队政工理论研究，2012（1）.
⑤ 张健. 话语权的解释框架及公民社会中的话语表达 [J]. 湖南行政学院学报，2008（5）.

介的控制并拥有传播主体信息的权力,即话语权。"① 还有的学者从意识形态角度理解话语权,徐国民认为,意识形态总是力图通过与国家权力相结合成为统治和管理社会的力量,对其他文化形式具有强大的渗透性,其他文化形式被其决定并显性或隐性地反映主体的意识形态,因此,"现实社会中的话语权之争,主要体现为意识形态话语权之争"②。刘梦熊也强调,话语权与意识形态密切相关,话语权实际上就是阐述意识形态的工具。他还认为,话语权是一个政党建构自己身份角色的重要手段,每个政党都会用自己的话语向社会表明自己的定位,而反过来政党的身份定位也影响到其话语权。戴长征也从意识形态的角度提出:"意识形态话语是人们所持有的对客观对象的总的评价、信仰和价值系统。意识形态话语为政治系统提供运行的总的规则和价值趋向,即目标和原则。"③ 李水金从"说话的权利"与"行为的权利"两个方面阐述了话语权的内涵,认为话语权的理解有两个维度:一是,指言说、交流、辩论等语言上的权利,即言语权利;二是,指一种表达公民利益、思想与需求的"行为权利",如投票、选举、参与等都是一种话语权。还有的学者从国际层面阐述了话语权,认为西方大国凭借其经济和科技优势,在全球范围内构建起自己的话语霸权,当前国际范围内话语权之争在很大程度上表现为以美国为首的西方大国的话语霸权与发展中国家为寻求本国发展道路合法性之间的斗争。

综合中外学者对话语权的不同阐述,笔者也试图对话语权做出这样的界定:话语权是一定的阶级、政党、团体或个人通过发表言论、阐述其价值观念或理论主张所产生的一种影响力和支配力。话语权的实质是一种权力,话语权是与话语主体的政治、经济、社会地位紧密联系在一起的,也是与特定的话语环境联系在一起的。意识形态话语权是指特定的意识形态凭借其地位和思想体系在一定社会环境中具有的影响力、支配力、引导力。一定阶级通过意识形态话语权实现自己的思想领导和政治领导,为维护其利益奠定思想基础。

(三) 意识形态工作领导权

意识形态工作领导权是在意识形态工作中,在一定政治组织、政治机构领导下,加强对意识形态工作的宏观指导,加强组织协调,进而保障意识形态工

---

① 徐国民. 话语、权力与社会价值 [J]. 求索, 2008 (7).
② 刘先春, 关海宽. 马克思主义意识形态优势话语权的当代建构 [J]. 上海行政学院学报, 2010 (3).
③ 戴长征. 意识形态话语结构:当代中国基层政治运作的符号空间 [J]. 中国人民大学学报, 2010 (4).

作按照一定阶级和政党的政治意图展开。在我国，要实现意识形态工作领导权，就要求"各级党委要负起政治责任和领导责任，加强对宣传思想领域重大问题的分析研判和重大战略性任务的统筹指导，不断提高领导宣传思想工作能力和水平"①。要实现意识形态工作领导权，各级党委特别是一把手要高度重视意识形态工作，把意识形态工作纳入议事日程，定期研究意识形态工作的具体任务，与其他工作一起共同布置，制定具体的目标和任务，采取具体的措施，把意识形态工作落到实处。各级党政领导要充分认识意识形态领域斗争的长期性、复杂性、尖锐性，进一步增强政治意识、大局意识、责任意识。

主管意识形态工作的宣传部门在实现意识形态工作领导权方面承担着十分重要的职责，必须做到守土有责、守土负责、守土尽责。意识形态工作要强起来，首先是领导干部要强起来，班子要强起来，各级意识形态工作部门领导干部要加强学习、加强实践，真正成为领导意识形态工作的行家里手。

（四）意识形态工作话语权

意识形态工作话语权就是指意识形态工作所具有的影响力、引导力和支配力，是意识形态为国家和社会"立言"的权力，具体表现为意识形态对政治、经济、文化、社会所发挥的指导作用，对多种思想观点及人们言行的统摄、聚合、教育等作用。

由于各种意识形态的属性不同、所处的地位不同，这种话语权所产生的效果也是不同的。一些腐朽、落后的意识形态在特定环境下也会产生一定的话语权，对人们的思想产生不同程度的影响，但这种意识形态不可能长期地支配人们的思想和行动，随着社会的进步与发展，腐朽、落后的意识形态必然为人们所摒弃。马克思主义意识形态具有鲜明的科学性、实践性、革命性、开放性等基本特征。马克思主义意识形态是一种科学的意识形态，正确反映了人类社会发展的规律，是一种指导无产阶级和广大劳动群众进行革命斗争的正确理论。马克思主义意识形态的这种根本属性和特点，就决定了马克思主义意识形态必定会产生强大的影响力，是广大人民群众认识世界和改造世界的强大思想武器，这就使马克思主义意识形态具有一种内在的话语影响力。在社会主义国家，马克思主义意识形态成为占统治地位的意识形态，是党和国家的根本指导思想，社会主义国家的执政党和政府通过各种途径大力宣传马克思主义意识形态，自觉抵制和清除各种腐朽、落后意识形态的影响，不断巩固和完善马克思主义意

---

① 习近平．习近平谈治国理政［M］．北京：外文出版社，2014：156．

识形态的指导地位，马克思主义意识形态在社会主义国家有着居主导地位的话语权，这也是完全符合"统治阶级的思想必定是占统治地位的思想"这一基本规律的。因此，在我国坚持马克思主义意识形态话语权，是由马克思主义意识形态的地位和我国社会性质决定的。

二、高校意识形态工作领导权、话语权的特点

意识形态工作渗透到各个领域、各个部门，每个领域意识形态的具体任务和要求是不同的，所肩负的意识形态工作职责不同，具体工作要求、着力点也是各有特色，这就决定每个领域意识形态工作领导权、话语权的特点也不尽相同。高校作为意识形态的一个特殊领域，其意识形态工作领导权、话语权有自己的特点。

（一）具有显著的前沿性

在国家意识形态阵地上，高校意识形态工作更具有前沿性。首先，因为高校在传播知识的过程中，各种不同的意识形态观念，特别是一些社会思潮非常重视在高校的传播，都力图率先在高校传播，占领高校的课堂、讲座、论坛、学术沙龙等意识形态阵地，尽快扩大自身的影响。高校的一个重要职责是传授知识，特别是一些新知识对高校师生更具有吸引力、感染力，但在传授新知识的过程中，往往缺乏一定的价值判断或者是没有足够的能力进行价值选择，这就造成在传授和学习知识的过程中，带有各种价值倾向的知识渗透到高校师生之中。一些积极健康的知识能够促进高校师生思想、学识、修养的提高，而一些不健康的知识、与主流意识形态相悖的观点，如果长期影响高校师生，就会使高校意识形态出现问题，因此，高校作为传播知识的这种前沿性，必然会成为意识形态的前沿阵地。一些意识形态往往就是以社会思潮的形式传播的，如民主社会主义、新自由主义、普世价值、历史虚无主义等都是具有鲜明意识形态色彩的思想体系，近年来，在我国高校快速传播，抢占了很多制高点，一些思潮在高校师生中影响很大。

其次，因为高校不仅传播知识，而且也在不断地创造新知识，高校往往是一些意识形态的策源地。高校创造知识的途径一是，进行学术研究，二是，进行学术交流，三是，进行实践探索。通过进行学术研究，对研究材料加工、提炼、概括，进而提出一些新观点、新思想，实现知识的创造；通过学术交流、

学术争鸣，碰撞思想火花，相互启发，提出一些新想法、新见解、新思路，形成新的学术观点；通过接触社会、深入实际，从现实生活中体悟新观点、新思想，总结新知识。从这三个途径都可以看出，高校在不断地创造知识，以国家社科基金立项为例，2018 年公布的全国社科基金项目立项共 4506 项，其中高校系统 4055 项，占立项总数的 90%；社科院系统 210 项，党校系统 96 项，军队系统 47 项，各级党政机关及其他 98 项。国家社科基金项目有很强的创新性，高校系统立项数量从一个侧面体现出高校在创造知识方面的特殊作用。正是因为高校在创造知识过程中的作用，使高校意识形态必定具有前沿性。

（二）具有特定的敏感性

高校不仅是意识形态的前沿阵地，也是意识形态领域的敏感地带。一是，高校师生对意识形态领域出现的新动向反应灵敏。意识形态由于受到国内外形势变化的影响，经常会出现一些新情况、新动向，如 2018 年我国意识形态领域的新情况主要有：一些社会思潮改头换面进行传播，有的打着学术研究的旗号在师生中传播影响较大；西方敌对势力对我国的西化、分化战略采取了新手法，在经济上、高科技上遏制中国发展，在国际上散布"中国威胁论"；西方敌对势力插手我国基层内部矛盾，挑拨民众与政府的关系；宗教势力、宗教思想在我国民众及高校师生中的影响呈现扩大趋势，部分高校师生对宗教认识模糊，少数大学生信教；网络意识形态呈现复杂化、隐秘化、多样化趋势，各种敌对势力进一步通过网络加紧对我国进行思想文化渗透，这对高校师生的影响非常明显；在改革开放 40 周年之际，一些别有用心的人，散布一些不利于深化改革的言论，对高校师生的思想也有一定的影响。我国意识形态领域的新情况、新趋势在高校师生中反应大、灵敏度高。

二是，一些社会热点在高校师生中易于引起广泛热议，对社会现实问题反应敏锐。高校师生思想活跃，每次出现社会热点都是高校师生热议的话题，并常常把关注的热点问题引入课堂、论坛、讨论会等，这样在高校就形成一种"围观效应"，这种效应既有正面作用，也有负面影响，对我国主流意识形态及党的方针政策的认同产生一种消解作用。每当出现社会热点都会对高校师生的思想及心理带来不同程度、不同角度的冲击。高校师生作为知识群体，对一些社会问题习惯于独立思考，在思考过程中发表自己的见解，特别是出现社会热点后。高校师生对社会热点的关注度高，这也说明高校师生有强烈的责任心、对社会问题反应敏锐。社会热点问题往往引发思想问题、意识形态问题，这样对社会热点的关注，往往就成为敏感的意识形态问题。如 2018 年 7 月长春长生公司生产问题疫苗事件曝光，引发人们对企业道德、社会道德的又一次思考，该事件成为社会热点，也成为党和政府关注的焦点问题。高校师生对这一热点问题从多方面发表自己的看法，有些看法是积极健康的，有些则是片面的，如有些师生认为，通过这一事件，对违法生产的企业进行严厉查处的同时，必须加强企业道德建设、企业家道德建设，有的人则表达了对国有企业改革的担忧。这种思想观点超越了简单的道德问题、法律问题，是对改革的深度思考。

三是，重大事件对高校意识形态影响十分明显。如 2018 年有很多重要的时间节点，如《共产党宣言》发表 170 周年、马克思 200 周年诞辰、改革开放 40 周年等，这些重大事件都具有鲜明的政治性，不仅对国家政治、经济、社会、文化等各方面的发展产生了深刻影响，也给人们的思想认识带来了巨大影响。2018 年 3 月，美国挑起对我国的贸易战，美国政府开动所有宣传机器在全球氛围内妖魔化中国，面对中国的发展态势，美国的战略焦虑感加重，形形色色的"中国威胁论"此起彼伏。中美贸易战虽然是在经济贸易领域发生的，但给我国高校师生的思想带来很大震动和冲击，部分师生认为这只是中美贸易摩擦而已，不是政治和意识形态问题，没有深刻认识到美国挑起贸易战是全面遏制中国的开端。在贸易战的背景下，社会上一些人唱衰中国，这给高校师生造成不同程度的负面影响，个别师生产生对美国"技术崇拜心理"，对我国经济发展的前景产生忧虑情绪，民族自豪感、自信心受到冲击。高校作为意识形态的重要阵地，高校师生作为知识群体，对这些重大事件关注度高，因此，这些重大事件对高校意识形态领域的影响更为直接和深刻，这些重大事件对高校意识形态建设注入了强大动力和活力。

（三）具有一定的复杂性

高校意识形态工作与其他领域的意识形态工作相比更具有复杂性，这种复杂性取决于两个方面。

一是，高校意识形态工作受到国内多种因素的影响。高校不是封闭孤立的"象牙塔"，越来越成为开放性大学或开放办学，在这个过程中，高校与社会之间存在的联系也越来越紧密。高校师生在参与多种形式的社会实践中，需要与不同领域、不同部门、不同群体的社会成员打交道，社会成员的思想观点、生活方式不可避免地影响高校师生。同时，高校师生在参与社会实践、社会调研的过程中，会接触到各种社会现象、遇到各种社会问题，这些形形色色的社会现象和问题，不可避免地会给高校师生的思想和心理带来冲击，促使高校师生对这些现象和问题进行深度思考和辨别。在这个过程中，往往会出现不同的观点，使高校师生思想观点出现复杂多样的状况。目前我国社会处于深化改革的转型时期，发展不平衡、不充分的一些问题尚未解决：民生领域有不少短板，脱贫攻坚任务艰巨，城乡区域发展和收入分配差距依然较大，群众在就业、教育、医疗、居住、养老等方面面临不少难题；社会文明水平尚需提高；意识形态斗争依然复杂；国家安全面临新情况；党的建设方面还存在不少薄弱环节等。我国社会面临的这些问题和挑战，不可避免地对高校意识形态工作造成压力和冲击，增大高校意识形态工作的难度。

二是，境外各种敌对势力、思想文化对我国高校意识形态渗透的多样性，也增加了高校意识形态工作的复杂性。近年来，境外敌对势力不断加强对我国的思想文化渗透，高校青年教师、大学生是西化分化战略实施的重点群体。境外敌对势力对我国高校意识形态渗透的途径和方式是多种多样的：有的打着学术研究的旗号，传播西方价值观念，有的直接散布西方的民主自由思想；有的在大学生中传播宗教，诱导大学生信教，与我国主流意识形态争夺高校意识形态阵地、争夺青年知识分子、争夺下一代；有的以科研项目合作为诱饵，在研究过程中渗透西方价值观念；有的以专家的身份通过在高校开展讲座、演讲、授课等形式，传播西方文化；有的以互派访问学者、留学生的途径，对部分高校师生传播西方价值观；有的通过旅游、探亲、日常社会交往等方式，潜移默化地影响高校师生，增加对西方的亲近感，乃至崇拜西方；还有的通过网络文化、网络产品、网络信息、网络热点等大肆宣扬西方价值观，使高校师生耳濡目染，不知不觉地接受西方文化和价值观；还有的通过书籍、报刊、影视作品等直接或间接地宣传西方文化；还有的渲染在大学生中过"洋节"，淡化中华优秀传统文化等。境外敌对势力对我国高校意识形态的渗透途径和手段五花八门、手法不断翻新，这种现实大大增加了高校意识形态工作领导权、话语权的复杂性。

（四）具有明显的多变性

高校意识形态工作领导权、话语权的多变性，主要取决于两个方面的原因。一是，高校意识形态工作的内容是不断变化的。在坚持主流意识形态、坚持马克思主义指导地位不变的前提下，在不同时期和不同的具体环境下，高校意识形态工作的具体内容是不断调整和变化的，需要把党对高校意识形态工作的具体要求及时贯彻到师生当中去，使广大师生及时把握党和国家政治生活的新要求，紧跟时代步伐。近年来，我党在意识形态方面不断进行理论创新，如大力宣传"中国梦"，实现国家富强、民族振兴、人民幸福，"中国梦"就是一个政治理想问题，总体上也是我党提出的一个意识形态新话语，因为理想信念就属于意识形态。同时，我党提出了社会主义核心价值观，倡导富强、民主、文明、和谐，自由、平等、公正、法治，爱国、敬业、诚信、友善，社会主义核心价值观是我国社会主义意识形态的本质体现，是我党在意识形态建设方面的一个重要理论创新。2017年10月18日召开的十九大提出了习近平新时代中国特色社会主义思想，这是马克思主义中国化的最新成果，是21世纪的马克思主义，也是马克思主义意识形态在我国的新发展。在高校意识形态工作中，首先就要在高校师生中宣传贯彻我国占主导地位的意识形态，我国主流意识形态的不断完善创新，就要求高校意识形态工作领导权、话语权不断地变化、创新。

二是，非主流意识形态也在变换手法对高校师生进行渗透。在意识形态领域既有占主导地位的意识形态，也有非主流意识形态，不仅主流意识形态在不断变化，非主流意识形态也在不断地进行调整。近年来，一些非主流意识形态如新自由主义、民主社会主义、历史虚无主义。普世价值论等错误思潮，不断地变换手法，吸引高校师生的关注，力图扩大自身的影响，不断与主流意识形态争夺阵地、争夺意识形态话语权。如历史虚无主义前几年主要宣扬"否定革命"论，攻击辛亥革命、中国共产党领导的新民主主义革命、社会主义革命等，此后，这种思潮又攻击革命领袖、为历史上反面人物唱赞歌，颠倒是非、混淆黑白，试图搅乱人们的思想。近年来，历史虚无主义又花样百出，把矛头对准英雄模范人物，雷锋、焦裕禄、刘胡兰、董存瑞等都是他们抹黑的对象，把这些英雄模范人物矮化，甚至污名化，试图推倒人们心中英雄的丰碑，影响非常恶劣。"国内外敌对势力往往就是拿中国革命史、新中国历史来做文章，竭尽攻击、丑化、污蔑之能事。根本目的就是要搞乱人心，煽动推翻中国共产党的领导和社会主义制度。"① 其他错误的社会思潮也是如此，每隔几年都要抛出新观点、新概念，以吸引人们的关注，这种手法对思想活跃的高校青年教师和大学生往往具有诱惑力，使一些高校教师和大学生趋之若鹜。面对多样化社会思潮对高校师生影响的多变性，高校意识形态工作必须善于应对这些新变化，因时而变，积极应对，增强主动性、掌握主动权、打好主动仗，牢牢掌握高校意识形态工作领导权、话语权。

三是，高校意识形态工作的方式手段在不断地变化。近年来，我国高校意识形态工作队伍不断探索意识形态工作的新途径、新方式，不断增强高校意识

---

① 中共中央文献研究室. 十八大以来重要文献选编：上［M］. 北京：中央文献出版社，2014：113.

形态工作的吸引力、感召力。如通过党委书记深入课堂讲党课、十九大精神演讲比赛、在爱国主义教育基地讲解实习活动、邀请专家讲座、热点问题评析、开展意识形态新情况研讨会等，这些方式的创新使高校意识形态工作得以卓有成效地开展，高校党委在掌握高校意识形态工作领导权、话语权方面更加积极主动。同时，随着互联网技术的广泛应用，在开展高校意识形态工作中，更加注重将新媒体技术应用于意识形态工作，通过学校微信公众号、微信群、朋友圈、辅导员微博、网络互动平台、校园网等多种互联网形式在高校师生中加强意识形态教育，抵制各种错误思潮的侵蚀。如在十九大召开后，高校师生通过微信、校园网、学校微信公众号等多种网络形式传播有关十九大的信息，宣传十九大精神，取得了良好效果。高校是使用互联网频率很高的场所，高校师生在工作、学习、生活中广泛使用网络，互联网技术在意识形态领域的广泛应用、深度应用，就要求高校意识形态工作要不断适应这种新趋势，高校意识形态工作领导权、话语权要有效实现就必须不断变化创新。

（五）具有高度的关联性

高校意识形态工作领导权、话语权的关联性最主要取决于两个方面。一是，高校意识形态工作领导权、话语权是与整个国家意识形态领导权、话语权联系在一起的。任何一个时代、一个国家的统治阶级为加强思想领导，都非常重视掌握意识形态工作领导权、话语权，这是维护统治阶级统治地位的重要条件。为巩固我国社会主义政权、加强和改善中国共产党的领导，我国非常重视意识形态工作。习近平同志明确指出，意识形态工作是党的一项极端重要的工作，事关国家长治久安、事关民族凝聚力和向心力、事关党和国家前途命运，意识形态工作关乎旗帜、关乎道路、关乎命运，因此，党和国家必须牢牢掌握意识形态工作领导权、话语权。意识形态工作领导权既包括国家总体方面，也包括各个领域的意识形态工作领导权、话语权，如新闻舆论领域的意识形态工作领导权、话语权必须坚持正确的舆论导向；在文艺领域也同样存在意识形态的交锋斗争，有些文艺作品"去历史化""去价值化""去中国化"等就是意识形态问题，必须坚持"双为"基本原则和方针，把握好文艺工作发展的正确政治方向，掌握文艺领域意识形态工作领导权、话语权。高校作为意识形态的前沿阵地，是意识形态问题存在最集中、最敏感的领域之一，高校作为一个独特的意识形态阵地，与党和国家意识形态工作是紧密相连的，高校意识形态工作要贯彻党和国家意识形态工作的总任务，必须贯彻党的教育方针，贯彻党和国家的路线方针政策，在党和国家意识形态工作目标要求下开展工作，与党和国家意识形态工作保持高度一致。

二是，高校系统各个部门之间也具有密切关联性。在实现高校意识形态工作领导权、话语权过程中，高校党委、宣传部门、团委、学生管理部门、校刊校报、院系党组织、辅导员队伍、思政课教师等在高校意识形态工作中发挥着显著作用，每个部门都肩负着重要职责。要有效实现高校意识形态工作领导权、话语权就要求各个部门不仅要履行好各自的职责，还要形成合力，各个部门之间要齐抓共管、互相配合、彼此协调，这样，高校意识形态工作领导权、话语权的整体功能更大，聚合力更强，功效更显著。如要引导高校师生认识社会热点问题，做好这方面的意识形态引导工作，那么，首先，高校党委要高度重视，研究热点问题对高校师生思想的影响，提出一些有针对性的对策；其次，高校宣传部门要及时组织有关方面的专家为高校师生全面科学地解读社会热点问题，帮助师生从深层次上认识社会热点，提高思想认识；最后，团委、学生管理部门、辅导员要积极组织学生通过听报告、讨论等方式，澄清模糊认识，院系党组织结合本单位的具体情况，有针对性地帮助和引导师生理性认识社会热点。这样通过这几个方面的共同努力，在理性认识、科学分析、正确把握社会热点这一工作上，就形成了合力，就会牢牢掌握这一问题的主动权、话语权。在高校意识形态工作中，任何一项工作都需要做到相互配合，不能单打独斗、各自为战，这就必定要求高校意识形态工作具有内在的关联性。

三、掌握我国高校意识形态工作领导权、话语权的现实意义

我国高校意识形态工作肩负着立德树人、研究宣传马克思主义、培养社会主义合格建设者和接班人的重要任务，牢牢掌握高校意识形态工作领导权、话语权是一项战略工程、固本工程、铸魂工程。高校意识形态工作的地位和职责决定了掌握高校意识形态工作领导权、话语权具有特别重要的意义。

（一）保证高校坚持正确的政治方向

大学不是独立于社会之外的，任何一个国家的大学不仅与本国的国情相适应，具有本国特色，还与本国的政治制度相符合，有形无形地受本国政治制度的制约和影响，为本国政府提供决策参考，为本国政治需要提供人才。大学推崇学术性、独立性，但与大学的政治性并不是对立的、冲突的。西方国家的高

校都开设公民、社会道德、法律等方面的课程，这些课程实际上就是在灌输统治阶级的意识形态，因此，西方国家的高校都是讲意识形态的。

"大学之道。在明明德，在亲民，在止于至善。"古今中外，关于教育和办学，思想流派繁多，理论观点各异，但在教育必须培养社会发展需要的人这一点上是有共识的。习近平同志指出："每个国家都是按照自己的政治要求来培养人的，世界一流大学都是在服务自己国家发展中成长起来的。我国社会主义教育就是要培养社会主义建设者和接班人。"① 他还强调指出，我们办的大学是社会主义大学。这实际上就明确了我国高校的政治属性。我国是人民当家做主的社会主义国家，我国的高校必须坚持正确的办学方向，贯彻党和国家的方针政策，坚持党对高校工作的领导，这是我国高校沿着正确方向发展的根本政治保障。2018 年 5 月 2 日，习近平同志在北京大学召开的师生座谈会上讲，马克思主义是我们立党立国的根本指导思想，也是我国大学最鲜亮的底色。高校马克思主义学院就是要坚持"马院姓马，在马言马"的鲜明导向和办学原则，为巩固马克思主义在意识形态领域的指导地位，推动马克思主义进校园、进课堂、进学生头脑发挥应有作用。在这里虽然直接说的是马克思主义学院，实际上是对整个高校坚持正确的政治导向提出了要求。我国《高等学校教师职业道德规范》第一条明确规定：作为高校教师要"爱国守法，热爱祖国，热爱人民，拥护中国共产党领导，拥护中国特色社会主义制度，遵守宪法和法律法规，贯彻党和国家教育方针，依法履行教师职责，维护社会稳定和校园和谐，不得有损害国家利益和不利于学生健康成长的言行"。这些规范都具有鲜明的意识形态属性，实际是对高校教师的一种政治规范，以保证主流意识形态在高校教师中得以维护和坚持。因此，牢牢掌握高校意识形态工作领导权、话语权，就是保障主流意识形态在高校的主导地位、领导地位，就是在高校意识形态阵地巩固和加强马克思主义的指导地位，就是要保障马克思主义和国家主流意识形态占领高校意识形态阵地。

（二）实现立德树人的根本任务

大学是立德树人、培养人才的地方，是青年人学习知识、增长才干、放飞梦想的地方。我国高校教育的根本任务是立德树人，这里的"德"根本上讲就是社会主义道德和共产主义道德，这种"德"不仅仅是个人思想品德，更是指国家的"大德"，是一种政治品德。具体地讲，这种"德"要求高校师生明大

---

① 习近平．在北京大学师生座谈会上的讲话［N］．人民日报，2018－05－03．

德、守公德、严私德，既要立足高远，又要立足平实。"要立志报效祖国、服务人民，这是大德，养大德者方可成大业。同时还要从做好小事、管好小节开始起步"。① 高校师生特别是大学生要踏踏实实修好公德、私德，学会劳动、学会勤俭，学会感恩、学会助人，学会谦让、学会宽容，学会自省、学会自律。道德是意识形态的重要组成部分，在高校意识形态工作中，其中一项重要任务就是要加强高校师生的思想品德建设，树立正确的世界观、人生观、价值观，加强爱国主义、集体主义、社会主义教育，引导大学生自觉遵守爱国守法、明礼诚信、团结友善、勤俭自强、敬业奉献的基本道德规范。"才者，德之资也；德者，才之帅也。"人才培养是育人和育才相统一的过程，而育人是本。人无德不立，育人的根本在于立德，这是人才培养的辩证法。习近平同志明确指出："要把立德树人的成效作为检验学校一切工作的根本标准，真正做到以文化人、以德育人，不断提高学生思想水平、政治觉悟、道德品质、文化素养，做到明大德、守公德、严私德。"② 习近平同志指出："育新人，就是要坚持立德树人、以文化人，建设社会主义精神文明、培育和践行社会主义核心价值观，提高人民思想觉悟、道德水准、文明素养，培养能够担当民族复兴大任的时代新人。"③

立德树人不只是单纯的道德问题，而是与政治思想联系在一起的，在实现立德树人过程中，不仅要开展道德教育和实践活动，还要开展政治思想教育活动，把道德培育与政治思想教育融合在一起。因此，高校师生的道德建设与高校意识形态工作是不可分的，特别是高校师生的"大德"建设方面，既是道德问题，也是政治问题，意识形态所包含的一些基本内容如爱国主义、社会主义、为人民服务等这些"大德"，显然与国家主流意识形态是一致的。牢牢掌握高校意识形态工作领导权、话语权为立德树人提供基本的思想引领和有利的政治思想环境，可保障高校立德树人任务的顺利实现。

（三）有效抵制各种错误思潮的侵蚀

高校是各种敌对势力争夺的重要阵地，各种社会思潮通过各种途径和手段传播自己的思想观点，把高校师生特别是大学生作为传播的重要对象，与主流

① 中共中央文献研究室. 十八大以来重要文献选编：中［M］. 北京：中央文献出版社，2016：7.
② 习近平. 在北京大学师生座谈会上的讲话［N］. 人民日报，2018－05－03.
③ 习近平. 在全国宣传思想工作会议上的讲话［N］. 人民日报，2018－08－23.

意识形态争夺青年一代。"高校是意识形态的前沿阵地，青年师生是敌对势力对我进行渗透分化的重点人群。近年来，一些国家把中国的发展壮大看作是对其制度模式和价值观的挑战，加紧对我渗透分化，方法手段更加隐蔽多样，高校宣传思想阵地的管理难度进一步加大。"① 近年来，对高校影响较大的社会思潮主要有新自由主义、民主社会主义、历史虚无主义、普世价值论、宪政民主论、后现代主义、实用主义及各种形式的享乐主义、拜金主义、极端个人主义等。民主社会主义宣扬的政治多元化、思想多元化等对高校师生有较大影响，个别人动摇了马克思主义信仰，信奉指导思想多元化，认为马克思主义只是多元思想中的一元，思想认识模糊。新自由主义宣扬的私有化、个人化、完全市场化等观点在高校师生中也有不少赞同者，特别是高校经济理论专业方面的师生，受新自由主义影响更明显。个别人推崇私有制，甚至有极个别认为中国的改革就应当实行私有化，深化改革就要扩大私有化成分。还有的人信奉市场是万能的，否认市场经济的缺陷和负面影响，形成"市场崇拜论"。历史虚无主义否定革命、矮化领袖、抹黑英雄等，对高校师生产生了恶劣影响，个别人历史观混乱。在普世价值论宣扬的自由、平等等价值观，被一些高校师生认同，甚至个别人认为社会主义核心价值观就是一种普世价值。后现代主义标榜的消解中心、自以为是、远离政治、娱乐至上等，对大学生艰苦奋斗精神有很大腐蚀性。

尽管每种社会思潮对高校师生思想状况的影响程度不同、角度不同，但有一点是共同的，那就是损害马克思主义在高校意识形态领域的指导地位，冲击主流意识形态。习近平同志指出，建设具有强大凝聚力和引领力的社会主义意识形态，"要旗帜鲜明坚持真理，立场坚定批驳谬误"②。牢牢掌握高校意识形态工作领导权、话语权对于巩固马克思主义在高校意识形态领域的指导地位，有效批驳和抵制各种错误思潮对高校师生的侵蚀具有更为现实的意义。因为掌握高校意识形态工作领导权、话语权就意味着用主流意识形态占领高校意识形态阵地，最大限度地压缩错误思潮的传播空间，减弱错误思潮对高校师生的影响，并通过分析、批驳错误思潮，使广大师生认清这些错误思潮的实质，科学分辨这些错误思潮在理论上的荒谬性和实践上的危害性，进而自觉做到抵制错误思潮。

① 袁贵仁．把握大势 着眼大事努力做好新形势下高校宣传思想工作［N］．中国教育报，2015－02－02.

② 习近平．在全国宣传思想工作会议上的讲话［N］．人民日报，2018－08－23.

（四）有助于在高校培育和践行社会主义核心价值观

培育和践行社会主义核心价值观是一项凝魂聚气、强基固本的基础工程，要在全国人民中广泛开展社会主义核心价值观宣传教育，"积极引导人们讲道德、尊道德、守道德，追求高尚的道德理想，不断夯实中国特色社会主义的思想道德基础"①。培育和践行社会主义核心价值观，有效整合社会意识，是社会系统得以正常运转、社会秩序得以有效维护的重要途径，也是国家治理体系和治理能力的重要方面。培育和践行社会主义核心价值观关系社会和谐稳定，关系国家长治久安。对一个民族、一个国家来说，最持久、最深层次的力量是全社会共同认可的核心价值观，高校是青年知识分子集中的地方，大学生是祖国的未来和希望，在大学生中培育和践行社会主义核心价值观更有战略意义、长远意义。"因为青年的价值取向决定了未来整个社会的价值取向，而青年又处在价值观形成时期，抓好这一时期的价值观养成十分重要。"②

社会主义核心价值观是社会主义意识形态的本质体现，牢牢掌握高校意识形态工作领导权、话语权对于培育和践行社会主义核心价值观具有现实意义。牢牢掌握高校意识形态工作领导权、话语权有助于高校师生明辨是非。面对世界的深刻复杂变化、面对信息时代各种思潮的相互激荡，面对纷繁多变、鱼龙混杂、泥沙俱下的社会现象，面对学业、情感、职业选择等方面的考量，难免有些疑惑、彷徨、失落，在这种情况下，关键要学会思考、善于分析、正确抉择，要树立正确的世界观、人生观、价值观，这就需要社会主义意识形态的指导。培育和践行社会主义核心价值观是高校意识形态工作的根本任务，2015 年 1 月，中共教育部党组、共青团中央印发了《关于在各级各类学校推动培育和践行社会主义核心价值观长效机制建设的意见》，着力把核心价值融入学校教书育人各个环节，构建相互衔接、各有侧重、梯次推进的核心价值观教育体系。要构建起这样的教育体系必须以主流意识形态为指导，以保障核心价值观教育体系沿着正确政治方向健康运行。社会主义核心价值观是我党对新时期国家、社会、公民应当遵循的价值原则和道德规范的全面概括，在高校人才培养过程中，反对"重教书，轻育人""重智轻德"的倾向，这就要高度重视教师的言

---

① 中共中央文献研究室．十八大以来重要文献选编：上 ［M］．北京：中央文献出版社，2014：173.

② 中共中央文献研究室．十八大以来重要文献选编：上 ［M］．北京：中央文献出版社，2014：172.

行对大学生的示范熏陶作用，加强师德、学风建设，全面推进教书育人，这就必须强化政治意识、责任意识、阵地意识和底线意识，把社会主义意识形态教育与培育和践行社会主义核心价值观融为一体，在社会主义意识形态指导下有效推动社会主义核心价值观进教材、进课堂、进大学生头脑。

（五）事关党对高校工作的领导

习近平同志强调指出，意识形态工作是一项极端重要的工作，历史和现实反复证明，能否做好意识形态工作，事关党的前途命运，事关国家长治久安，事关民族凝聚力和向心力。我们必须把意识形态工作的领导权、管理权、话语权牢牢掌握在手中，任何时候都不能旁落，否则就要犯无可挽回的历史性错误。"高校是意识形态生产和交汇的重要阵地，在全社会有很强的引领、示范和辐射作用，只有牢牢把握高校意识形态工作的主动权，才能进一步增强党在高知群体中的凝聚力、号召力，才能赢得青年赢得未来。"① 意识形态工作是理论性、政治性都很强的工作，只有牢牢掌握高校意识形态工作领导权、话语权，高校各级党组织和领导班子切实负起政治责任和领导责任，不断提高领导意识形态工作的能力和水平，才能进一步扩大党在知识群体中的影响力，更好地坚持社会主义办学方向，把高校建设成学习研究宣传马克思主义的阵地、培育和弘扬社会主义核心价值观的阵地。只有牢牢掌握高校意识形态工作领导权、话语权，才能自觉研究意识形态领域的热点问题、增强政治敏锐性和政治鉴别力，筑牢思想防线，有效抵制、批判各种错误思潮，帮助师生划清是非界限，澄清模糊认识，不为错误言论和观点所迷惑；才能保证高校各级领导班子自觉研究意识形态领域的新形势、新趋向，及时发现倾向性、苗头性问题，做好意识形态事件的应对工作，采取更为有效的措施做好意识形态工作，增强主动性、掌握主动权、打好主动仗，保障党的教育方针得到有效贯彻执行；才能有效做好对高校意识形态阵地的管理，占领意识形态阵地，主要是对形势报告会、哲学社会科学报告会、研讨会、讲座、论坛等意识形态阵地的管理，不给错误思潮提供传播机会。掌握高校意识形态工作领导权、话语权，有助于增强对全局问题、复杂问题的驾驭能力，当前意识形态领域斗争尖锐复杂，各类错误思想观点竞相扩大自身影响，若不能掌握意识形态工作领导权、话语权，就难以抵挡各种错误思潮侵蚀，难以在复杂多变的意识形态斗争中站稳脚跟，并保持高度的警觉和清醒的头脑。

---

① 朱善璐. 扎实抓好新形势下高校宣传思想工作 [N]. 中国教育报, 2015－02－04.

（六）事关全面贯彻党的教育方针

习近平同志指出："我们的高校是党领导下的高校，是中国特色社会主义高校。办好我们的高校，必须坚持以马克思主义为指导，全面贯彻党的教育方针。"① 我国高校承担着培养中国特色社会主义合格建设者和可靠接班人的根本任务，必须坚持教育为社会主义现代化建设服务，为人民服务，与生产劳动、社会实践相结合，培养德智体美全面发展的社会主义建设者和接班人。习近平同志指出："培养什么人，是教育的首要问题，我国是中国共产党领导的社会主义国家，这就决定了我们的教育必须把培养社会主义建设者和接班人作为根本任务，培养一代又一代拥护中国共产党领导和我国社会主义制度、立志为中国特色社会主义奋斗终生的有用人才。"② 全面贯彻党的教育方针，主要取决于两个方面，一是，方向，二是，质量。要保障高校培养人的正确政治方向，这与掌握高校意识形态工作领导权、话语权是紧密联系在一起的，意识形态领导权、话语权实际上也是一个政治方向问题，掌握高校意识形态工作领导权、话语权为完成这一根本任务提供了有效的政治保证。

培养中国特色社会主义合格建设者和可靠接班人不仅具有知识素质，而且还必须有政治素质。牢牢掌握高校意识形态工作领导权、话语权与全面贯彻党的教育方针存在密切关联性。党的教育方针把德放在第一位，就是要求我们培养的学生首先要有良好的思想品德，既要有高尚的个人品德，又要有坚定的政治品德，这种政治品德就是要热爱祖国、热爱社会主义、热爱人民，具有坚定的政治立场和政治方向，具有道路自信、理论自信、制度自信、文化自信。这种政治品德的培育与高校意识形态工作是联系在一起的，高校意识形态工作对高校师生政治品德的培育和形成具有直接作用。掌握高校意识形态工作领导权、话语权为保证学生思想政治教育提供方向，大学生是国家宝贵的人才资源，是民族的希望、祖国的未来。高校必须把"培养什么样的人""如何培养人"这一问题摆在首要位置，在培养人的过程中，牢牢把握住正确的育人方向，要深入开展中国特色社会主义理想和"中国梦"教育，进行中国特色社会主义理论体系特别是习近平新时代中国特色社会主义思想教育，大力开展社会主义核心价值观教育。这些方面的教育实际上就是对高校师生进行主流意识形态教育，就是把意识形态工作领导权、话语权落到实处，具体细化到教学过程中。

---

① 习近平. 把思想政治工作贯穿教育教学全过程［N］. 人民日报, 2016 - 12 - 09.
② 习近平. 在全国教育大会上的讲话［N］. 人民日报, 2018 - 09 - 11.

四、掌握高校意识形态工作领导权、话语权应遵循的基本原则

掌握高校意识形态工作领导权、话语权既是一个实践问题，也是一个理论问题，在这个过程中既需要注重方法、手段，也要注重思想、原则方面的问题。在积极探索掌握意识形态领导权、话语权实现方式的同时，还需要遵循一些基本原则，这些基本原则带有导向性，为掌握高校意识形态工作领导权、话语权提供基本遵循。高校意识形态工作作为一个有特殊意义的领域，在实现意识形态领导权、话语权过程中有自身的规律性，有其特定的要求，只有遵循这些基本原则，才能保证高校意识形态工作领导权、话语权的有效实现。

（一）坚持中国共产党的领导

习近平同志指出："要加强党对宣传思想工作的全面领导，旗帜鲜明地坚持党管宣传、党管意识形态，坚决维护党中央权威和集中统一领导，牢牢把握正确政治方向。"① 掌握高校意识形态工作领导权、话语权，首先就要明确掌握领导权、话语权的主体，也即由谁掌握高校意识形态工作领导权、话语权的问题。我国是共产党领导的、人民当家做主的社会主义国家，我国办的大学是社会主义大学，因此我国高校一切工作都必须坚持共产党的领导，贯彻党的路线方针政策，用党的基本纲领、基本理论教育高校师生，使党的理论宗旨进课堂、进师生头脑。习近平同志指出："加强党对教育工作的全面领导，是办好教育的根本保证。教育部门和各级各类学校的党组织要增强'四个意识'、坚定'四个自信'，坚定不移维护中央权威和集中统一领导，自觉在政治立场、政治方向、政治原则、政治道路上与党中央保持高度一致。"② 习近平同志对学校党组织提出要求："各级各类学校党组织要把抓好学校党建工作作为办学治校的基本功，把党的教育方针全面贯彻到学校工作各方面。思想政治工作是学校各项工作的生命线，各级党委、各级教育主管部门、学校党组织都必须紧紧抓在手上。"③ 因此，掌握高校意识形态工作领导权、话语权的主体是高校各级党组织及各级高

① 习近平．在全国宣传思想工作会议上的讲话［N］．人民日报，2018－08－23.
② 习近平．在全国教育大会上的讲话［N］．人民日报，2018－09－11.
③ 习近平．在全国教育大会上的讲话［N］．人民日报，2018－09－11.

校党委领导下的行政、工会、团委、学生会及高校意识形态工作者，其中党的领导是核心。因为高校各级党组织是高校意识形态工作领导权、话语权的核心主体，所以，实现高校意识形态工作领导权、话语权问题上必须坚持党的领导，高校各级党组织必须肩负起意识形态工作的主体责任，把意识形态工作纳入议事日程，制订意识形态工作计划，定期研究意识形态工作新情况，建立意识形态工作责任制，对错误思潮敢于批评、敢于亮剑，在大是大非问题上立场坚定、态度坚决、旗帜鲜明，带领高校师生积极主动地做好意识形态工作。高校党组织还要善于占领高校意识形态制高点，其中主要就是阵地制高点、道义制高点、理论制高点等，在意识形态工作中不只是应对挑战，而且还要主动出击、积极作为，善于制定正确的工作方针措施，卓有成效地开展高校意识形态工作。同时，坚决反对和抵制在高校意识形态工作中淡化、弱化、丑化党的领导的言行。意识形态本身就是一种反映一定阶级、政党利益的思想体系和价值观念，我国主流意识形态体现的是党的政治意图，那种淡化甚至削弱党的领导的言行都是错误的，必须坚决抵制和反对。

（二）坚持政治意识、大局意识、核心意识、看齐意识

牢牢掌握高校意识形态工作领导权、话语权必须坚持政治意识，因为意识形态本身就是一种具有鲜明阶级性的思想体系。马克思主义认为，意识形态的特性之一就是具有鲜明的阶级性，任何一个阶级都需要有为自己辩护的思想体系和价值观念，统治阶级的思想必定是占统治地位的思想，超阶级的意识形态或非意识形态化是自欺欺人的。由于意识形态的固有属性是其阶级性，因此，意识形态是与国家政治生活联系在一起的，意识形态是国家生活的一部分，高校意识形态工作必须坚持政治意识，在意识形态工作中坚持正确的政治立场、政治原则、政治态度、政治方向等，这种政治意识是掌握意识形态领导权、话语权最基本的要求。牢牢掌握意识形态领导权、话语权还必须具有大局意识，这就是要使意识形态工作服从服务于全党全国工作大局，为党的中心任务服务，中国特色社会主义进入新阶段后，就是要为实现党的十九大提出的新战略、新目标、新任务服务，为实现中华民族伟大复兴的"中国梦"服务，为全面实现小康社会，建设社会主义现代化强国服务。高校意识形态工作是全国意识形态工作的组成部分，高校意识形态工作同样也要服从服务于党和国家大局，这样才能把握好意识形态领导权、话语权的基本宗旨和任务。高校意识形态工作领导权、话语权要坚持核心意识，就是要维护党的权威，维护党中央的统一领导，同一切削弱、损害党的领导的言行进行坚决斗争。高校意识形态工作领导权、

话语权坚持看齐意识，就要在意识形态工作中，在政治上、行动上、思想上与党中央保持高度一致。总之，意识形态工作领导权、话语权是一项具有高度政治性、思想性的工作，必须坚持政治意识、大局意识、核心意识、看齐意识，这是掌握高校意识形态工作领导权、话语权的内在要求。

（三）坚持不断创新

中国特色社会主义进入新时代，我国社会主要矛盾转化为人民日益增长的美好生活需要和不平衡不充分的发展之间的矛盾，同样，在高校意识形态领域也存在着不平衡、不充分的问题，面对新时代、新矛盾的要求，为适应这种深刻的变化，高校意识形态工作领导权、话语权必须不断创新，创新是高校意识形态工作领导权、话语权实现的不竭动力。

习近平同志指出："做好思想政治工作，要因事而化、因时而进、因势而新。"① 其基本观点就是强调高校思想政治工作的创新问题，同时，也为高校意识形态工作创新指明了方向。高校意识形态工作领导权、话语权应着重以下创新。一是，理念创新。实现高校意识形态工作领导权、话语权过程中，要更新思想、更新观念，摒弃那些过时的思想观念，保持思想的敏锐性和开放度，打破传统思维定式，努力以思想认识新飞跃打开工作新局面。意识形态工作者要不断掌握新知识、熟悉新领域、开拓新视野。二是，手段创新。就是要积极探索有利于破解意识形态工作难题的新举措、新办法。在信息化时代，要充分运用网络化手段搞好意识形态工作，"必须科学认识网络传播规律，提高用网治网水平，使互联网这个最大变量变成事业发展的最大增量"② 。三是，机制体制创新。为有效实现高校意识形态工作领导权、话语权，必须构建一系列意识形态工作机制、保障机制、责任机制、监督机制等，通过机制创新保障高校意识形态工作领导权、话语权的充分实现。四是，内容创新。中国特色社会主义进入新时代，高校意识形态工作领导权、话语权在实现过程中，必须宣传贯彻十九大精神，使习近平新时代中国特色社会主义思想进教材、进课堂、进学生头脑，高校意识形态工作要为实现十九大提出的战略任务、战略目标服务。五是，领导方式、话语方式创新。在实现高校意识形态工作领导权、话语权过程中要不断改进领导方式，贴近实际、贴近高校师生生活，要采取适合高校师生的话语方式，这样可使高校意识形态工作领导权、话语权的实现更加顺畅。

---

① 习近平. 把思想政治工作贯穿教育教学全过程［N］. 人民日报，2016－12－09.
② 习近平. 在全国宣传思想工作会议上的讲话［N］. 人民日报，2018－08－23.

（四）坚持齐抓共管

实现高校意识形态工作领导权、话语权是一项系统工程，需要各个部门相互协作、密切配合。习近平同志非常重视宣传思想工作的协同性，他特别强调，做好宣传思想工作仅仅靠宣传思想部门是不够的，必须树立大宣传的工作理念，动员各条战线各个部门一起来做，把宣传思想工作同各个领域的行政管理、行业管理、社会管理更加紧密地结合起来。他还进一步指出，承担社会管理职能的各个部门，要加强同宣传思想部门的沟通和配合，自觉支持宣传思想战线工作。工会、共青团、妇联等人民团体要动员社会力量，支持参与宣传思想工作。

依据习近平同志的这一思想，在实现高校意识形态领导权、话语权过程中，高校党委、行政、宣传、校刊校报、团组织、学生管理、院系党组织、学生会、辅导员、思政课教师等部门、领导、教职员工承担着直接的意识形态工作责任，在从事高校意识形态工作中，需要紧密配合，形成合力，采取统一行动，取得整体性效果。此外，高校其他部门如图书馆、后勤管理、科研管理、教学管理、工会等，在各自的工作岗位上，都要坚持正确的政治导向，贯彻党的教育方针，维护党的领导，批判和抵制错误言行，从这个方面讲，这些部门也间接地承担着意识形态职责，这些部门的领导都要做到"一岗双责"，在实现高校意识形态工作领导权、话语权的过程中，这些部门之间以及这些部门与直接的意识形态部门之间都要密切配合，共同履行好意识形态职责。在党的纪检部门进行的意识形态巡视中，对高校的各个部门都要巡视，检查各个部门履行意识形态职责不到位的情况，督促各个部门做好意识形态工作，这也说明高校各个部门具有意识形态职责。

（五）坚持持之以恒

牢牢掌握高校意识形态工作领导权、话语权不是权宜之计，而是一项长期、不间断的任务。这种长期性一是，取决于高校的职责所在。高校基本职责就是立德树人、教书育人，既要传播知识，又要提高大学生的思想品德和职责素质，高校这种基本属性和职责就决定了高校意识形态工作与教学工作是不可分的。二是，取决于意识形态斗争的复杂性、长期性。各种敌对势力对同我党争夺青少年、争夺下一代，通过各种途径和手段极力向高校渗透，各种错误思潮都力图与马克思主义争夺高校意识形态阵地。抵制和批驳形形色色的错误思想观点的影响是一个长期的过程。三是取决于意识形态工作领导权、话语权自身的特性，意识形态工作领导权、话语权的实现需要进行长期的教育、引导、引领工作，需要得到高校师生的高度认同，这种认同不是在短时间内完全实现的，需要高校师生有一个认识深化过程。

因此，牢牢掌握高校意识形态工作领导权、话语权必须具有战略思维，要有长期作战的思想准备，要有系统化、长远化的工作目标和任务，真正做到持之以恒、常抓不懈，切忌一阵风、忽热忽冷，防止出现"说起来重要、忙起来不要"的现象。在高校意识形态工作中既要有创新，又要保持连续性、稳定性，做到稳中求进、稳中创新，扎实推进，防止工作漂浮，缺乏实效。

第二章

中国共产党关于学校意识形态工作的实践经验与基本观点

我党历来十分重视学校意识形态工作，学校意识形态工作与学校思想政治工作既有区别，又有联系。学校意识形态工作是学校思想政治工作的重要组成部分，意识形态工作更具有政治性，与一定的阶级利益、要求联系更为紧密，学校思想政治工作也离不开一定意识形态的指导，思想政治工作需要有价值导向和政治倾向性。在一定意义上讲，学校意识形态工作与学校思想政治工作是融为一体的，学校对思想政治工作的重视就是对政治问题的重视、对意识形态问题的重视。我党在历史上不同时期，都特别重视学校的思想政治工作和意识形态工作，对这一问题进行深入具体的研究，既有重要的历史价值，又有重要的现实指导意义。

一、新民主主义革命时期，中国共产党开展学校思想政治教育的主要实践经验

（一）农民运动讲习所开展思想政治教育的实践经验

中国共产党成立初期，十分重视通过学校培养革命运动中的骨干和积极分子。1924 年 7 月 7 日创办的农民运动讲习所是我党培养农运干部的第一所学校。我党创办农讲所，是中国农民运动史上的一个创举，它为农民运动大发展做了思想上和干部上的准备，农讲所在思想政治教育方面积累了丰富的经验。农讲所所授课程非常注重马克思主义理论和革命知识的教育，农讲所的教学内容有四个方面：一是，讲授共产党的基本主张，二是，宣传国民革命的基本知识，三是，学习有关农民运动的主要理论和方法，四是进行农民运动实践技能的训练。我党的一些主要领导人都在讲习所里教授过课程，如在第六届讲习所，毛泽东讲授《中国农民问题》《农村教育》等，并作了《中国社会各阶级分析》

报告；周恩来讲授《军事运动和农民运动》；澎湃讲授《海丰及东江农民状况》；萧楚女讲授《帝国主义》《中国民族革命运动史》《社会问题与社会主义》；瞿秋白讲授《各国革命史》《中国革命史》；恽代英讲授《中国史概要》；李立三讲授《中国职工运动》；等等。这些课程传播了马克思主义理论，提高了学员的政治思想素质，为开展农民运动奠定了良好的组织保障和思想保障。

农民运动讲习所在开展思想政治教育方面所积累的主要经验如下。

第一，重视马克思主义理论的教育。参加农讲所的学员大多来自农村，第一届学员要求有初中以上文化程度，但在第二届学员后，就没有文化程度的限制了。由于农讲所的学员文化程度偏低，在提高文化知识的同时，还要对学员进行理论方面的培训和教育，学员们只有掌握了一定的理论，才能用理论指导行动，使思想政治教育发挥更有效、自觉的作用。

第二，思想政治教育的内容要符合受教育者的实际情况。在农讲所讲授的课程都与学员的实际紧密结合在一起，适应学员的需求，对他们从事农民运动有直接帮助和指导作用。

第三，注重实践经验的运用。在农讲所不仅学理论知识，还进行实践技能的培训，如农民运动鼓动的方式等，这样就大大增强了思想政治教育的实效性，使学员既学到理论，又掌握技能，政治素质和政治能力都得到明显提高。

（二）中国共产党在黄埔军校开展思想政治教育的实践经验

黄埔军校创建于 1924 年 5 月，是孙中山总结历史经验，在中国共产党和苏联的帮助下建立起来的，在 1927 年"四一二"反革命政变前，它是一所新型的革命军事学校。周恩来、聂荣臻、恽代英、萧楚女、李富春、李达、蔡畅、项英、陈毅、叶剑英等曾先后在军校领导过政治工作或担任过政治教官。军校建立了党代表制度和政治部，以反帝反封建为中心内容，传授革命理论，培植革命思想。黄埔军校实行军事训练与政治训练并重的训练方针，政治训练的目的主要是，使学生彻底了解中国的国民革命是欧美资本主义发展成为帝国主义的情况下，对资本主义的一种反抗运动，因此，中国革命一定要与世界反抗资本主义的革命势力联合起来，中国革命是世界革命的一部分。为提高学生的政治思想政治觉悟，周恩来在学校做了《军队中的政治工作》《武力与民众》等演讲，深刻地分析了军队的来源、军队的阶级性质、革命军队与反革命军队的区别。总之，黄埔军校崭新的政治工作制度、形式多样的政治教育，为创立我党、我军的思想政治工作积累了宝贵的经验。

在黄埔军校，我党开展思想政治工作的主要经验有五个。

第一，建立党代表制度。党代表的主要职责是指导党部活动和政治工作。在黄埔军校中通过建立党代表制度，使共产党的思想观点能够有效地在学员中得以宣传，把共产党的主张贯彻到学员当中去，扩大共产党的影响，党代表负责监督执行革命政策，为开展思想政治工作发挥了很大作用。

第二，建立思想政治工作制度。主要是黄埔军校建立政治部，政治部的主要任务是培育军人的革命意识，专门负责学校的思想政治工作，在军队内部，负责对全体师生进行政治训练和指导党务活动，使师生有正确的政治意识，增强革命精神，自觉遵守革命纪律，坚定信仰，完成革命使命。对外负责宣传教育群众，使人民群众了解和支持革命运动。周恩来、熊雄等共产党员曾担任过政治部主任。

第三，重视建立革命群众组织，积极开展宣传和组织工作。周恩来在担任黄埔军校政治部主任期间，仅仅依靠共产党员和共青团员，在军校建立了"中共黄埔"特别支部，在师生中组织了革命青年的先进组织——中国青年军人联合会，以团结教育广大师生，大力宣传马克思主义，开展广泛的思想政治教育。不少师生加入了共产党和共青团。"中国青年军人联合会"作为中国共产党的一个群众组织，作为黄埔军校政治部联系革命军人的纽带，在团结革命军人、宣传革命主张、提高群众觉悟方面发挥了很大作用，为我党通过群众组织开展思想政治工作提供了宝贵的经验。

第四，注重传授革命理论、培育革命思想。黄埔军校实行军事训练与政治训练并重的方针，在政治训练方面，特别重视使学生掌握政治理论，军校根据《政治教育大纲草案》安排了内容丰富的政治课程，如帝国主义侵略中国史、帝国主义、世界政治经济状况、中国政治经济状况、近代国际关系、苏俄研究、社会进化史、中国民族史、各国革命史、社会主义运动史、中国社会组织、社会科学概要、农村问题研究、农民运动、青年运动等。这些政治课配备专职政治教官负责讲授，共产党人萧楚女、张秋人、高语罕、熊雄等担任过政治教官。除讲授外，还经常开展政治讨论，把讲授、讨论、实习、测验结合起来，注重教学效果。

第五，运用灵活多样的形式开展思想政治工作。在学校设有"政治问答信箱"，学生可以随时将疑难问题投入信箱内，每周由教官开箱，利用课堂或者校刊，解答学生提出的问题。共产党员恽代英、萧楚女、张秋人等将解答问题的文稿编辑成《政治问答集》印发给学生，传播了革命理论。政治部为了加强政治训练，提高政治课的效果，编辑了日报、期刊、文集、丛书、画报等多种形式的刊物，这些刊物是宣传革命主张、揭露帝国主义和军阀罪恶的重要阵地。

总之，黄埔军校崭新的政治工作制度、丰富的革命政治理论教育、生动多样的政治教育方式，为中国共产党的思想政治工作积累了宝贵的经验。

（三）抗日军政大学开展思想政治教育的实践经验

1936 年 6 月，中国共产党创办的抗日军政大学（以下简称"抗大"）是培养军政干部的重要基地。在创办初期，办学条件是极其艰苦的，校舍、讲堂都是石洞，一切都是学员们自己动手建设起来的，用石头砌成桌子、凳子。学校讲的课程涉及社会进化史、世界政治经济地理、资本主义到帝国主义、联共党史和列宁主义、中国革命和基本问题、中国革命战争的战略问题、政治经济学、哲学、党的建设。教学方法是每天除讲课外，主要是阅读、讨论、研究。抗大是在党中央、中央军委的直接领导与关怀下成长起来的，抗大的教学方针、原则、内容、方法，党中央、中央军委都及时地给予了明确的指示和规定。在抗大成立三周年纪念日，毛泽东把抗大的教育方针概括为："坚定正确的政治方向，艰苦奋斗的工作作风，灵活机动的战略战术。"毛泽东还为抗大制定了"团结、紧张、严肃、活泼"的校训。1938 年冬至 1939 年春，中央书记处对抗大工作进行了全面的检查，并对抗大工作做了详尽的指示，其主要内容是，抗大的工作应该致力于党性和思想意识的锻炼，革命者人格道德的教育与锻炼，加强马克思主义教育、阶级教育，加强新老干部之间的团结教育，加强在职干部的学习，使之做到"知识分子工农化，工农分子知识化"，教育党员联系群众，加强组织纪律性。[①] 1939 年 7 月 25 日中央军委做出了《关于抗大工作的指示》，确定了抗大以及一切由知识青年所组成的学校的工作方针，这就是"学校一切工作都是为了转变学生的思想"。教育的原则是："教育他们掌握马列主义，克服资产阶级及小资产阶级的思想意识；教育他们有组织纪律性，反对组织上的无政府主义与自由主义；教育他们决心深入基层，反对轻视实际经验；教育他们接近工农，决心为他们服务，反对看不起工农的意识。"

抗大在思想政治工作方面积累的经验有以下三点。

第一，把转变学生思想作为教学的中心，摆在学校一切工作的首位。抗大的学生来自全国四面八方，他们都是在中国共产党及党的一系列抗日方针政策影响下，奔向延安的热血青年和爱国志士。他们来到抗大要求改造自己、提高自己，但是，在一些人头脑中存在着资产阶级、小资产阶级思想意识，要克服这些不健康的思想意识，把他们训练成无产阶级战士，训练成八路军的干部，

---

① 黄小蕙，郭景辉，李玉堂. 思想政治工作 70 年 [M]. 北京：国防大学出版社，1991：284.

确实是一项艰苦的工作。为了转变学生的思想，在教学过程中，一方面对学生进行系统的政治、军事理论灌输，另一方面，积极开展对学生的思想政治工作。在日常的训练、学习、生活中提倡艰苦奋斗、廉洁奉公、不怕牺牲的精神，培养学生良好的思想品德。

第二，注重发挥党员的先锋模范作用和党支部的战斗堡垒作用。抗大的学生大多是从边区外边来的学生，党员很少，这就对党的工作提出了两个方面的要求，一是，在学员中发展新党员，二是，发挥好党员的作用。抗大在积极慎重地发展新党员的同时，还经常开展党的教育和党的组织生活，开展创建模范党支部的活动，有效发挥了党的模范作用和党组织的战斗堡垒作用。

第三，充分发挥教学员工的积极性，做好思想政治工作。抗大的教学员工不仅要搞好教学工作、管理工作，还要积极参与对学员的思想政治工作，教师在研究教学工作各个方面的任务的同时，要根据教学工作不同阶段的特点，结合学生的思想实际开展思想政治工作，使思想政治工作随着教学的深入而不断改进，大大提高了思想政治教育的实效性。同时，在对学生的管理过程中，也以多种形式开展对学生的思想教育，使他们懂得中华民族所处的地位及共产党的责任，懂得学校工作与学习所肩负的重大使命。

（四）陕北公学开展思想政治教育的实践经验

1937 年 7 月，全国性抗日战争爆发后，大批爱国青年从全国各地来到革命圣地延安。一所抗大已不能满足需要，为了把大批爱国青年培养成为优秀的抗战干部，1937 年 7 月底，中共中央决定创办一所新的学校——陕北公学，原本准备叫陕北大学，因当时国民党政府以陕北已经有了抗日军政大学为由不予核准，才改名为陕北公学，人们简称"陕公"。由林伯渠、吴玉章、董必武、徐特立、张云逸、成仿吾等人筹办，成仿吾任陕北公学党委书记兼校长。1938 年，中共中央又派李维汉任副书记兼副校长。1937 年 8 月，陕北公学开始招收全国各地及海外华侨青年入学。9 月 1 日编班上课，11 月 1 日正式举行开学典礼。陕北公学最初的学员有 5 个班约 300 人，他们来自四面八方：有共产党员，也有国民党员；有工人，也有农民；有汉族，也有少数民族；有红军，也有国民党统治区的干部；有十几岁的青年，也有年过半百的老人。1938 年 7 月 7 日，中共中央决定在关中旬邑县看花宫开办陕北公学分校，李维汉任分校校长。1939 年 1 月，陕北公学总校迁至栒邑与分校合并。同年夏，中央决定将陕北公学、鲁迅艺术学院、安吴堡战时青年训练班、延安工人学校联合成立华北联合大学，校址迁至晋察冀根据地，成仿吾任校长。1939 年 11 月期间，党中央为了培养更多抗战干部，决定复办陕北公学，又称"后期陕公"。1941年8月底，中央决定将陕北公学（后期）与中国女子大学、泽东青年干部学校合并，成立延安大学。陕北公学的教育方针是："坚持抗战，坚持持久战，坚持统一战线，实行国防教育，培养抗战干部。"教育内容是中国共产党关于抗战的路线、方针、政策和基本理论，领导武装斗争的基本知识以及对时局的认识。陕北公学的学制分普通班和高级班，采取半军事性的编制，注重军事训练，提倡和发扬"忠诚、团结、紧张、活泼"的校风。课程设置为"三分军事七分政治"，注重理论联系实际，主要内容有：社会科学概论、抗日民族统一战线与民众工作、游击战争与军事常识、时事演讲。每天学习8小时，上课与自习各一半。陕北公学全体师生自力更生，自己动手，开荒挖窑洞。

陕北公学的办学宗旨和培养目标是："实施国防教育，培养抗战人才。"为此学校制定了"帮助青年获得抗战中实际工作的方法与民族自卫战争的最低限度的理论基础"的教育方针，并根据七分政治、三分军事的原则制定教学计划，将"理论和实际相联系、教学内容少而精、教与学一致"确定为教学工作的原则。在办学过程中，陕北公学形成了"忠诚、团结、紧张、活泼"的校风。办学两年，陕北公学共培养6000多名学生，吸收3000多名青年加入中国共产党。这是陕北公学教育的伟大成果，是陕北公学对中华民族解放事业的不朽贡献。

陕北公学在开展思想政治工作方面有丰富的经验，这主要有以下几点。

第一，坚持为民族解放事业服务的办学方向。1938年，毛泽东曾亲笔为陕北公学题词："要造就一大批人，这些人是革命的先锋队，中国要有一大群这样的先锋分子，中国革命的任务就能够顺利地解决。"陕北公学是为民族解放事业而生，反映了党的早期高等教育将唤起群众、组织群众、武装群众的方针同培养优秀领导干部结合起来，将思想政治教育工作作为关键环节汇聚广泛革命力量等特点。陕北公学把直接服务于抗日救国作为主要办学目标。为此，陕北公学开设一系列具有针对性和实效性的理论与实践课程，如在普通班开设抗日民族统一战线与民众工作、社会科学概论、游击战争与军事知识和时事演讲等课程。以"毕业上前线"鼓舞和激励学生无条件服从抗战和革命的需要，为祖国的抗战事业和人民的解放事业奋斗。自1937年至1939年短短两年的时间里，陕北公学培养了6000多名干部，"分布在全国各个战场、各条战线，在革命战争的烈火中，在群众运动的激流中，锻炼成长"[①]。

---

① 成仿吾. 战火中的大学：从陕北公学到人民大学的回顾［M］. 北京：人民出版社，2014：99.

　　第二，坚持教育与生产劳动相结合。陕北公学开展教学和思想政治工作特别重视与工农群众相结合、与生产劳动相结合。陕北公学教育计划中一门重要的课程是"民众运动"，以民众教育的方式团结大多数人，坚持群众路线，教导学员开展民众运动，培养对人民群众的革命感情，除参与军事训练、理论学习外，陕公学员还积极参加建校劳动和农业生产劳动，"锄头和土地石子发出铿锵的和谐的合奏"，提高生产实践能力，培养同劳动人民的深厚感情。

　　第三，重视用革命理论和革命精神教育干部，培养既懂政治又懂军事的抗战军政干部。针对全民族抗战的需要，陕北公学从设立之初就狠抓干部教育，为党的政治路线服务，培养政治目标明确、军事素养过硬的抗战干部。成仿吾提出，"陕公主要培训政治干部，教学计划的安排原则是七分政治，三分军事"。在基本理念上，陕北公学在教学的过程中以无产阶级革命斗争的世界观、方法论教育广大干部；坚持中国共产党的领导，以党的优良传统和作风影响广大干部；牢固树立持久抗战、依靠人民的战略方针，以人民战争的思想武装广大干部。陕北公学还专门开设时事政策课程，帮助学员及时掌握战争形势。毛泽东多次呼吁中央领导人到陕北公学办讲座、分析时事，并多次带头到陕公进行演讲。史料显示，1937年10月19日，毛泽东在陕北公学纪念鲁迅逝世周年大会上发表演讲，号召学习鲁迅精神；1937年11月1日，毛泽东参加陕北公学开学典礼大会，发表抗战形势和任务的演说，号召陕公学员为保卫祖国流最后一滴血；1938年1月13日，毛泽东勉励陕公青年学习革命先辈精神，不畏艰辛、克服困难。

　　第四，重视马克思主义理论教育。延安精神吸引着各地青年纷纷到来，使得陕北公学涌现大批党的新生力量，出现了青年知识分子干部和党员层面"新多老少"的现象。陕北公学根据中央精神，把在学员中发展党员作为重要任务来抓，并在发展党员过程中仔细考察，把真正具有革命意志、献身革命的学员吸纳到党员队伍中来。陕北公学创办后近两年中，"招收学生六千余人，其中有三千多优秀青年参加了中国共产党"，在宣传和吸纳优秀青年入党的过程中起到了重要的作用。陕北公学系统讲授和宣传马克思主义理论，并将马克思主义与中国革命相结合，探索马克思主义中国化的理论与实践道路。一方面，陕北公学全面开展马克思主义理论教育和宣传。高级班开设了中国革命运动史、马列主义、辩证唯物主义等课程，后期又增加世界革命运动史、科学社会主义等课程。这些接受过系统且全面马克思主义理论学习的学员，在各阵地宣传马克思主义理论和党的思想，广泛地播撒革命的火种。另一方面，陕北公学注重对马克思主义理论的创造性转化与传播。陕北公学专门成立由何干之领导的有关中国问题研究、由李凡夫领导的政治经济学研究以及由陈唯实领导的哲学研究这三个研究室，在完成各领域理论研究任务的同时，还扎根基层，深入革命实践。通过这些途径，陕北公学培养了一批优秀教员队伍，为马克思主义理论的传播和延安时期高等教育的发展做出了重要贡献。

二、毛泽东关于学校意识形态建设的基本思想

毛泽东非常重视学校意识形态工作，这其中既包括对学校思想政治工作的论述，也包括学校其他方面的政治建设，深入探究毛泽东关于学校意识形态建设的思想，对目前我国高校意识形态建设具有重要的指导价值。

毛泽东关于学校意识形态建设的思想主要包括以下内容。

（一）强调教育与生产劳动相结合

毛泽东指出，学校既要重视理论学习，又要重视实践锻炼。毛泽东认为，在古代圣人那里读书的青年，不但没有学过理论，而且不重视实践劳动，甚至轻视劳动。1939 年 5 月 4 日毛泽东发表的《青年运动的方向》一文中，针对旧中国学校存在的问题指出："现在全国广大地方的学校革命理论不多，生产运动也不讲。"① 从这些论述中可以认识到，毛泽东十分反对旧学校不重视理论也不重视实践的现象。他进一步指出，抗日根据地的学校改变了这种状况，青年学生在学校中既能学习革命理论，又进行劳动、军事技能训练，参加生产劳动，这些青年经过这种培养成为抗日的先锋，培养学生的政治方向是正确的，方法也是正确的，这是培养青年的方向。在新民主主义革命时期，毛泽东就明确提出："在不妨碍战争、工作和学习的情况下，部队、机关、学校仍要适当地参加劳动。"② 新中国成立后，毛泽东更加明确地指出："教育与劳动结合的原则是不可移易的。"③ 还强调教师要尽可能地利用各种机会去接近工农群众，只要进行实践，走近人民群众，"就可以把他们从书本上学来的马克思主义变成自己的东西。学习马克思主义，不但要从书本上学，主要地还要通过阶级斗争、工作

---

① 毛泽东. 毛泽东选集：第 2 卷［M］. 北京：人民出版社，1991：256.
② 毛泽东. 毛泽东选集：第 4 卷［M］. 北京：人民出版社，1991：1173.
③ 毛泽东. 毛泽东文集：第 7 卷［M］. 北京：人民出版社，1999：399.

实践和接近工农群众才能真正学到"①。可见，教育与实践相结合的思想是毛泽东关于学校意识形态建设的一贯思想，这不仅是学生获得知识、运用知识的途径，也是对学生接近工农群众、对学生进行思想品德教育的重要途径，不仅具有科学价值，而且具有政治价值和政治倾向，也是学校进行思想政治工作和意识形态建设不可缺少的途径。

（二）高度重视学校思想政治工作

学校意识形态建设与学校思想政治工作紧密联系在一起，学校意识形态工作是整个思想政治工作的核心组成部分。毛泽东在高度重视全国各个领域的思想政治工作的基础上，特别强调要做好学校思想政治工作，他明确指出："思想政治工作，各个部门都要负责，共产党员应该管，青年团应该管，政府主管部门应该管，学校的校长、教师更应该管。"② 可见，毛泽东把校长、教师做好思想政治看得极为重要，因为这直接关系到青少年健康成长，关系到党和国家未来的发展，因此"学校要大力进行思想教育，进行遵守纪律、艰苦创业的教育"③。新中国成立后，一度在一段时期内，学校思想政治工作减弱了，出现了一些偏差，在一些人眼中，好像什么政治、祖国前途、理想等都没有关心的必要，针对学校思想政治工作存在的问题，国家明确提出要加强学校思想政治工作。重视学校思想政治工作不仅是学校自身的事情，各级领导都要重视学校思想政治工作，要亲自抓这项工作，为开展学校思想政治工作提供有力的组织保障和政治保障，为此，毛泽东还明确强调："要加强学校思想政治工作，每省要有一位宣传部部长、一位教育厅厅长亲自抓这项工作。"④ 党委指导青年的思想，指导教师的思想。"要责成省委、地委、县委书记管思想工作。"⑤ 通过学校自身和各级领导对学校思想政治工作的高度重视，学校思想政治工作被提到了应有的高度。

（三）注重加强对学生进行思想品德教育

学校思想政治工作的对象是学生，在开展学校思想政治教育的工作中，必须高度重视学生思想品德的教育。要使学生克服一些错误的思想观点，在政治

---

① 毛泽东 . 毛泽东文集：第 7 卷 [M] . 北京：人民出版社，1999：273.
② 毛泽东 . 毛泽东文集：第 7 卷 [M] . 北京：人民出版社，1999：226.
③ 毛泽东 . 毛泽东文集：第 7 卷 [M] . 北京：人民出版社，1999：246.
④ 毛泽东 . 毛泽东文集：第 7 卷 [M] . 北京：人民出版社，1999：247.
⑤ 毛泽东 . 毛泽东文集：第 7 卷 [M] . 北京：人民出版社，1999：247.

上不断进步，"这就需要学习马克思主义，学习时事政治"①。特别重视在学生中培育正确政治观点的必要性，毛泽东曾指出："没有正确的政治观点，就等于没有灵魂。"② 社会主义制度的建立，为每个青年学生实现自己的理想开辟了道路、创造了现实条件，但是每个青年学生要实现自己的理想还需要自己辛勤劳动和艰苦努力。因此，每个学生要实现自己的理想，首先就要有良好的思想品德，这种良好的思想品德从少年时期就要培养，毛泽东对此明确指出："儿童时期要发展共产主义的情操、风格和集体英雄主义的气概，就是我们时代的德育。"③ "我们所主张的全面发展，是要使学生得到比较全面的和比较广博的知识，发展健全的身体，发展共产主义的道德。"④ 毛泽东明确提出了我国的教育方针："我们的教育方针，应该使受教育者在德育、智育、体育几方面都得到发展，成为有社会主义觉悟的有文化的劳动者。"⑤

（四）深刻论述了学校的政治属性

学校是培养人才、传授知识的重要场所，学校培养的人才总是为特定阶级服务的，学校在传授知识的过程中，也具有政治倾向性。学校中思想文化之间的纷争、对立、斗争，在深层次上体现了不同利益的思想斗争。毛泽东认为："在'五四'以前，中国文化战线上的斗争，是资产阶级的新文化和封建阶级的旧文化的斗争。在'五四'以前，学校与科举之争，新学与旧学之争，西学与中学之争，都带有这种性质。"⑥ 学校不是世外桃源，学校不可避免地融入时代政治生活中，学校也总是代表特定阶级利益要求。正是由于学校具有政治属性，因此，学校必定成为一定阶级培养人才的工具。毛泽东指出："几千年来的教育，确实是剥削阶级手中的工具，而社会主义教育乃是工人阶级手中的工具。"⑦

（五）合理使用外国的教材

教材是对学生传授知识、进行思想教育和学校意识形态建设的直接载体，

---

① 毛泽东. 毛泽东文集：第7卷 ［M］. 北京：人民出版社，1999：226.
② 毛泽东. 毛泽东文集：第7卷 ［M］. 北京：人民出版社，1999：247.
③ 毛泽东. 毛泽东文集：第7卷 ［M］. 北京：人民出版社，1999：398–399.
④ 毛泽东. 毛泽东文集：第7卷 ［M］. 北京：人民出版社，1999：399.
⑤ 毛泽东. 毛泽东文集：第7卷 ［M］. 北京：人民出版社，1999：266.
⑥ 毛泽东. 毛泽东选集：第2卷 ［M］. 北京：人民出版社，1991：696.
⑦ 毛泽东. 毛泽东文集：第7卷 ［M］. 北京：人民出版社，1999：398.

一部好的教材就是对学生进行知识、思想教育的有力工具，因此，任何一个时期的教育主管部门都特别重视对教材的编写和采用。在 20 世纪 50 年代，由于我国学校教育基础薄弱，办学经验、能力不足，因而在学校教育中大量采用了苏联的教材，这一方面对我国学校教育具有直接的促进和帮助作用，但是，苏联的有些教材并不适合我国学校的特点，因此，对苏联的教材要有选择地采用。关于这一问题，毛泽东明确指出："苏联的教材，应当学的就要学，不应当学的就不要学。你们要来一个改革，不要照搬外国的，一定要符合中国的情况。"①毛泽东关于教材采用的思想，为我国教材建设指明了方向。近年来，在我国教材建设和使用中一度存在"去中国化"，一些高校盲目使用国外的原版教材，大量地使用西方教材，这些做法与毛泽东关于教材使用的思想都是相悖的，这是目前我国高校意识形态工作存在的一个不可忽视的问题，必须引起有关部门的重视。

（六）强调教师要为人民服务、为无产阶级革命事业服务

在学校教育工作中，教师占主导地位，学校能否培养出合格的人才，关键在于教师，这就要求教师不仅要有丰富的文化知识、高尚的思想品德，还要具备良好的政治素质。教师政治素质与学校意识形态工作具有直接联系，教师是学校意识形态工作队伍的重要组成部分。毛泽东非常重视教师所担负的政治责任和政治素质，他明确指出："为着扫除民族压迫和封建压迫，为着建立新民主主义国家，需要大批的人民的教育家和教师。""他们必须有为人民服务的精神。"② 个别学校提出，在学校，高级知识分子是革命的对象，在学校中不应提群众路线。针对这种错误观点，毛泽东指出，要端正方向，纠正这种偏差，争取一些可以争取的教授、讲师、助教为无产阶级教育事业服务。

毛泽东关于学校意识形态建设的思想是十分丰富的，这一思想与思想政治工作理论既有联系，又有区别，学校意识形态建设的思想包括的内容更广泛。这一思想对当前牢牢掌握高校意识形态工作领导权、话语权具有重要的指导意义。

---

① 毛泽东. 毛泽东文集：第7卷［M］. 北京：人民出版社，1999：247.
② 毛泽东. 毛泽东选集：第3卷［M］. 北京：人民出版社，1991：1082.

三、邓小平关于学校意识形态建设的基本思想

十一届三中全会后，我党把工作重心转移到经济建设上来，放弃了以阶级斗争为纲的路线，开启了改革开放的新的历史时期。作为改革开放的总设计师邓小平，提出了一系列新思想、新观点，深刻回答了什么是社会主义，怎样建设社会主义的重大问题，形成了邓小平理论。邓小平十分重视学校意识形态建设，提出了一些新观点、新论断，丰富了我党关于学校意识形态建设的基本理论。

（一）充分肯定教育和教师为人民服务的政治属性和政治方向

十一届三中全会后，我国各个领域拨乱反正。在这个过程中，有人对"文革"前十七年的教育持否定态度，认为走的是一条"黑线"，这种观点从根本上否定了我国学校教育的政治属性和政治方向。针对这种思潮，邓小平明确指出，十七年教育工作"主导方面是红线"。他具体指出："十七年中，绝大多数知识分子，不管是科学工作者还是教育工作者，在毛泽东思想光辉照耀下，在党的正确领导下，辛勤劳动努力工作，取得了很大成绩。"① 在当时特殊的历史背景下，邓小平这一思想对我国包括广大教师在内的知识分子的政治属性和贡献给予了明确、充分的肯定，这对于巩固加强党对学校工作的领导，保证学校及知识分子坚持正确的政治方向，起到了巨大的指导作用，使人们澄清了模糊认识，明确了知识分子的政治定位，正如邓小平所讲，我国的知识分子绝大多数是自觉自愿为社会主义服务的。

（二）重视提高教师的政治地位

进行社会主义建设需要大量的人才，为培养合格的人才，必须高度重视教育工作和教师队伍建设，在"文革"期间，教师社会地位和政治地位受到很大损害，教师的积极性受到很大压抑，这种状况不改变，不仅会影响教育事业的发展，还会制约整个社会主义现代化建设，这样提高教师的地位就具有了全局性意义。要提高教师的地位，首先就要尊重教师，邓小平指出，在社会主义建

---

① 邓小平. 邓小平文选：第2卷 [M]. 北京：人民出版社，1994：49.

设中，"要特别注意调动教育工作者的积极性，要强调尊重教师"①。"无论是从事科研工作的，还是从事教育工作的都是劳动者。"② 整个社会要尊重知识、尊重人才。为把尊重教师落到实处，除了对教师精神鼓励外，还要采取其他一些鼓励措施，包括提高物质待遇。人民教师是培养革命后代的园丁，"他们的创造性劳动，应该受到党和人民的尊重"③。不但学生应该尊重教师，而且整个社会都应该尊重教师。在尊重教师、关心教师方面，邓小平特别重视在政治上关心教师，强调要关心教师的政治生活、工作条件和业务学习，"各级党委和学校的党组织，应该热情地关心和帮助教师思想政治上的进步，帮助他们认真学习马克思列宁主义、毛泽东思想，使更多的人牢固地树立无产阶级的共产主义世界观"④。作为人民教师既要有良好的业务素质，又要有较高的政治素质，"我希望广大教师在政治上、业务上不断提高，沿着又红又专的道路前进"⑤。在政治上关心教师的基础上，邓小平还进一步强调提高教师的政治地位问题，他明确指出："我们要提高人民教师的政治地位和社会地位。"⑥

（三）注重对学生进行理想信念教育和法制教育

理想信念教育是意识形态工作的重要组成部分，加强学校意识形态工作的一个基本要求，就是在学生中加强理想信念教育，使青少年有理想、有信念。邓小平特别重视对青少年的理想教育，他指出："现在中国提出'四有'，有理想、有道德、有文化、有纪律。其中，我们最强调的，是有理想。"⑦ "革命的理想，共产主义的品德，要从小开始培养。"⑧ 理想是一个人前进的方向，正确的理想信念不仅能使青年学生保持积极健康的精神状态，还使青年学生自觉地为祖国、为人民努力学习，立志报效祖国、报效人民，成为合格的社会主义建设人才。在对人民进行理想教育的过程中，"首先要向青年进行有理想、有纪律的教育"⑨。他语重心长地讲："我们一定要经常教育我们的人民，尤其是我们

---

① 邓小平.邓小平文选：第2卷［M］.北京：人民出版社，1994：50.
② 邓小平.邓小平文选：第2卷［M］.北京：人民出版社，1994：50.
③ 邓小平.邓小平文选：第2卷［M］.北京：人民出版社，1994：95.
④ 邓小平.邓小平文选：第2卷［M］.北京：人民出版社，1994：109.
⑤ 邓小平.邓小平文选：第2卷［M］.北京：人民出版社，1994：110.
⑥ 邓小平.邓小平文选：第2卷［M］.北京：人民出版社，1994：109.
⑦ 邓小平.邓小平文选：第3卷［M］.北京：人民出版社，1993：190.
⑧ 邓小平.邓小平文选：第2卷［M］.北京：人民出版社，1994：105.
⑨ 邓小平.邓小平文选：第3卷［M］.北京：人民出版社，1993：191.

的青年，要有理想。"① 这里的青年很大一部分就是学校的学生，对学生进行理想信念教育，是全面贯彻党的教育方针，排除各种错误思潮的干扰，保证学生健康成长的必要条件。

邓小平在强调对学生进行理想信念教育的同时，也非常重视纪律、法制方面的教育，提出："法制教育要从娃娃抓起，小学、中学都要进行这个教育。"②

（四）坚决反对和抵制资产阶级自由化思潮

随着我国改革开放的逐步扩大，到 20 世纪 80 年代中期，西方资产阶级自由化思潮逐步蔓延开来，一些别有用心的人，在学校极力散布资产阶级自由化言论，反对共产党的领导、反对社会主义制度，主张全盘西化，试图把资本主义制度搬到中国来，对我国青年学生的影响越来越大，一些学生盲目崇拜西方民主自由，"许多青年崇拜西方的所谓自由，但什么叫自由他们并不懂"③。邓小平认为，在我国意识形态领域一直存在资产阶级自由化思潮，但反对不力，针对这种现象，邓小平明确地提出要坚持四项基本原则，旗帜鲜明地反对资产阶级自由化，"我们讲坚持四项基本原则，就需要经常用四项基本原则教育人民"，他还指出：搞自由化的人提出的理想与我们的理想不同，我们讲的是社会主义、共产主义理想，他们提倡资本主义理想。④ 只有揭露、批判一些别有用心的言论，才能澄清是非，用社会主义主流意识形态占领学校阵地，进而有效抵制资产阶级自由化思潮对师生的侵蚀，保证学校的政治稳定，保证学校沿着正确的政治方向发展。

（五）强调对学生进行思想政治教育的必要性

邓小平认为，学生之所以受到一些错误思潮的影响，其中一个重要原因就是对学生思想教育、引导得不够，"问题在于我们思想战线上出现了一些混乱，对青年学生引导不够"⑤。正是由于我们自身出了问题，放松了对学生思想政治教育，使一些错误思潮乘虚而入。改革开放以来我国各个领域都取得了巨大成绩，教育事业也得到了快速发展，人民群众物质生活水平显著提高，但是在一定程度上忽视了思想政治教育，存在"一手硬、一手软"的现象，这是我们的

---

① 邓小平．邓小平文选：第 3 卷［M］．北京：人民出版社，1993：110．
② 邓小平．邓小平文选：第 3 卷［M］．北京：人民出版社，1993：163．
③ 邓小平．邓小平文选：第 3 卷［M］．北京：人民出版社，1993：191．
④ 邓小平．邓小平文选：第 3 卷［M］．北京：人民出版社，1993：205．
⑤ 邓小平．邓小平文选：第 3 卷［M］．北京：人民出版社，1993：189．

一大失误，邓小平明确提出："十年来我们的最大失误是在教育方面，对青年的政治思想教育抓得不够。"① "十年最大的失误是教育，这里我主要是讲思想政治教育。"② 对这个问题，邓小平具体论述道，这里的思想政治教育包括对学校、青年学生，也泛指对人民的教育，对艰苦创业、对中国是一个什么样的国家，将变成一个什么样的国家，这种教育很少，这是我们很大的失误。我们要改变这种引导不力的状况，要用我们的历史来教育青年，必须"加强思想政治工作、说服教育工作"③。教育学生认识到，中国除了走社会主义道路没有别的道路可走。邓小平强调，各级领导要高度重视学校思想政治工作，"学校的思想政治工作，怎样改进？等等。各级党政负责同志，要经常深入学校，倾听广大师生的意见和呼声，为他们排忧解难"④。

四、江泽民关于学校意识形态建设的基本思想

20 世纪 80 年代末 90 年代初，国内外形势发生重大变化，在国际上，东欧剧变后，世界社会主义运动进入低潮，西方国家加大了对社会主义国家的意识形态渗透，社会主义国家面临的意识形态挑战更加艰巨。在国内伴随着社会主义市场经济的建立和发展，一些错误思潮及一些腐朽没落的思想文化开始滋长蔓延，受东欧剧变的影响，一些人对社会主义发展前途感到困惑、迷茫，意识形态工作难度加大。以江泽民同志为核心的党的第三代领导集体，面对新的形势，围绕着怎样建设党、建设什么样的党这一重大问题，创造性地提出了"三个代表"理论，丰富发展了中国特色社会主义理论。江泽民非常重视意识形态建设，在学校意识形态建设方面，提出了一些新思想、新观点。

（一）把学校意识形态工作与维护国家稳定联系在一起

学校的基本职责是培养人才，学校所培养的人才不仅要在国家经济和社会建设中发挥重要作用，而且要在国家政治建设中发挥重要作用，要在维护国家长治久安、政治稳定中发挥重要作用。对此，江泽民明确指出："只有培养一代

①　邓小平. 邓小平文选：第 3 卷 [M]. 北京：人民出版社，1993：287.
②　邓小平. 邓小平文选：第 3 卷 [M]. 北京：人民出版社，1993：306.
③　邓小平. 邓小平文选：第 3 卷 [M]. 北京：人民出版社，1993：205.
④　邓小平. 邓小平文选：第 3 卷 [M]. 北京：人民出版社，1993：121.

又一代有理想、有道德、有文化、有纪律的献身中国特色社会主义事业的建设者和接班人，才能保证我国长治久安。"① 国家长治久安与学校培养的人才存在密切联系，如果学校培养的人才缺乏正确的理想和道德，这样的人才不是社会主义建设所需要的人才，这样的人有可能成为社会主义建设的一种破坏性因素，他们的言行会危害社会稳定。这是江泽民从东欧剧变的教训中得出的一个深刻教训，也就是说，我们培养的学生不仅要在文化上合格，也要在政治上合格。学校的稳定是整个社会政治稳定的重要组成部分，维护学校自身稳定，对维护整个政治稳定有现实意义，江泽民明确指出："要认真维护学校的教学秩序，促进安定团结。"②

（二）高度重视学校思想政治工作

学校思想政治工作直接关系到学校意识形态建设，搞好学校思想政治工作，是加强学校意识形态建设的必然要求。针对一些学校和地方忽视思想政治工作的情况，江泽民指出："有的同志对坚持两手抓、两手都要硬的方针贯彻不力，社会主义精神文明建设抓得不紧，放松了对青少年的思想政治教育。"③ "还有一些学校和地方，对学生的知识教育和学校的设施建设抓得比较紧，而对学生的思想品德教育、纪律法制教育，对学生在校外活动的情况，抓得比较松。"④ 针对这种现象，江泽民明确要求："各级党委和政府，整个教育战线的同志们，对教育工作中存在的问题和不足，都应该保持清醒的认识。"⑤ "思想政治教育，在各级各类学校都要摆在重要地位，任何时候都不能放松和削弱。"⑥ 削弱了思想政治教育工作，学校就不可能培养出合格的人才，还会给学生成长带来不利影响，也是对青少年成长不负责任的，"如果轻视思想政治教育工作、历史知识教育和人格培养，那就会产生很大片面性，而这种片面性往往会影响人一生的轨迹"⑦。在改革开放过程中，社会出现了一些消极负面的东西，这也对学校思想政治工作带来冲击，针对这种现实问题，江泽民指出："要针对改革和建设过程中出现的新情况新问题，不断加强和改进学校的思想政治工作和政治课教

① 江泽民. 江泽民文选：第 1 卷 [M]. 北京：人民出版社，2006：370.
② 江泽民. 江泽民文选：第 1 卷 [M]. 北京：人民出版社，2006：372.
③ 江泽民. 江泽民文选：第 1 卷 [M]. 北京：人民出版社，2006：370.
④ 江泽民. 江泽民文选：第 2 卷 [M]. 北京：人民出版社，2006：588.
⑤ 江泽民. 江泽民文选：第 2 卷 [M]. 北京：人民出版社，2006：332.
⑥ 江泽民. 江泽民文选：第 2 卷 [M]. 北京：人民出版社，2006：332.
⑦ 江泽民. 江泽民文选：第 2 卷 [M]. 北京：人民出版社，2006：332.

育。"① 江泽民还从整个国家发展战略高度，强调了学校思想政治工作的重要性，忽视学校思想政治工作对于实施科教兴国战略，对于整个社会主义现代化建设，都是非常不利的。基于这种现实要求，江泽民明确指出："希望各级党委和政府的领导同志，要高度重视教育和青少年的思想工作。"② "抓好教育和青少年学生的思想工作，直接关系到我们实施科教兴国战略能否取得成功，关系到我国社会主义现代化建设能否取得成功。"③ 江泽民认为学校思想政治工作问题，不仅关系到学校自身发展状况，而且关系到党和国家未来事业的发展，这样就把学校思想政治工作提高到了应有的战略地位。

（三）阐述了学校思想政治教育的目的和主要内容

学校思想政治工作的内容与其他领域的思想政治工作相比，更加注重对青少年思想品德的培养和教育。在关于学校思想政治工作的内容方面，江泽民特别指出："尤其是要加强对青少年学生进行爱国主义、集体主义、社会主义思想教育，帮助他们树立正确的世界观、人生观、价值观。"④ 江泽民还指出，学校不仅要对学生进行文化知识方面的教育，还要切实加强思想政治教育、品德教育、纪律教育、法制教育。江泽民不仅强调了学校思想政治教育的主要方面，还具体指出了学校思想政治教育的内容，这些内容主要有，"要加强对学生进行马克思列宁主义、毛泽东思想基本理论特别是邓小平同志建设中国特色社会主义理论的教育，加强党的基本路线的教育，加强爱国主义、集体主义、社会主义思想的教育，加强中国近代史、现代史和国情的教育，加强我国优秀文化传统和革命传统的教育"⑤。江泽民不仅系统阐述了学校思想政治教育的内容，还进一步指出了学校思想政治教育的目的，他指出："加强理论教育、思想教育和政治工作的目的，就是要引导和帮助青年学生树立正确的世界观、人生观、价值观，打下科学理论的基础，确立为建设中国特色社会主义而奋斗的政治方向。"⑥ 可见，江泽民所阐述的学校思想政治工作的内容和目的，都具有鲜明的意识形态属性，实际上就是用主流意识形态统领思想政治教育阵地。

---

① 江泽民. 江泽民文选：第1卷［M］. 北京：人民出版社，2006：371－372.
② 江泽民. 江泽民文选：第2卷［M］. 北京：人民出版社，2006：590.
③ 江泽民. 江泽民文选：第2卷［M］. 北京：人民出版社，2006：590－591.
④ 江泽民. 江泽民文选：第2卷［M］. 北京：人民出版社，2006：590.
⑤ 江泽民. 江泽民文选：第1卷［M］. 北京：人民出版社，2006：372.
⑥ 江泽民. 江泽民文选：第1卷［M］. 北京：人民出版社，2006：372.

（四）更为全面地阐述了党的教育方针

毛泽东首次提出了党的教育方针，为我国教育事业发展指明了方向，保证了我国学校发展的社会主义方向。邓小平也多次强调党的教育方针的重要性，江泽民对党的教育方针的内容进行了更为全面的阐述。江泽民指出："我们必须全面贯彻党的教育方针，坚持教育为社会主义现代化服务、为人民服务，坚持教育与社会实践相结合，以提高国民素质为根本宗旨，以培养学生的创新精神和实践能力为重点，努力造就有理想、有道德、有文化、有纪律的，德育、智育、体育、美育等全面发展的社会主义事业建设者和接班人。"[①] 江泽民对党的教育方针的这一阐述，在原有教育方针的基础上，增加了培育"四有"新人、创新精神、实践能力等方面的新内容，这样党的教育方针的内容更加全面、更具有时代性。全面贯彻党的教育方针，不仅保证学生掌握扎实的科学文化知识，而且保证学生具有良好的政治思想品德；不仅保证教育事业的发展，也保证学校意识形态建设的正确方向。

（五）对教师的职责提出了新的要求

教师在学校中占主导地位，教师不仅肩负着传授知识的神圣职责，还肩负着重要的政治职责，在对学生传授知识的过程中，必须坚持正确的政治方向，任何一门课程都具有意识形态属性，因此，教师要很好地完成教书育人的职责，自己不仅要具有丰富的知识，还必须具有较高的政治素质。江泽民认为，正确的世界观、人生观、价值观的确立，民族优良传统的发扬，共同理想和精神支柱的形成和巩固，科学文化水平的提高，都离不开教育工作，而这些都是我们民族凝聚力的重要基础和内容。"我们的各级各类教育机构，我们的全体教育工作者，对增强包括民族凝聚力在内的综合国力，承担着庄严的职责。"[②] 在此基础上，江泽民对教师的职责提出了更为明确的要求，他指出："人民教师的神圣职责就是传授知识，传承民族精神，弘扬爱国主义，为祖国和人民培养合格人才。"[③] 他还进一步强调，教师要忠于人民的教育事业，以培养人才、繁荣学术、发展先进文化和推进社会进步为己任，积极引导和帮助青少年学生树立正确的世界观、人生观和价值观，教育他们立志。教师的职责是神圣的，也是艰

---

① 江泽民. 江泽民文选：第 2 卷［M］. 北京：人民出版社，2006：332.
② 江泽民. 江泽民文选：第 2 卷［M］. 北京：人民出版社，2006：331.
③ 江泽民. 江泽民文选：第 3 卷［M］. 北京：人民出版社，2006：501.

巨的，教师必须履行好自己的职责，对此，江泽民对教师进一步提出要求，"希望我们的教师志存高远，爱国敬业"①。"教师要始终牢记自己的神圣职责，并在深刻的社会变革和丰富的教育实践中履行自己的职责，百折不挠，奋勇前进。"②

五、胡锦涛关于学校意识形态建设的基本思想

（一）进一步丰富了党的教育方针的内涵

中国共产党历来重视在各级各类学校中贯彻党的教育方针。胡锦涛明确指出："培养什么人、如何培养人，是我国社会主义教育事业发展中必须解决好的根本问题。正确认识和切实解决好这个问题，事关党和国家的长治久安，事关中华民族的前途命运。"③ 我们党高度重视大学生思想政治教育工作，高度重视从政治上、思想上促进大学生健康成长。长期以来，为推进大学生思想政治教育工作，我们党制定了一系列重要方针政策，采取了一系列行之有效的措施，进行了不懈努力。胡锦涛同志进一步强调："我们必须始终把培养造就中国特色社会主义事业的建设者和接班人作为一项关系全局的战略任务抓紧抓好。"④ 胡锦涛对党的教育方针进行了新的阐述，他指出："全面贯彻党的教育方针，坚持育人为本、德育为先、能力为重、全面发展，着力增强学生服务国家服务人民的社会责任感、勇于探索的创新精神、善于解决问题的实践能力，努力培养德智体美全面发展的社会主义建设者和接班人。"⑤ 胡锦涛在对党的教育方针阐述中，特别强调了学生的实践能力、社会责任感、创新精神等方面的内容，这就使党的教育方针的内容更加丰富、更具有现实性，更好地适应了社会主义现代化建设和改革开放对学生的要求。这样，在党的教育方针中不仅有对学生基本思想品德素质、知识素质的要求，还增加了实践素质等方面的要求。

---

① 江泽民．江泽民文选：第3卷［M］．北京：人民出版社，2006：501.
② 江泽民．江泽民文选：第3卷［M］．北京：人民出版社，2006：502.
③ 中共中央文献研究室．十六大以来重要文献选编：中［M］．北京：中央文献出版社，2006：632.
④ 中共中央文献研究室．十六大以来重要文献选编：中［M］．北京：中央文献出版社，2006：632.
⑤ 胡锦涛．在庆祝清华大学建校100周年大会上的讲话［N］．人民日报，2011－04－25.

（二）实施马克思主义理论研究和建设工程

胡锦涛非常重视马克思主义理论研究和建设工程，这项工程直接关系到学校意识形态建设，为有效实施这一工程，中央要求"组织编写全面反映邓小平理论和'三个代表'重要思想的哲学、政治经济学、科学社会主义以及政治学、社会学、法学、史学、新闻学和文学等学科的教材，进一步推进邓小平理论和'三个代表'重要思想进教材、进课堂、进学生头脑工作"①。哲学社会科学具有鲜明的意识形态属性，这一工程直接目的就是要深入研究马克思主义基本理论，引导人们用科学的态度对待马克思主义，用发展着的马克思主义指导新的实践。这一工程的实施能够更好地坚持马克思主义在我国意识形态领域的指导地位，用马克思主义有效占领高校意识形态阵地。因此，实施马克思主义理论研究和建设工程，同时也是高校意识形态建设的一项重大工程，这既是高校意识形态建设的重要内容，也是高校意识形态建设的重要载体。

（三）高度重视提高大学生思想政治素质

高校意识形态建设的一项重要任务就是要培育大学生思想政治素质，胡锦涛特别重视加强对大学生政治思想素质的培育，他指出："大学生的思想政治状况、道德品质、科学文化素质和健康素质如何，不仅关系现阶段中华民族的素质，而且直接关系未来中华民族的素质。"特别是大学生思想政治素质如何，更是直接关系到党和国家的前途命运。② 要使大学生成为中国特色社会主义事业的合格建设者和可靠接班人，不仅要提高他们的科学文化素质，更要大力提高他们的思想政治素质。要切实加强和改进大学生思想政治教育工作，培养造就千千万万具有高尚思想品德和良好道德素养、掌握现代化建设所需要的丰富知识和扎实本领的优秀人才，使大学生能够与时代同步伐、与祖国同命运、与人民同奋斗。他还进一步强调，必须清醒地认识到，敌对势力同我们争夺下一代的斗争依然十分尖锐复杂，我们决不能丧失警觉。"在这种情况下，我们必须在大力提高大学生科学文化素质和健康素质的同时，下功夫提高大学生思想政治素质，引导大学生树立正确的理想信念，增强政治鉴别力，有效防范和抵御敌

---

① 中共中央文献研究室．十六大以来重要文献选编：上［M］．北京：中央文献出版社，2005：690.

② 中共中央文献研究室．十六大以来重要文献选编：中［M］．北京：中央文献出版社，2006：633.

对势力的思想渗透。"① 胡锦涛对大学生提出明确要求："要积极加强自身思想品德修养，认真学习中国特色社会主义理论体系，牢固树立正确的世界观、人生观、价值观，胸怀远大理想，陶冶高尚情操，培育科学精神，立为国奉献之志，牢牢把握人生正确航向，把个人成才融入祖国和人民的伟大事业之中，以实际行动创造无愧于人民、无愧于时代的业绩，谱写壮丽的青春乐章。"②

（四）全面分析了大学生存在的思想状况

关于大学生的思想状况，胡锦涛认为，我们在大学生思想政治教育方面做了大量工作，积累了重要经验，取得了积极进展。我国当代大学生生活在改革开放的伟大时代，他们热爱党、热爱祖国、热爱人民、热爱社会主义，坚决拥护党的理论和路线方针政策，胸怀远大理想，勇于自立自强，富于探索精神，乐于接受新事物，"对坚持走中国特色社会主义道路、实现全面建设小康社会的宏伟目标充满信心。我国大学生思想政治状况的主流是积极、健康、向上的"③。在看到大学生思想主流的同时，胡锦涛还指出，在发展社会主义市场经济和改革开放的条件下，在各种思想文化相互激荡环境中，"大学生思想活动的独立性、选择性、多变性、差异性明显增强，受到各种思想文化的影响明显增多"④。基于这种分析，胡锦涛还具体指出了大学生中存在的各种思想问题，"主要是：有的政治信仰迷茫、理想信念模糊，有的社会责任感不强、团结协作意识较差，有的艰苦奋斗精神不足，心理素质脆弱，有的受到拜金主义、享乐主义、极端个人主义影响较深"⑤。这些问题的存在，不利于大学生身心健康发展，必须引起我们高度重视，并采取切实有效的措施加以解决。胡锦涛对大学生思想状况的论述是科学、全面的，大学生思想状况是高校意识形态工作的一个重要着力点，准确把握大学生的思想状况，就能有效增强高校意识形态工作的针对性。

---

① 中共中央文献研究室．十六大以来重要文献选编：中 [M]．北京：中央文献出版社，2006：634.
② 胡锦涛．在庆祝清华大学建校 100 周年大会上的讲话 [N]．人民日报，2011－04－25.
③ 中共中央文献研究室．十六大以来重要文献选编：中 [M]．北京：中央文献出版社，2006：633.
④ 中共中央文献研究室．十六大以来重要文献选编：中 [M]．北京：中央文献出版社，2006：634.
⑤ 中共中央文献研究室．十六大以来重要文献选编：中 [M]．北京：中央文献出版社，2006：634.

（五） 系统提出了大学生思想政治教育面临的新课题

胡锦涛指出，在新的历史条件下，大学生思想政治工作面临许多新情况、新问题，还面临与新形势、新任务不相适应的问题。胡锦涛对大学生思想政治教育提出了下列课题：如何更有效地用马克思主义理论武装大学生头脑，引导大学生树立正确的世界观、人生观、价值观；如何广泛深入地进行爱国主义、集体主义、社会主义教育，引导大学生坚定中国特色社会主义信念；如何针对大学生的思想特点提高思想政治理论课和哲学社会科学一些学科的针对性和实效性，增强这些课程和学科的吸引力、感染力、说服力；如何引导大学生积极学习和正确吸收人类优秀文明成果，又自觉鉴别和抵御各种腐朽落后的思想文化；如何改进思想政治教育工作的方式和手段，切实把思想政治工作做到大学生心坎上；如何积极主动地运用现代科技手段，使大学生能够通过现代信息传播渠道接受积极健康的思想文化；如何把思想政治教育工作贯穿于高校教育、管理和服务的全过程，形成大学生思想政治教育的有效机制等。胡锦涛指出："解决好这些问题，对改进和加强大学生思想政治教育工作极为重要。对此，我们必须高度重视，深入研究，采取措施，不断推进。"①

（六） 明确提出了加强和改进大学生思想政治教育工作的一些主要措施

为进一步搞好大学生思想政治工作，就必须加强党对大学生思想政治工作的领导，为此，胡锦涛特别强调了三个方面的主要措施。

第一，要切实把大学生思想政治教育摆在更加突出的地位。各级党委把加强和改进大学生思想政治工作作为培养中国特色社会主义事业建设者和接班人、确保党和人民的事业兴旺发达的战略任务，"作为提高党的执政能力、巩固党的执政地位的一项重要工作，摆在更加突出的位置，列入重要议事日程，切实担负起政治责任，进一步加强和改进领导"②。要加强和改进高校思想政治理论课教育教学、形势政策教育、哲学社会科学学科教材体系建设、大学生社会实践、大学生党员发展、师德建设、贫困家庭学生资助等工作，制定具体政策措施。要加强大学生思想政治教育工作的理论研究，胡锦涛强调："经常研究分析大学

---

① 中共中央文献研究室．十六大以来重要文献选编：中 ［M］．北京：中央文献出版社，2006：635.

② 中共中央文献研究室．十六大以来重要文献选编：中 ［M］．北京：中央文献出版社，2006：644.

生思想状况，及时了解大学生思想政治教育工作情况，不断认识和把握新形势下做好大学生思想政治教育工作的特点和规律。"①

第二，要形成加强和改进大学生思想政治教育工作的强大合力。胡锦涛指出："加强和改进大学生思想政治教育工作是一项系统工程，必须把社会各方面的力量动员起来，把社会各方面的资源整合起来，使它们充分发挥作用、密切配合。"② 各高校要切实承担起加强和改进思想政治教育工作的责任，建立健全党委统一领导，党政群齐抓共管，全体教职员工全员育人、全方位育人、全过程育人的工作机制。高校所有教师都担负着教书育人的光荣职责，都要为人师表、言传身教、率先垂范，自觉承担起对学生开展思想政治教育的神圣职责。各级宣传、教育等有关职能部门和共青团等群众组织，在大学生思想政治教育中担负着重要责任，要按照分工协作的要求，认真担负起各自应尽的职责，发挥各自优势，共同做好工作。要把大学生思想政治教育工作的各项目标任务具体分解到有关部门和单位，采取有力措施，加强监督检查，保证各项任务落到实处。

第三，要积极营造大学生健康成长的良好社会环境。胡锦涛强调："大学生理想信念的树立、思想品质的培育、道德情操的培养、文明习惯的养成、美好心灵的塑造，需要社会方方面面共同支持，需要营造健康向上的良好社会环境，特别是要大力营造良好的文化环境、舆论环境、校园周边环境。"③ 为营造良好的环境，胡锦涛同志对此做出了多方面的指示，他要求宣传、理论、新闻、文艺、出版等部门和机构要增强社会责任感，牢牢把握正确导向，坚持弘扬主旋律，为大学生思想政治教育工作创造良好的舆论环境。要大力发展文化事业和文化产业，为大学生提供更多更好的文化产品和文化服务，满足大学生的精神文化需求。各类博物馆、纪念馆、展览馆、烈士陵园等爱国主义教育基地，要对大学生集体参观实行免票。各级政府和企事业单位要鼓励和支持大学生的公益活动。要依法加强对学校周边文化、娱乐、商业经营活动的管理，坚决取缔干扰学校正常教学、生活秩序的经营性娱乐活动场所，切实维护大学生的合法权益和身心健康。

① 中共中央文献研究室. 十六大以来重要文献选编：中 [M]. 北京：中央文献出版社，2006：644.

② 中共中央文献研究室. 十六大以来重要文献选编：中 [M]. 北京：中央文献出版社，2006：645.

③ 中共中央文献研究室. 十六大以来重要文献选编：中 [M]. 北京：中央文献出版社，2006：645.

六、习近平关于学校意识形态建设的基本观点

十八大以来，中国特色社会主义进入新时代，以习近平同志为核心的党中央高度重视学校意识形态建设。习近平通过与学校师生座谈、给学生回信、到学校考察、召开教育大会和高校思想政治工作会议等形式，直接阐明了学校意识形态建设问题。2013 年 5 月 2 日，"五四"青年节即将来临之际，习近平给北京大学考古文博院 2009 级本科团支部全体同学回信，肯定他们立志为实现中华民族伟大复兴的"中国梦"而奋斗的理想追求。2014 年 9 月 9 日，我国第 30 个教师节来临之际，习近平到北京师范大学同师生共度教师节，与北京师范大学师生代表座谈。提出做好老师，要有理想信念、要有道德情操、要有扎实学识、要有仁爱之心。2016 年 9 月 9 日，习近平到北京八一学校，看望慰问师生，向全国广大教师和教育工作者致以节日祝贺和诚挚问候。2016 年 12 月 7 日，全国高校思想政治工作会议召开，强调高校思想政治工作关系高校培养什么样的人、如何培养人以及为谁培养人这个根本问题。2018 年 4 月 30 日，习近平给中国国际关系学院劳模本科班学员回信。2018 年 5 月 2 日，习近平到北京大学考察，与北京大学师生座谈并发表重要讲话。2018 年 9 月 10 日，全国教育大会召开，习近平出席大会并发表重要讲话。此外，习近平在其他讲话中也多次提到学校政治工作的重要性。习近平关于学校意识形态建设的基本观点，主要包括以下内容。

（一）强调学生树立理想信念的重要性

学校意识形态建设的一项重要任务就是要加强理想信念教育，使学生树立共产主义的远大理想和中国特色社会主义的共同理想。习近平强调，学校思想政治工作"要在理想信念上下功夫，教育引导学生树立共产主义远大理想和中国特色社会主义共同理想，增强学生的中国特色社会主义道路自信、理论自信、制度自信、文化自信，立志肩负起民族复兴的时代重任"①。习近平高度重视培育学生的理想信念，特别强调把个人理想融入整个社会主义现代化建设中与国家和民族的发展紧密联系起来。2013 年 5 月 2 日，习近平在给北京大学学生回信中指出："中国梦是国家的梦、民族的梦，也是包括广大青年在内的每个中国

---

① 习近平. 习近平在全国教育大会上的讲话［N］. 人民日报，2018 – 09 – 11.

人的梦。"① 大学生要真正成才，不是简单的个人奋斗，必须把个人奋斗与国家、民族发展前途联系起来，这样的奋斗才有价值，他进一步指出："只有把人生理想融入国家和民族的事业中，才能最终成就一番事业。"因此，广大青年学生要奋斗有为，做勇做走在时代前面的奋进者、开拓者、奉献者，努力使自己成为祖国建设的有用人才、栋梁之材，为实现"中国梦"奉献智慧和力量。广大青年学生要成为实现伟大民族复兴的生力军，肩负起民族和国家的希望，应该在奋斗中释放青春激情，追逐青春理想。

（二）高度重视学校思想政治工作

学校思想政治工作是学校意识形态工作的核心内容，思想政治工作的成效是学校意识形态工作开展情况的一个重要标志，卓有成效地开展思想政治工作对于学生健康成长、对于学校的办学方向具有政治保证作用。习近平高度重视学校思想政治工作，他明确指出："基础教育是立德树人的事业，要旗帜鲜明地加强思想政治教育、品德教育，加强社会主义核心价值观教育，引导学生自尊、自信、自立、自强。"② 同时，习近平还对学校思想政治工作的任务提出了明确要求，他指出："思想政治工作从根本上说是做人的工作，必须围绕学生、关照学生、服务学生，不断提高学生思想水平、政治觉悟、道德品质、文化素养，让学生成为德才兼备、全面发展的人才。"③ 习近平还进一步强调，高校思想政治工作"要教育引导学生正确认识世界和中国发展大势，从我们党探索中国特色社会主义历史发展和伟大实践中，认识和把握人类社会发展的历史必然性，认识和把握中国特色社会主义的历史必然性，不断树立为共产主义远大理想和中国特色社会主义共同理想而奋斗的信念和信心"④。因此，习近平要求各级党委必须高度重视学校思想政治工作，要把高校思想政治工作摆在重要位置，加强领导和指导，形成党委统一领导、各部门各方面齐抓共管的工作局面。"思想政治工作是学校各项工作的生命线，各级党委、各级教育主管部门、学校党组织都必须紧紧抓在手上。"⑤ 为做好学校思想政治工作，还要精心培养和组织一支会做思想政治工作的政工队伍，把思想政治工作做在日常、做到个人。习近

---

① 习近平. 习近平给北京大学学生回信［N］. 人民日报，2013 – 05 – 05.
② 习近平. 努力把我国基础教育越办越好［N］. 人民日报，2016 – 09 – 10.
③ 习近平. 把思想政治工作贯穿教育教学全过程［N］. 人民日报，2016 – 12 – 09.
④ 习近平. 把思想政治工作贯穿教育教学全过程［N］. 人民日报，2016 – 12 – 09.
⑤ 习近平. 坚持中国特色社会主义教育发展道路，培养德智体美劳全面发展的社会主义建设者和接班人［N］. 人民日报，2018 – 09 – 11.

平对高校思想政治工作提出的这方面的要求，具有鲜明的政治属性，也是学校思想政治工作承担的意识形态责任。

（三）进一步明确了教师的政治使命和政治责任

教师是人类灵魂的工程师，承担着神圣使命。教师既是传播知识的主导者，也是开展学校意识形态工作的主导者，肩负着教书育人的神圣职责，这种"育人"，既包括品德方面的教育，也包括政治思想方面的教育。在加强学校意识形态建设过程中，习近平特别重视教师所发挥的作用和承担的政治责任，习近平明确提出："希望广大教师认清肩负的使命和责任，教育和引导学生热爱祖国、热爱人民、热爱中国共产党，教育和引导学生心中要有国家和民族，意识到肩负的责任，牢固树立为祖国服务、为人民服务的意识，立志成为党和人民需要的人才。"① 对于高校教师，习近平特别指出："高校教师要坚持教育者先受教育，努力成为先进思想文化的传播者、党执政的坚定支持者，更好地担起学生健康成长指导者和引路人的责任。"② 2014 年教师节，习近平在同北京师范大学师生代表座谈时，对如何做一名好老师提出了四点要求，即：要有理想信念、有道德情操、有扎实知识、有仁爱之心。习近平特别重视教师的政治素质，他把"建设政治素质过硬"的教师队伍作为大学建设的基础性工作之一。他要求广大教师要做学生锤炼品格的引路人，做学生学习知识的引路人，做学生创新思维的引路人，做学生奉献社会的引路人。教师心中要有国家和民族，要明确意识到肩负的国家责任和社会责任。习近平要求，广大教师要始终同党和人民站在一起，自觉做中国特色社会主义的坚定信仰者和忠实实践者，自觉把党的教育方针贯穿到教学管理工作全过程，要注重加强中国特色社会主义理论体系的学习，加深对中国特色社会主义的思想认同、理论认同、情感认同，不断增强道路自信、理论自信、制度自信、文化自信，积极引导学生热爱祖国、热爱人民、热爱中国共产党。

（四）强调党对高校工作的领导

中国特色社会主义最本质的特征是中国共产党领导，中国特色社会主义制度的最大优势是中国共产党领导，党是最高政治领导力量。在我国，必须坚持党对一切工作的领导。我国的大学是社会主义大学，习近平指出："办好我国的

---

① 习近平. 努力把我国基础教育越办越好［N］. 人民日报, 2016 – 09 – 10.
② 习近平. 把思想政治工作贯穿教育教学全过程［N］. 人民日报, 2016 – 12 – 09.

高等教育，必须坚持党的领导，牢牢掌握党对高校工作的领导权，使高校成为坚持党的领导的坚强阵地。"① 加强党对教育工作的全面领导，是办好教育的根本保证。党委要保证高校正确办学方向，掌握高校思想工作主导权，保证高校始终成为培养社会主义事业建设者和接班人的坚强阵地。各级党委要把高校思想政治工作摆在重要位置，加强领导和指导，形成党委统一领导、各部门各方面齐抓共管的工作格局，要做到各级党委要把教育改革发展纳入议事日程，党政主要负责同志要熟悉教育、关心教育、研究教育。各级各类学校党组织要把抓好学校党建工作作为办学治校的基本功，把党的教育方针全面贯穿到学校工作各个方面。各地党委书记和有关部门党组织要多到高校走走，多同师生接触，多去学校做报告，回答师生关注的理论和现实问题。要坚持党对高校工作的领导，党委要保证高校正确办学方向，掌握高校思想政治工作主导权，保证高校始终成为培养社会主义事业建设者和接班人的坚强阵地。"高校党委对学校工作实行全面领导，承担管党治党、办学治校主体责任，把方向、管大局、做决策、保落实。"②

（五）坚持把立德树人作为根本任务

习近平强调，党的十八大以来，我们围绕培养什么人、怎样培养人、为谁培养人这一根本问题，坚持立德树人。习近平引用《礼记·大学》中所讲"大学之道，在明明德，在亲民，在止于至善"指出古今中外关于教育和办学思想流派繁多，理论观点各异，但在教育必须培养社会发展所需要的人这样一点上是有共识的。每个国家都是按照自己的政治要求来培养人的。习近平认为，大学是立德树人、培养人才的地方，是青年人学习知识、增长才干、放飞梦想的地方。我们的教育是要培养德智体美劳全面发展的社会主义建设者和接班人，这是我们党的教育方针，是我国各级各类学校的共同使命。高校只有抓住培养社会主义建设者和接班人这个根本才能办好。对此，他进一步指出："培养什么人，是教育的首要问题。我国是中国共产党领导的社会主义国家，这就决定了我们的教育必须把培养社会主义建设者和接班人作为根本任务，培养一代又一代拥护中国共产党领导和我国社会主义制度、立志为中国特色社会主义奋斗终

---

① 习近平. 把思想政治工作贯穿教育教学全过程 [N]. 人民日报, 2016 – 12 – 09.
② 习近平. 把思想政治工作贯穿教育教学全过程 [N]. 人民日报, 2016 – 12 – 09.

生的有用人才。"① 并强调这是教育工作的根本任务，也是教育现代化的方向目标。习近平认为，人才培养一定是育人和育才相统一的过程，而育人是本。人无德不立，育人的根本在于立德，这是人才培养的辩证法，办学要尊重这个规律，否则就办不好学。要把立德树人的成效作为检验学校一切工作的根本标准，真正做到以文化人、以德育人，不断提高学生思想水平、政治觉悟、道德品质、文化素养，做到明大德、守公德、严私德。习近平要求"要把立德树人内化到大学建设和管理各领域、各方面、各环节，做到以树人为核心，以立德为根本"②。

（六）强调对师生进行马克思主义教育的必要性

马克思主义始终是我们党和国家的指导思想，是我们认识世界、把握规律，追求真理、改造世界的强大思想武器。习近平指出："马克思主义是我们党立党立国的根本指导思想，也是我国大学最鲜亮的底色。"③ 学校要抓好马克思主义理论教育，深化学生对马克思主义历史必然性和科学真理性、理论和现实意义的认识，教育他们学会用马克思主义立场观点方法观察世界、分析世界，真正搞懂面临的时代课题，深刻把握世界发展走向，认清中国和世界发展大趋势，让学生深刻感悟马克思主义真理的力量。习近平特别强调："要坚持不懈传播马克思主义科学理论，抓好马克思主义理论教育，为学生一生成长奠定科学的思想基础。"④ 习近平还十分重视高校马克思主义学院的建设，2018 年 5 月 2 日，习近平在北京大学考察时讲道，高校马克思主义学院就是要坚持"马院姓马，在马言马"的鲜明导向和办学原则，为巩固马克思主义在意识形态领域的指导地位，推动马克思主义进校园、进课堂、进学生头脑，发挥应有作用。

---

① 习近平. 坚持中国特色社会主义教育发展道路，培养德智体美劳全面发展的社会主义建设者和接班人［N］. 人民日报，2018 - 09 - 11.

② 习近平. 在北京大学考察时的讲话［N］. 人民日报，2018 - 05 - 03.

③ 习近平. 在北京大学考察时的讲话［N］. 人民日报，2018 - 05 - 03.

④ 习近平. 把思想政治工作贯穿教育教学全过程［N］. 人民日报，2016 - 12 - 09.

第三章

当前我国高校意识形态工作领导权、话语权面临的挑战

当前，我国处于思想大活跃、观念大变动时期，各种思想文化之间的交流、交融、交锋更加频繁，不同的意识形态都力图扩大自己的阵地，竞相发出自己的声音，与主流意识形态争夺人心、争夺阵地。高校作为意识形态的前沿阵地，是多种思想文化的集散地，高校是知识分子集中的场所，各种思想文化、价值观念在高校中表现得最为直接和明显。在这种复杂的思想文化背景下，我国高校意识形态工作领导权面临多方面的挑战及问题。清醒地认识这些挑战和问题的存在，是我们牢牢掌握高校意识形态工作领导权的前提。

当前我国高校意识形态工作领导权、话语权面临复杂多样的思想文化环境，这种思想文化环境既有正面的、有利的因素，也有负面的、不利的因素，这些不利的因素给我国高校意识形态工作领导权、话语权带来了不同程度的挑战。

一、网络负面效应对我国高校意识形态工作
领导权、话语权的腐蚀性

现代社会已进入信息化时代，互联网对政治、经济、文化、社会生活的影响日益深入。习近平指出："互联网是一个社会信息大平台，亿万网民在上面获取信息、交流信息，这会对他们的求知途径、思维方式、价值观念产生重要影响，特别是会对他们对国家、对社会、对工作、对人生的看法产生重要影响。"① 2017 年 8 月 4 日，中国互联网络信息中心（CNNIC）在北京发布第 40 次"中国互联网络发展状况统计报告"，该报告显示，截至 2017 年 6 月，中国网民规模达到 7.51 亿，占全球网民总数的五分之一。互联网普及率为 54.3%，超过全球平均水平 4.6 个百分点。以互联网为代表的数字技术正在加速与经济

---

① 习近平. 在网络安全和信息化工作座谈会上的讲话 [N]. 人民日报, 2016 - 04 - 26.

社会各领域深度融合，成为促进我国消费升级、经济社会转型、构建国家竞争新优势的重要推动力。截至 2017 年 6 月，我国手机网民规模达 7.24 亿，较 2016 年底增加 2830 万人；网民中使用手机上网的比例由 2016 年年底的 95.1% 提升至 96.3%，手机上网比例持续提升。2018 年 8 月 20 日，中国互联网络信息中心（CNNIC）在北京发布第 42 次"中国互联网络发展状况统计报告"。截至 2018 年 6 月 30 日，我国网民规模达 8.02 亿，互联网普及率为 57.7%。2019 年 2 月 28 日，中国互联网络信息中心发布了第 43 次"中国互联网络发展状况统计报告"。该报告显示，截至 2018 年 12 月，中国网民的规模达到了 8.29 亿，全年新增网民的数量是 5653 万，互联网的普及率是 59.6%，较上一年年底提升了 3.8 个百分点；中国手机网民的规模达到了 8.17 亿，全年新增手机网民的数量是 6433 万。截至 2018 年 12 月，我国即时通信用户规模达 7.92 亿，网络新闻用户规模达 6.75 亿。截至 2018 年 12 月，我国网民使用手机上网的比例达 98.6%；使用电视上网的比例达 31.1%；使用台式电脑上网的比例为 48.0%，较 2017 年年底下降 5 个百分点。

这表明，网络在我国应用越来越广泛，网络已成为社会生活的一部分，网络在我国的普及率越来越高，对我国政治、经济、文化、社会发展的影响越来越大。互联网已成为舆论斗争的主战场，加强网络舆论引导，充分利用新型传播手段创新高校意识形态工作，掌握网络意识形态工作主动权的任务更加凸显。

网络被称为是继报纸、广播、电视之后的第四媒体。网络突破了时间、空间、地域的限制，将世界各地和各色人种通过各个终端紧密地连接在一起，深刻改变着人们的生产方式、生活方式、交往方式、思维方式等，推动全球不同异质文化的交融和碰撞。作为一种新兴媒体，与传统媒体相比，网络传播信息具有不可比拟的优势，网络具有隐秘程度高、信息量大、更新速度快、传播范围广等特点，呈现出互动性、虚拟性、平等性、开放性的特性。网络是一把"双刃剑"，它在为人们提供获取信息便利途径的同时，也产生了很多副作用。互联网对人们思想和行为的影响从来没有像今天这样广泛、深刻，它既为我们开展思想政治工作提供了新手段，也日益成为各种社会思潮表达利益诉求的集散地，成为敌对势力进行意识形态渗透时着力利用的渠道和腐朽思想文化沉渣泛起的一个传播途径。

网络对我国高校意识形态的影响也具有两个方面。一方面，互联网的普及和广泛应用给高校师生接受大量信息、学习新知识、查阅资料、学术交流、社会交往、了解国内外形势等带来极大的便利。另一方面，对高校意识形态工作领导权、话语权造成很大挑战，增加了高校意识形态工作领导权、话语权实现的难度。当前，世界格局发生深刻复杂的变化，信息时代各种思潮相互激荡，高校教师面对职业发展、婚姻家庭、教学科研等多重压力，大学生则面对学业、情感、职业选择等多方面考量，难免会产生疑惑、彷徨、失落等负面情绪。这些会在网络社会中产生放大效应，对高校师生群体的世界观、人生观和价值观也产生了一定消极影响，同时对高校的意识形态工作提出了挑战。新媒体传播主题多元，信息真实度和可靠性难以保证。在喧嚣的新媒体环境中，各种不同声音一定程度度挤占了主流价值的传播空间，影响了社会主旋律、正能量的传导，冲击了高校意识形态工作。网络信息以涉及面广、更新速度快等优势吸引着广大受众。在传统的教育中，教育者始终处于信息优势地位，但在网络发展的今天，这种信息优势减弱了，甚至处于劣势状态，教育者的权威地位面临挑战，甚至出现受教育者比教育者知识面更广的现象，高校意识形态工作者能力不足的挑战更为严峻。互联网的负面效应对高校意识形态工作领导权、话语权的腐蚀性具体表现在以下几个方面。

（一）互联网中的有害信息对高校意识形态工作领导权、话语权带来思想危害

互联网在为人们提供大量有益信息的同时，也为一些反主流意识形态观点传播提供了便利条件和渠道。一些人在信息自由的口号下，大肆传播污秽信息、虚假信息、错误信息、反动信息，甚至出现一些反党反政府的言论；由于网络监管及网络立法的滞后，网络中充斥的各种色情、暴力、低俗、庸俗、媚俗等内容得不到有效的控制、过滤；有些网站为获取自身的利益，做一些违法违规的事情，传播黄色内容和低俗、媚俗、庸俗文化；还有的网站传播腐朽没落的思想文化；有的散布封建迷信；有的渲染血腥暴力；一些人利用互联网不断传播西方的政治价值观念；还有的在互联网中否定改革开放的成就，丑化党和政府的形象；还有的宣扬一些不利于民族团结的言论；极个别人利用互联网煽动宗教极端主义等。

以互联网、移动通信技术为代表的新媒体在高校的广泛普及，使大学生生活、学习趋向开放化、多维化。但新媒体同时也是一把"双刃剑"，各种色情、暴力、谣言、垃圾有害信息也会通过新媒体传播。此外，境外新媒体运用各种方式诋毁中国特色社会主义制度，制造各种噪声、杂音，严重挑战高校社会主义意识形态建设的权威性。高校是互联网使用频率最高的场所，师生每天都用大量的时间在互联网上查阅资料和信息，大学生作为网络群体中的活跃分子，易受到不良信息的冲击、腐蚀。网络中这些形形色色的有害信息、垃圾信息的

传播，污染了信息环境，既严重损害了互联网的健康发展，又严重腐蚀着高校师生的思想和精神，蚕食意志薄弱者，使部分师生世界观、人生观、价值观发生扭曲和错位。西方国家的享乐主义、个人主义、拜金主义、实用主义以及各种消极颓废的文化和腐朽的生活方式不断向高校师生渗透，很容易使一些人理想信念缺失、价值取向偏离、价值选择迷茫，会大大腐蚀高校意识形态工作领导权、话语权的思想基础。在有害信息、垃圾信息的侵蚀下，马克思主义意识形态在高校的传播和指导作用会受到很大的削弱和冲击。高校意识形态工作领导权、话语权是以马克思主义指导为基础的，如果马克思主义的指导地位受到损害，也就意味着高校意识形态领导权、话语权受到损害，这就会给一些反动势力创造机会大肆攻击马克思主义的指导地位，打着"学术化"的旗号使高校师生逐步放弃马克思主义的革命性、阶级性、实践性，进而消解马克思主义。

因此，对这些腐朽、反动信息在网上的传播不可掉以轻心。可见，在信息时代，"互联网等新兴媒体的出现，对传统教育管理方式提出了挑战"①。高校在意识形态建设中，一方面要不断地清除有害信息、垃圾信息对高校师生的思想负面影响，另一方面，"要加强对互联网、手机短信等现代传媒的应用和管理，科学把握其特点和规律，理顺管理体制，引导网上舆论，有效防范和遏制有害信息传播，使互联网等新兴媒体成为做好意识形态工作的新平台"②。这就要求"大力推动净化网络、净化手机短信，并积极运用新兴传媒手段，不断拓展思想道德建设阵地，扩大覆盖面、增强影响力"③。

（二）社会思潮通过互联网传播对高校意识形态工作领导权、话语权带来直接挑战

网络生活已成为高校师生的一种重要生活方式，也成为各种社会思潮输出、传播、扩散的重要渠道。在网络条件下，社会思潮的传播不仅通过报刊、课题教学、演讲、论坛、学术交流等途径，还特别注重互联网渠道，这就使社会思潮的传播更加快捷、灵活，其冲击力、渗透力更强，在高校师生中的影响力也就易于扩大。互联网的兴起使人们有广阔的空间和便捷的手段发表思想观点或

---

① 中共中央文献研究室. 十六大以来重要文献选编：中［M］. 北京：中央文献出版社，2006：649.

② 中共中央文献研究室. 十六大以来重要文献选编：下［M］. 北京：中央文献出版社，2008：686.

③ 中共中央文献研究室. 十六大以来重要文献选编：下［M］. 北京：中央文献出版社，2008：28.

宣泄情绪，新兴媒体在某种程度上已经具有"公民论坛"的性质，在互联网上出现的"民意"，成为判断民众情绪的重要参数。一些社会思潮在形成和传播过程中往往是与民众情绪联系在一起的，为迅速扩大影响和受众面，往往打着"民意"的旗号。例如，新自由主义、历史虚无主义、后现代主义、普世价值论、宪政民主论等思潮在社会渗透、传播过程中往往是与人们的思想情绪联系在一起的。因此，网络中一定舆论环境的形成，也为一些社会思潮乘机扩大影响提供了有利时机。社会思潮通过网络传播比起通过传统媒体传播更具有快捷性、扩散性。借助于互联网平台，通过现代化的方式，利用音频、视频、图表、数字等直观性的材料来进行传播，更适合于大学生接受新知识的习惯，适合高校青年教师的爱好，这样也就更容易向高校青年教师和大学生宣扬自己的观点，扩大自身影响。

在互联网日益普及的条件下，各种社会思潮的代言人以在网上发表文章、建立网站、在博客中与网民互动、开设论坛等形式，不断地向民众传播其价值观念。例如，新保守主义很注重通过互联网扩大自己的影响，他们不仅在网站上发表了大量文章，还在互联网上建立了许多网站，如"新闻学""左旋""黑板报""音乐大字报"等。近年来，西方国家在传播思想文化和价值观的过程中，在话语表达方式上出现了一些新变化，他们更加注重借助于网络，对其思想观念进行包装，使之更适合于青年人特别是大学生接受，他们往往使用学术话语、网络话语来表达自己的政治诉求和价值观念。这样，西方的各种社会思潮借助网络，经过学术话语的精心包装，加紧在高校意识形态领域与马克思主义意识形态争夺人心、争夺阵地。可见，在互联网时代，各种社会思潮在高校的传播更具有普遍性、渗透性，多样化社会思潮在高校意识形态领域对马克思主义意识形态的挑战更具有直接性、前沿性，这就对高校意识形态工作领导权、话语权的实现造成一定的难度。因此，要针对网络环境下社会思潮传播的特点，做好引领社会思潮的工作，以便在复杂的网络文化中牢牢掌握我国意识形态领域的主导权、主动权和话语权。

（三）西方大国的信息霸权对我国高校意识形态工作领导权、话语权构成巨大冲击

信息霸权是指一些国家和组织利用自己的特殊地位和条件，在信息的占有、发布、传播、使用等环节，具有明显的控制权。在信息社会，谁拥有的信息越多，谁就会拥有更多的资源。信息传播从来就不是一种纯粹的社会或文化行为，在信息传播过程中总是伴随着特定价值观的传播。当前，西方国家借助信息传

播进行思想观念的渗透，已成为信息社会一种普遍的现象。

各个国家在经济基础、科学技术等方面的差异，造成了信息资源拥有上的差异，进而造成信息流通的不对称。发达国家由于经济、科技等方面占据优势地位，因而这些国家掌握的信息资源远远多于发展中国家，形成了信息霸权。西方发达国家占据互联网的制高点，网上的信息传播是非常不对称的。以美国为代表的西方发达国家的信息大量流入发展中国家，而发展中国家的信息很少流向发达国家，发展中国家与发达国家之间存在巨大的"信息鸿沟"。随着西方发达国家的信息大量流入发展中国家，西方国家的生活方式、价值观念等也随之涌入发展中国家，这势必对发展中国家的思想观念、生活方式造成巨大冲击，发展中国家的人，特别是这些国家的青年人在大量接受西方国家五花八门的信息中，不知不觉也在接受西方的文化和生活方式，对这些国家产生亲近感，甚至崇拜。从社会舆论方面看，西方发达国家控制着国际舆论，他们垄断着国际传媒，西方发达国家的传播业无论是在数量、覆盖面、信息量、国际影响等方面，都占主导地位，世界上2/3的信息来源于发达国家，世界上每天传播的国际新闻有80%来自西方国家。西方发达国家流向发展中国家的信息量是发展中国家流向发达国家信息量的100倍。目前互联网信息资源80%来自美国，访问量最大的100个网站中，其中94个在美国。在互联网信息中，英语信息占90%，中文信息仅占1%。

西方国家对发展中国家的意识形态渗透是与信息霸权紧密相连的，信息霸权为意识形态渗透提供了广泛的基础和有利的条件。

第一，信息是意识形态渗透的载体。网络中的信息是丰富多彩、各种各样的，涉及政治、经济、文化、社会生活方方面面，但不能否认，其中有些信息本身就具有意识形态色彩。西方舆论宣扬的西方价值观、民主、自由、人权观，政界人士对政治局势的分析，执政党、议会制定的政策、法律，重大政治事件大报道，西方学者提出的新思潮、新理论，西方敌对势力对社会主义国家的攻击和污蔑，等等，这些信息在大众传媒的传播，实际上就是传播西方意识形态。在这种情况下，信息传播与意识形态传播具有同一性。从现实情况来看，互联网上充斥的大量信息是经过意识形态过滤的，带有浓厚的政治色彩和意识形态取向。

第二，信息霸权是一定意识形态扩张的基础。信息霸权的突出表现就是掌握和控制大量的信息，拥有信息霸权，就拥有更大的话语权，就有更大的影响力和支配力，就拥有一种"呼风唤雨"的力量，他们可以控制别的国家的舆论，动摇一些国家民众的民心，甚至可以把某些国家"妖魔化"。他们同样会利用自己手中掌控的大量信息资源美化自己的形象，将自己说成是世界的"领导者"，本国的文化是最优秀的文化，本国的价值观和制度模式具有"普世价值"，进而就可以把本国的意识形态堂而皇之地推向世界。

第三，信息霸权是意识形态扩张的动力。西方大国掌握大量的信息并不断地输出，这种信息不断输出的过程就是政治文化扩张和意识形态向全球推广的过程。掌握大量的信息使意识形态扩张产生了一种自我膨胀的欲望。同时，信息霸权也会使一些西方国家产生一种文化优越感，这也促使他们不断兜售本国价值观念，传播本国意识形态。

第四，信息霸权成为西方意识形态渗透的现实条件。信息霸权强化了以西方为中心的意识，使全球化成为西方化。按国际惯例办事，实际上是按照西方的规则办事。伴随这种文化冲击，西方国家的各种社会思潮蜂拥而至，西方国家的意识形态渗透也就不可避免。

"当前，世界范围内各种思想文化交流、交融、交锋更加频繁，'西强我弱'的国际舆论格局还没有根本改变，新闻舆论领域的斗争更趋激烈、更趋复杂。"① 互联网的迅速发展给社会思想文化领域带来复杂影响，高校抵御意识形态渗透的压力增大。在西方国家信息霸权之下，网络中大量的信息来自西方，西方国家占据信息强势地位，他们不断地向我国散布带有政治模式、价值观念的大量信息。西方国家通过网络对我国高校传播其价值观念，宣传他们的民主、人权、自由观，妄图在思想观念上误导大学生，价值取向上左右大学生，理想信念上动摇大学生。而一些大学生通过网络片面地了解这些观点，误认为西方资本主义民主制度有优越性，逐渐赞同西方的一些观点。

我国高校意识形态领域是各种信息的集散地，众多的信息包括西方传播的信息在这里流传、发酵，会对高校师生的价值观、政治取向产生潜移默化的影响。高校师生从表面上接受的是信息，实际上接受的是一种价值观，对信息的苛求逐步变成对价值观的推崇。在网络有害信息侵蚀下，高校意识形态工作领导权、话语权的实现就会遇到思想阻力，这些有害信息消解着高校意识形态工作领导权、话语权的功效。

（四）网络的负面效应不利于大学生健康成长，消解了我国高校意识形态工作领导权、话语权

网络的负面效应对任何社会群体都具有危害性，但对大学生的危害性尤其明显。处于青年时期的大学生，身心还处于成长过程中，对一些事物的辨别能力还不完全成熟，容易受到不良信息的吸引和侵蚀，导致思想观念扭曲，身心

---

① 胡锦涛. 在人民日报考察工作时的讲话［N］. 人民日报，2008－06－21.

健康受损，严重的还会诱发犯罪。具体来说，互联网的负面效应对大学生的影响主要表现在下列方面。

从思想观念方面来看，全球化的信息传播带来西方意识形态的大量涌入，大学生经常受到抽象人性论、西方的民主自由观、普世价值、后现代主义、宪政民主、新自由主义、民主社会主义等西方社会思潮的影响，理想信念受到冲击，甚至还会导致国家意识和民族认同感减弱；网络中追捧的享乐主义、拜金主义、极端个人主义等侵蚀大学生的思想观念，造成大学生价值观的迷失和蜕变；网络中充斥的色情、暴力、颓废等方面的信息腐蚀着大学生的思想品德；网络的自由性、开放性、自主性，也易于使大学生形成对自由的盲目崇拜和一切权威的蔑视，这又在一定程度上诱导大学生的无政府主义、极端个人主义、利己主义思想观念的滋长；网络的虚拟性也易于使个别大学生摆脱现实社会道德、伦理、责任、规范等方面的约束，致使一些大学生社会责任感缺失、道德行为失范，在这类思想意识的支配下，人们的政治信仰极容易被淡化，导致价值观的多元化，从而对弘扬主流意识形态构成强大的挑战。

从大学生的身心健康方面来看，由于长时间使用手机、电脑，一些大学生对网络、手机形成强烈的依赖感，极个别大学生沉迷于网络游戏不能自拔，占用了大量学习时间，甚至都不去听课，没有精力学习文化知识，导致学业荒废；经过长时间的"人机对话"，一些大学生被限制在相对封闭的空间，失去了太多现实生活中人际交往的机会，出现了"网络孤独症"，导致少数大学生感情冷漠、人格心理异化；一些大学生上网不是利用网络查阅资料、学习新知识、了解国内外形势等，而是上网聊天、打游戏、看影视剧、看网络小说、猎奇一些花边新闻等，长期这样下去，往往使一些大学生产生焦躁、苦闷、压抑、颓废等不健康的情绪。更为严重的是，网络中的色情、暴力信息，音频、视频易于诱发极个别大学生的犯罪行为。心理学认为，情感是一个人立场、世界观形成的重要因素，对于一个人的行为有着巨大的制约力和推动力。网络对大学生造成的这些负面的心理和情感，直接损害了大学生的身心健康，为大学生成长带来的是负能量。

网络对校园文化的冲击也不利于大学生健康成长。每所高校都有自己独特的校园文化传统，文化活动是大学生生活中的一个重要组成部分，校园文化以其协作、开放、多样、自主等特征成为大学生展示才华、拓展潜力的舞台，积极健康的校园文化对培育大学生健全的人格、高尚的品质、参与实践的能力等具有不可替代的作用。大学生精力旺盛，对新鲜事物有好奇感，丰富多彩的校园文化活动为他们搭建了互相学习、互相激励、互相交流的平台。但是，随着互联网时代的到来，校园文化活动受到很大冲击，相当一部分大学生不再积极参加校园文化活动，而是把兴趣点和时间转移到了网络空间，这就使校园文化建设缺乏内在动力，流于形式、流于表面，发挥不了内化、涵化的作用，校园文化活动质量下降。这种现象就意味着，高校在培育大学生思想品德方面一个传统的载体受到削弱，这也表明，校园文化正在为网络文化所蚕食。大学生活应该是丰富多彩的，不应是在虚拟的网络文化中度过，但是，现在的情况恰恰就是如此，一些大学生沉迷于网络文化，得不到丰富的、有文化底蕴的校园文化的滋养，这不仅对于宝贵的大学生活来说是一种缺憾，更为重要的是，对大学生的健康成长也是一大损失。

实现高校意识形态工作领导权、话语权，在很大程度上就是要做好高校思想政治工作，引导大学生健康成长，把大学生培养成合格的社会主义事业建设者和接班人，如果不能履行好这样的职责，高校意识形态工作领导权、话语权就无从谈起，只能是一句空话。因此，网络给高校思想政治工作带来了新的问题，高校思想政治工作和整个意识形态工作能否适应网络环境，最大限度地消除其负面影响，这是摆在高校意识形态工作者面前的一个严肃性课题。

（五）网络条件下对意识形态控制难度增大，削弱着我国高校意识形态工作领导权、话语权

在非网络化时期，我国主流意识形态在高校的传播，在国家层面看主要是通过政府严格掌控的媒体如报纸、广播、电视和一些宣传机构，统一地、具有强制力地传输给高校师生。在高校内部系统看，高校主要是通过强有力的思想政治工作、有计划的课程安排、教材的选定、各种形式的报告会、教育工作者的言传身教等途径，配合国家的宣传教育，大力开展对大学生的政治思想教育。这样就使主流意识形态在高校能够保持至高无上的地位，其他错误思想观念对主流意识形态的冲击受到有效遏制，高校党委及有关部门对意识形态的掌控难度不是很大。但在网络条件下，这种状况出现了变化，在新媒体时代，无论是国家还是高校对意识形态控制难度都增大。

从媒体发展状况看，新兴媒体舆论场影响越来越大。随着网络的日益普及，互联网、手机成为人们获取信息的重要途径，报纸、广播、电视不仅不能垄断信息，甚至受众面越来越小，极少有社会成员特别是高校师生是通过传统媒体获取政治信息的，这些传统媒体如果不及时与新兴媒体有效融合，就会被边缘化。网络带来的信息交汇使民众的眼界日益拓宽，对于政府传达的各种信息，民众有了更多的分析、判断和选择，以往的意识形态建设方式已不适应网络时

代的需要。习近平指出:"互联网的迅猛发展,以惊人的深度和广度影响着经济社会生活,深刻改变着舆论生成方式和传播方式,改变着媒体格局和舆论生态。"① 以互联网、手机为代表的新媒体出现后,出现了两个舆论场,即传统媒体舆论场和新兴媒体舆论场,新兴媒体舆论场的受众越来越多,影响越来越大,可以说,高校师生绝大多数是新兴媒体舆论场的受众。但是,我们要清醒地看到,部分高校党委及意识形态部门对新兴媒体重视不够,对新兴媒体舆论场的引导不够,更多的是习惯于用传统媒体手段从事意识形态工作,这就人为地增大了网络条件下意识形态控制难度。

从新兴媒体舆论场自身特性看,网络条件下意识形态控制难度增大,还源于网络自身的技术特性。遍及全球的网络靠着统一的协议,体现自由开放的理念和多中心的分散管理与自治原则,为每个用户提供普遍、可靠、便捷的进入途径,这就扩大了受众接收信息的自主权,扩展了受众发布信息的能力,大大突破了政府对媒体的控制范围。互联网开放性、离散性的特点决定其信息传递和交流是完全自由的,和在相当程度上是不受政府控制的。互联网能够实现最低成本的大范围的自由传递,任何人不用通过政府批准就能在网上制作他人能够阅读的网页或者通过电子邮件、网上论坛、电子公告、微博、微信等方式向其他网民传递信息。网络是一个虚拟的世界,这就使信息传递具有了一定的隐秘性。传递信息不受地区、国界限制,分散多点、交互性强、流量大,互联网的无界性需要国家间、地区间的协调,这就给互联网的管理带来很大困难。网络无政府主义者以此为由,强调互联网空间的独立性,反对来自政府的控制,也反对法律和技术上的管理。传播手段的深刻变化,使得意识形态工作的环境、任务、内容、渠道和对象都发生了很大变化;新技术手段的广泛应用,使得人们接收信息的方式、方法和手段发生了很大变化。网络、手机等新兴媒体的广泛应用使传统媒体的影响力不可避免地受到削弱,舆论导向控制的难度增大。"特别是网络、手机等新兴信息传播渠道迅速兴起,既为宣传思想工作提供了新的手段和途径,同时也对党报、党刊、电台、电视台等传统主流媒体的影响力产生了冲击,对传统的管理方式提出了挑战。"② 网络话语权的"去中心化""碎片化"使每个人都是信息的生产者、传播者,可以发布其反映自己价值观的信息。与话语权相联系的是与之相适应的价值体系,在网络传播中,一些小道消息、谣言随着真实信息一起扩散,在"人人都是麦克风"的时代,不可避免

---

① 中共中央宣传部.习近平总书记系列重要讲话读本 [M].北京:学习出版社,2014:98.
② 中共中央文献研究室.十六大以来重要文献选编:上 [M].中央文献出版社,2005:533.

地带来价值观的混乱，这就易于引发高校师生思想混乱，使一些大学生感到茫然，无所适从。高校意识形态领导权、话语权的实现依赖于高校师生思想统一，如果这种统一性受到损害，也就意味着意识形态、领导权、话语权受到损害。

网络管理的难度还在于独特的"利益链"。在利益的驱动下，一些网站片面地追求浏览量，甚至有的网站一味追求经济效益，忽视社会效益，放弃自己应承担的社会责任。目前国内网站的基本盈利模式还是以广告收入为主，而广告主要选择一些浏览量和点击率较高的网站，一些网站以此为标准，为了提高浏览量、争夺广告，对论坛、博客、播客等互动环节的管理有所放松，甚至放纵低俗、媚俗、庸俗内容的传播，借以提高点击率，进而增加广告收入，而广告收入的增加又助长了网络中低俗、媚俗、庸俗之风的蔓延。这种利益诱惑使一些网站消极对待网络环境的整治，这就人为加大了网络信息的控制难度。

网络信息传播方式的日趋多样化，也加大了网络信息管理难度。近年来，随着手机网民规模的不断扩大，手机微博的应用越来越广泛。在高校师生中，手机微博应用更为普遍和广泛，这种灵活多样的信息传播形式，特别受到大学生的喜爱。短视频作为一种立体的信息承载方式，内容丰富多样，互动性强，能满足网民碎片化的娱乐需求和"草根"群众自我表达的愿望，对用户有较大的吸引力。据有关数据显示，截至 2018 年 6 月，综合各个热门短视频应用的用户规模达 5.94 亿，占整体网民规模的 74.1%；合并短视频应用的网络视频用户使用率高达 88.7%，用户规模达 7.11 亿。随着短视频用户规模的扩大和使用时长的增加，人工、技术审核速度跟不上内容发布的速度，视频内容存在不可控性，部分低俗、虚假的视频内容影响网络生态，个性化推荐算法也容易造成用户沉迷和信息茧房。短视频在大学生中也十分流行，互联网规模的扩大和发布信息方式的多样化，使传统意义的属于国家控制的信息发布逐渐被人们所忽视，国家信息发布的权威性降低，政府意识形态管理部门对信息传播的把关作用及信息传播的控制能力受到极大削弱，这就制约了高校意识形态工作领导权、话语权的有效实现。马克思主义意识形态的认同和接受需要通过对社会本质和社会发展规律的认识，通过对社会生活的各种思想观念的理性整合来实现，然而在信息化时代，人们获取信息的途径增多、频率加快，海量的信息挤占了马克思主义意识形态宣传教育的时间和空间，具有表面化、多样化、大众化的网络信息冲击着马克思主义意识形态的理想思维，加大了马克思主义意识形态整合的难度，削弱着马克思主义意识形态的主导力，这就在深层次上增加了掌握高校意识形态工作领导权、话语权的难度。因此，"充分运用新型传播手段创新高校宣传思想工作，掌握网络舆论主动权的任务更加凸显"①。

二、多样化社会思潮对高校意识形态工作
领导权、话语权的危害性

　　高校作为意识形态工作的前沿阵地，是多种社会思潮的发源地，同时也是各种社会思潮传播的场所，高校师生作为知识分子群体，对社会思潮关注度高，易于接受某些思潮的观点，特别是一些社会思潮以学术的面目出现时，就更容易使高校师生接受这些思潮所提出的理论观点。高校师生思想活跃，特别是大学生对新鲜事物有好奇感，当一种新的社会思潮流行时，一些大学生为赶上"时代潮流"，往往对一些新流行的观点、思潮进行追捧，自觉或不自觉地成为其信奉者、宣传者。这就使一些社会思潮在高校有较强的影响力、渗透力。"面对社会思想观念和价值取向日趋活跃、主流和非主流同时并存，社会思潮纷纭激荡的新形势，如何巩固马克思主义在意识形态领域的指导地位，培育和践行社会主义核心价值观，巩固全党全国各族人民团结奋斗的共同思想基础，迫切需要哲学社会科学更好地发挥作用。"② 目前对我国高校影响较大的社会思潮主要有民主社会主义、新自由主义、历史虚无主义、普世价值论、后现代主义等，这些思潮不仅有自己的一套理论主张，而且还具有鲜明的政治价值倾向，这些思潮在高校的渗透、蔓延，对我国高校意识形态工作领导权、话语权的实现有很大的危害性，必须从理论上、思想上、实践上予以重视。当前，世界范围内各种思想文化交流、交融、交锋更加频繁，国际思想文化领域斗争深刻复杂，高校抵御各种社会思潮渗透的任务更加艰巨。下面列举几种对高校意识形态工作领导权、话语权危害较大的社会思潮。

（一）民主社会主义对我国高校意识形态工作领导权、话语权的危害性

　　民主社会主义是社会党国际及社会民主党（社会党、工党）关于改良资本主义的一套理论政策。民主社会主义标榜既反对资本主义，也反对社会主义，

---

① 袁贵仁. 把握大势着眼大事努力做好新新形势下高校宣传思想工作［J］. 求是，2015（3）.
② 习近平. 在哲学社会科学工作座谈会的讲话［N］. 人民日报，2016－05－20.

要建立一个没有剥削、没有压迫的自由、民主、公正、多元的社会。民主社会主义主张走一条既区别于共产主义，又不同于资本主义的"第三条道路"。民主社会主义与科学社会主义有本质区别，只有正确认识民主社会主义的理论及实质，才能全面认清这一理论对高校意识形态工作领导权、话语权的危害性。

1. 民主社会主义的基本理论观点

民主社会主义的主张多种多样，归纳起来，可概括为五个方面的民主。

第一，思想民主。民主社会主义的思想民主就是主张思想多元化，强调社会民主党的思想理论基础不依赖于任何一种单一的意识形态，声称社会主义运动不要求有统一的世界观。民主社会主义主张的多元思想主要包括：马克思主义分析社会问题的方法、人道主义、宗教原则、古典哲学、人权思想等。1951年社会党国际通过的《法兰克福宣言》宣称，社会主义是一个国际性的运动，它不要求在处理问题上的方法严格一致，不论是社会党人把他们的信仰建立在马克思主义的分析方法上，还是建立在其他方法上，不论他们是受宗教原则的启示，还是受人道主义的启示，他们都为共同的目标而奋斗。1959年德国社会民主党通过的《哥德斯堡纲领》明确宣布："德国社会民主党是一个思想上自由的党，它是由各种不同信仰和思想的人组成的一个共同体。"德国社会民主党的理论刊物《新社会》更为具体地指出，基督教学说、法国大革命的人权宣言、康德的伦理与启蒙思想、黑格尔的辩证历史哲学、马克思主义对资本主义的批判、伯恩施坦的批判马克思主义等，都是民主社会主义的思想渊源。

民主社会主义主张思想多元化，其实质就是否定科学社会主义，以思想多元化取代马克思主义。

第二，政治民主。民主社会主义标榜的政治民主有三个方面的含义：一是，主张政治多元化；二是，强调用民主改良的方法建立一个新社会；三是，提出保障公民享有政治权利。

民主社会主义主张的政治多元化就是实行多党制和议会民主制。认为政治民主就应该是权力的多中心，强调民主需要有一个以上的政党存在并彼此反对，应该是多数派组织政府，同时尊重少数派的权利，真正做到多党并存、相互竞争。民主社会主义打着政治多元化的旗号，反对无产阶级专政，声称要"反对一切阶级专政，也反对一切专政的阶级"。

民主社会主义把民主改良方法作为夺取政权的唯一途径。他们主张依靠选民取得议会多数，从而上台执政，执政后，在资本主义条件下改良社会，反对用暴力革命打碎旧的国家机器。他们认为从资本主义社会到社会主义社会不是一个突变，而是一个长期的渐变过程，使用暴力用一种社会制度取代另一种社会制度是"急速的、粗暴的"，在道义上应该受到谴责。民主社会主义宣称，革命作为一个政治范畴已失去了任何现实内容，社会只有通过不断改良才能不断变化。社会民主党之所以宣扬改良主义，是因为他们认为社会主义制度与资本主义制度不存在根本差别，社会主义仅仅是资本主义制度的进一步发展和完善。他们的这种改良主义是建立在他们超阶级国家观上的。社会民主党认为，国家是超阶级的、正义的力量。国家的职能不是镇压，而是保护公民的社会权利。社会民主党的任务就是促使国家朝着更加自由、公正和互助的方向发展，社会民主党的目的是使国家"人性化"，而不是使人"国家化"。他们还声称，当代资本主义国家不再是阶级的国家，而是福利的国家。因此，要实现社会主义不必打碎资本主义国家机器，而是对资本主义国家机器逐渐改良，和平进入社会主义。

民主社会主义主张的公民民主权利主要有：思想和言论自由；信仰自由；普遍平等的选举权；多数人管理国家并尊重少数人的权利；所有公民不论出身、性别、语言、信仰、肤色，在法律面前人人平等；对有本民族语言的实行文化自治；等等。

第三，经济民主。民主社会主义强调的经济民主，一是，主张经济多元化，二是，主张经济权利的分散化。社会民主党主张实行国有企业、私人企业以及其他经济成分并存的混合经济体制，只是对国民经济影响较大的部门和企业收归国有，如银行、邮政、铁路等，在农业、手工业、零售商业、中小企业可允许私有制存在。认为只要生产方式的私有制不妨碍平等的社会秩序结构，就应该得到保护和鼓励，公有制经济和私有制经济可以长期并存、混合生长。民主社会主义的目的不在于废除私有制，认为生产资料归谁所有是次要的，具有头等意义的是发挥所有制的经济和政治职能。只要剥夺资本家的职能，限制他们的经济权利，就能把资本主义和平地转变为社会主义。民主社会主义还反对经济权利集中在少数人手中，要求个人参与企业管理，认为这样既可以维护工人利益，又可消除劳资双方的对立。

第四，社会民主。社会民主党强调社会民主最主要的就是主张搞社会福利，保障公民社会权利的实现。他们强调当今国家已成为行使经济职能和社会职能的工具，国家通过掌握大量的物质财富，为全民谋福利，通过采取立法以及有关社会保障、社会救济等方面的措施发展社会福利。社会民主党实行的社会福利政策主要包括生育补贴、儿童津贴、中小学免费教育、公民免费医疗、失业保险、工伤保险、休假制度、退休养老制度等。与之相适应，公民享有的经济和社会权利主要有工作权、福利权、休息权、经济保障权、受教育权、住屋权等。在民主社会主义看来，资本主义社会的不平等的关键在于它的分配制度不平等，只要按照公正原则对国民收入进行一次再分配，就可以限制直至消除资本主义社会的弊端。

第五，国际民主。民主社会主义的国际民主主要主张维护世界和平，反对核军备竞赛，认为大国的核军备竞赛是对世界和平的主要威胁，一旦爆发核战争，其结果必然是威胁整个人类文明。因此，社会民主党将同具有不同信仰的人合作，以消除核战争的威胁，主张建立则经济新秩序。社会党则认为，要改变穷国与富国之间的关系，就要本着积极的国际主义态度，促进世界经济财富的重新分配；主张实行欧洲独立和一体化政策。社会民主党反对美国对西欧的控制，强调要建立一个独立、民主的欧洲，使欧洲在国际事务中发挥独特的作用。

2. 中国特色社会主义与民主社会主义的本质区别

从民主社会主义的基本理论观点可以看到，民主社会主义的某些主张、观点与中国特色社会主义有相似或相近之处。例如，注重发展社会福利，保障公民社会权利的实现；主张经济成分多样化；主张维护世界和平，反对军事竞赛等。正是因为二者有相近的观点和主张，冷战结束后，中国共产党与西欧社会民主党之间保持了良好的党际关系。但是，我们更要清醒地认识到，中国共产党与社会民主党具有根本不同的性质，中国共产党提出的中国特色社会主义与民主社会主义有本质区别："中国特色社会主义是植根于中国大地、反映中国人民意愿、适应中国和时代发展进步要求的科学社会主义。"① 中国特色社会主义与民主社会主义的区别主要有以下几点。

第一，理论基础不同。中国特色社会主义是建立在历史唯物主义基础之上的，中国特色社会主义从根本上强调，社会主义代替资本主义是人类历史发展的必然趋势。民主社会主义是建立在历史唯心主义基础之上的，他们不是依据资本主义社会的基本矛盾来论证社会主义必然代替资本主义，而是认为社会主义是某些基本价值的实现，如公正、自由、平等、互助等，只是认为资本主义违背了这些价值，社会主义代替资本主义是这些价值充分实现的产物。

第二，指导思想不同。中国特色社会主义把马克思主义作为自己根本的指导思想："中国特色社会主义理论体系归根到底是以马克思主义基本理论为指导的，是把这些基本理论同中国具体实际相结合的结果。"② 马克思主义同中国实

---

①　中共中央宣传部．习近平总书记系列重要讲话读本［M］．北京：学习出版社，2016：27．
②　中共中央宣传部．习近平总书记系列重要讲话读本［M］．北京：学习出版社，2016：34．

际相结合产生了两大理论成果，即毛泽东思想和中国特色社会主义理论体系。中国特色社会主义理论体系包括邓小平理论、"三个代表"重要思想、科学发展观、习近平新时代中国特色社会主义思想。这一理论体系写出了科学社会主义的"新版本"，是扎根于中国大地，符合中国实际的马克思主义，它同马克思列宁主义、毛泽东思想是坚持、发展和继承、创新的关系。"马克思列宁主义、毛泽东思想一定不能丢，丢了就丧失根本。"① 习近平新时代中国特色社会主义思想是 21 世纪马克思主义，是马克思主义中国化的最新成果，是全党全国人民为实现中华民族伟大复兴而奋斗的行动指南。民主社会主义在指导思想上信奉多元化，把宗教教义、人道主义、古典哲学、人权理论等作为自己的指导思想，可以说民主社会主义在指导思想上是一个"大杂烩"，民主社会主义主张意识形态和指导思想多元化的实质，就是取代和否定马克思主义的指导地位。

第三，基本理论体系不同。中国特色社会主义是实践、理论、制度三者紧密结合在一起的一个完整体系，中国特色社会主义道路是实现途径，中国特色社会主义理论体系是行动指南，中国特色社会主义制度是根本保障，三者统一于中国特色社会主义伟大实践，这是中国特色社会主义最鲜明的特色。"中国特色社会主义特就特在其道路、理论体系、制度上，特就特在其实现途径、行动指南、根本保障的内在联系上，特就特在这三者统一于中国特色社会主义伟大实践上。"② 在当代中国，坚持和发展中国特色社会主义，就是真正坚持社会主义。如前所述，民主社会主义的理论体系，以抽象的民主为核心，构建了一种政治民主、思想民主、经济民主、社会民主及国际民主的体系，这种体系实际上只是一种价值观的体现，他们所标榜的这种民主带有超阶级性、超国家性，在现实政治实践中不可能得到完全实现，进入 21 世纪，民主社会主义宣扬的这种民主已失去了往日的光环。

第四，领导力量不同。中国特色社会主义强调，中国共产党是中国特色社会主义事业的领导核心，在当代中国，坚持、加强和完善中国共产党的领导，是中国特色社会主义事业取得胜利的根本保证。坚持党的领导，是党和国家的根本所在、命脉所在，是全国各族人民的利益所在、幸福所在。党政军民学，东西南北中，党是领导一切的。必须增强政治意识、大局意识、核心意识、看齐意识，自觉维护党中央权威和集中统一领导。中国共产党的领导地位不是自封的，是历史和人民的选择，也是我国国体性质决定的，正是由于有了中国共

---

① 中共中央宣传部. 习近平总书记系列重要讲话读本 [M]. 北京：学习出版社，2016：26.
② 中共中央宣传部. 习近平总书记系列重要讲话读本 [M]. 北京：学习出版社，2016：25.

产党的坚强领导，中国人民才从根本上改变了自己的命运，取得了举世瞩目的伟大成就，中华民族迎来了伟大复兴的光明前景，历史和现实都证明，中国共产党的领导，是中国特色社会主义最本质的特征，是中国特色社会主义制度的最大优势。民主社会主义主张政治多元化，在政治生活和政治制度中实行多党制，反对无产阶级政党独占政权，攻击社会主义国家共产党的领导。

第五，依靠力量不同。中国特色社会主义坚持马克思主义关于无产阶级历史使命的基本原理，强调要全心全意依靠工人阶级，工人阶级是先进生产力的代表，是改革、稳定、发展的主力军。尽管在新的时期，我国工人阶级的状况发生了一些变化，成员构成呈现出一些新的特征，但在我国改革开放的全过程中，全心全意依靠工人阶级在任何时候、任何情况下都不会动摇。广大农民是中国社会主义现代事业发展中人数最多的依靠力量。知识分子是先进生产力的开拓者和教育科学文化工作的主要承担者，是科教兴国的主力军，是社会主义现代化建设的一支重要依靠力量，建设中国特色社会主义必须依靠全国各族人民大团结。

民主社会主义认为，随着战后科学技术的发展，传统的产业工人日益减少，新的中间阶层不断增长，这样传统的工人阶级政党赖以存在的基础动摇了，为了扩大在选民中的影响，社会民主党应把中间阶层作为主体力量，认为没有中间阶层的支持，社会民主党就不可能争取更多的选票，也不能推行改良政策。

第六，经济纲领不同。中国特色社会主义强调，建设有中国特色的社会主义经济，就是在社会主义条件下发展市场经济，不断解放和发展生产力，坚持和完善社会主义公有制为主体，多种所有制经济共同发展的基本经济制度，坚持和完善社会主义市场经济体制，坚持和完善以按劳分配为主体的多种分配形式，坚持和完善对外开放。

民主社会主义主张保护私有制，实行以私有制为主导的混合经济体制，以经济多元化否认公有制为主体，认为社会主义并不以公有制为先决条件。

第七，奋斗目标不同。中国特色社会主义强调，要坚定共产主义远大理想和中国特色社会主义共同理想，要把中国建设成为一个富强民主文明和谐美丽的社会主义现代化强国，最终目标是实现共产主义。"中国共产党之所以叫共产党，就是因为从成立之日起我们党就把共产主义确立为远大理想。"①

民主社会主义声称既反对资本主义，又反对社会主义，走一条既不同于资本主义，也不同于社会主义的"第三条道路"，目标是要建立一个自由、公正、

----

① 习近平. 在庆祝中国共产党成立 95 周年大会上的讲话 [N]. 人民日报，2016 - 07 - 02.

民主、多元的社会。

3. 民主社会主义对我国高校意识形态工作领导权、话语权实现造成的冲击

民主社会主义实质上是一种资产阶级改良主义思潮，他们自喻为"资本主义床边的医生和护士"，试图通过改良的方法解决资本主义社会的矛盾和弊端，鼓吹用民主社会主义取代科学社会主义，宣扬超阶级的民主、自由观及国家观，充当西方国家对社会主义国家推行和平演变的工具，对我国主流意识形态和人们的思想观念有极大的腐蚀性，对我国高校师生在民主、自由观等方面具有很大迷惑性、危害性。

第一，政治多元化思想对高校师生政治认同带来消极影响。

我国是工人阶级领导的、以工农联盟为基础的人民民主专政的社会主义国家，在我国政治生活中，必须坚持共产党领导的多党合作和政治协商制度，坚持人民代表大会制度，坚决反对照搬西方国家的多党制、议会制。民主社会主义宣扬的政治多元化思想，其实质就是主张在社会主义国家实行多党制、议会制，实行西方式的政治制度。苏联解体后，世界社会主义出现了巨大的曲折和倒退，民主社会主义政治多元化思潮对我国的冲击更为强烈，在这种思潮的影响下，我国的一些"持不同政见者"，大肆宣扬"全盘西化"，他们主张用西方的东西"全面冲击中国""要过人的生活就要选择全盘西化"，为此，他们主张用西方的政治制度取代中国的社会主义制度，用多党制代替一党制，只有"全盘西化"才是中国的唯一出路。一些人抓住党和政府工作中某些失误，大做文章，丑化党和政府的形象，甚至攻击共产党的领导是"一党专制"，有人主张并鼓吹建立中国社会民主党或把中国共产党改造成为社会民主党。这种政治思潮的传播直接冲击着我国坚持党的领导、坚持社会主义制度的基本政治价值观，减弱了高校师生特别是大学生对我国政治制度的认同。社会民主党在我国培植亲西方的社会心理基础，对我国高校意识形态工作领导权、话语权的实现危害极大。

第二，民主社会主义鼓吹的思想多元化腐蚀着高校师生对马克思主义的信仰。

马克思主义是我们立党立国的根本指导思想，是我们认识世界和改造世界强大的思想武器。如果动摇了马克思主义这个精神支柱，就会导致思想混乱、社会动乱，那将是党、国家和民族的灾难。我们坚持马克思主义是坚持发展着的马克思主义，只有坚持用发展着的马克思主义武装全党，才能真正发挥马克思主义认识世界、改造世界强大思想武器的作用。民主社会主义宣扬思想多元化的实质就是否定马克思主义，以思想多元化取代马克思主义。在这种思想多

元化思潮影响下，我国一些人放松了对西方文化入侵的防范意识，热衷于宣扬西方各种文化思潮，甚至听任一些腐朽、反动思想文化的泛滥。有的人打着发展马克思主义的旗号，宣扬马克思主义只是一个"流派""学派"，以此诋毁马克思主义的影响。一些人对马克思主义失去了兴趣，对马克思主义产生怀疑和动摇，他们认为，马克思主义是一种陈旧的理论，马克思主义"过时了""不灵了"，"已经遭到了惊人的失败"。他们把马克思主义当作造成困难之源，贬低马克思主义，把西方学者的一些主张当成解决我国改革中出现的新问题的"灵丹妙药"。在这股思潮影响下，我国高校部分师生对马克思主义理论产生怀疑态度，对马克思主义理论失去兴趣，个别人贬低、攻击马克思主义的一些观点，甚至在高校论坛上"失声"，在教材中"失踪"。

第三，民主社会主义宣扬的超阶级国家观，对我国高校师生的政治意识、阶级意识具有销蚀性。

民主社会主义超阶级的国家观，其本质就是否认国家的阶级性，这种观点不利于人们正确认识资本主义国家政权的性质，它对资本主义制度抱有幻想，想实现阶级合作，这从根本上损害了无产阶级的阶级利益。这种观点在我国的传播，使一些人淡化了意识形态，模糊了阶级意识、政党意识。有的人热衷于用资本主义的抽象的"人性""爱"代替或否定马克思主义的阶级性和党性原则，抹杀马克思主义社会发展理论中的阶级内容，说什么区分姓"社"姓"资"的阶级分析方法"过时了""无用了"，要"淡化阶级""淡化政治""淡化意识形态"，搞"非意识形态化"。在这种错误思潮的影响下，部分高校师生的政治观念淡漠，似乎"大同世界"真的已经到来，好像世界也真的充满了爱，社会主义与资本主义的对立已经不存在了，对西方国家反共产主义、社会主义本性的认识模糊起来。

第四，民主社会主义宣扬的放弃社会主义目标，危害高校师生的社会主义理想教育。

理想是一个民族、一个社会的灵魂所系，随着我国改革开放和社会主义市场经济的发展，加强理想教育越来越具有现实意义。理想信念是一个政党治国理政的旗帜，是一个民族奋力前进的向导。共产主义远大理想和中国特色社会主义共同理想，把国家、民族和个人紧紧地联系在一起，代表了我国工人、农民、知识分子和其他劳动者、爱国者的利益和愿望，是我国各族人民团结前进的强大精神动力。习近平同志特别重视理想信念的重要性，他强调理想信念是共产党人的精神之钙，缺乏理想信念或理想信念动摇，就会得"软骨病"，并认为理想信念动摇是最危险的动摇，理想信念滑坡是最危险的滑坡。习近平同志还特别重视大学生要有坚定的理想信念。民主社会主义放弃社会主义制度代替资本主义制度的理想，这将会大大减弱社会主义的感召力，客观上壮大资本主义的声威，使社会主义屈服于资本主义的压力，这对于高校师生坚持社会主义理想和信念，对于正确认识社会主义代替资本主义的历史必然性，会带来极为消极的影响。在民主社会主义思潮腐蚀下，少数高校师生认为社会主义不如资本主义，马克思主义关于资本主义必然灭亡、社会主义必然胜利的结论失去了现实依据，对社会主义产生迷茫心理、悲观情绪，动摇了社会主义理想信念。

（二）"普世价值论"对我国高校意识形态工作领导权、话语权的侵蚀性

近年来，在中国特色社会主义理论体系指导下，在我国发展软实力及社会主义核心价值观建设的新时期，一股宣扬普世价值的思潮悄然传播开来。形形色色的"普世价值论"所宣扬的观点的核心问题就是否认意识形态的阶级性，是一种典型的"非意识形态"思潮，这种思潮往往以学术性的话语散布自己的观点，冲淡马克思主义意识形态的阶级属性，消解着我国高校意识形态工作领导权、话语权。

1. "普世价值论"的主要观点

普世价值论宣扬的主要观点包括这几个方面的内容。一是，把西方的民主、平等、自由、人权等价值观，说成是人类社会共同追求的普世价值。一些人宣称，西方价值观适用于任何国家和地区，我国也应当把这些价值观作为我国价值体系的组成部分，接受这些价值观念。二是，提出中国要实行"价值回归"，就是借口中国实行改革开放而强调要使中国实现向资本主义的"价值回归"。主张把中国的改革开放引导到"回归普世价值"即回归西方文明的方向。三是，把中国共产党提出的一些理论观点说成是"普世价值"。如把中国共产党提出的"以人为本""科学发展""社会公正"等价值理念说成是普世价值。有的人认为我国解放思想就应该以追求普世价值为目标，实现了普世价值也就达到了解放思想的目标；还有人宣称，要做到以人为本，就需要实现民主、自由、平等、人权这些普世价值，否则就难以保障以人为本的实现。四是，抽象地宣扬人类的共同利益。他们认为，人类共同的本性产生了对社会生活的共同的追求，也就必定存在共同的价值。在这四类观点中以第一类观点影响最大，危害最严重，因为这种观点迎合了西方国家的"西化""分化"战略，实质上是一种资产阶级自由化思潮。

2. "普世价值论"的错误实质及对我国高校意识形态工作领导权、话语权

的侵蚀性

　　从理论基础上看，"普世价值论"的哲学基础是抽象的人性论，由人性的共同性推论出价值的普世性；再一个就是形而上学的价值不变论，由人性的永恒性推论出存在着一种永恒不变的价值。普世价值是超越时空、超越阶级、超越历史的以抽象人性论为基础的一种对价值的虚拟。所谓具有"普遍性"的思想观念，不过是统治阶级编造的一种"共同利益的幻想"而已，"在资产阶级统治时期占统治地位的概念则是自由、平等，等等"①。"占统治地位的将是越来越抽象的思想，即越来越具有普遍形式的思想。"② 马克思恩格斯对统治阶级所宣传的具有"普遍性形式"思想的批判，深刻揭露了"普世价值论"的错误实质。因此，不论是西方资产阶级宣扬的普世价值论，还是我国一些人宣扬的"普世价值论"都带有一定的欺骗性、幻想性。

　　从方法论上看，宣扬"普世价值论"违背了马克思主义的阶级分析方法。阶级分析方法就是运用马克思主义的阶级学说，观察分析带有政治性质的社会现象和社会问题，进而认识特定政治现象的背后所隐藏、所代表的阶级利益和阶级立场，把握政治现象的实质。民主、自由、平等、人权等有着鲜明的阶级性，没有纯粹的、超阶级的政治价值观，任何思想体系和价值观念都是与特定的经济基础相连的，价值的内涵是由经济基础决定的，都打上了阶级的烙印。列宁指出："或者是资产阶级的思想体系，或者是社会主义的思想体系。这里中间的东西是没有的。"③ 毛泽东也明确地讲："在阶级社会中，每一个人都在一定的阶级地位中生活，各种思想无不打上阶级的烙印。"④ 依据马克思主义分析政治问题的基本观点和基本方法，价值观具有鲜明的阶级属性，超阶级的、普世的民主、自由、平等、人权等是不存在的，只要阶级还没有消灭，任何关于"普世价值论"的思想言论都是自欺欺人的，这种观点会使我们自行解除武装，引起思想上的混乱。

　　"普世价值论"还背离了历史分析法。历史分析法就是把特定的政治现象、政治事件、政治思想、政治人物等放在一定历史环境中加以认识和分析。对于一定的政治思想和价值观念也要进行历史的分析，人们的思想观念的形成和发展总要受到一定历史条件的限制，是社会历史过程的反映，价值观作为一种思

---

①　马克思，恩格斯．马克思恩格斯选集：第1卷［M］．北京：人民出版社，1995：100．

②　马克思，恩格斯．马克思恩格斯选集：第1卷［M］．北京：人民出版社，1995：100．

③　列宁．列宁选集：第1卷［M］．北京：人民出版社，1995：326－327．

④　毛泽东．毛泽东选集：第1卷［M］．北京：人民出版社，1991：283．

想观点具有鲜明的历史特征。价值的内涵和属性是随着社会现实的变化而变化的，不是永恒不变的，在不同性质的政治环境下，同样的价值形式却有着不同的内涵，随着历史发展，价值的内容也在不断地充实和调整，恩格斯指出："平等的观念，无论是以资产阶级的形式出现还是以无产阶级的形式出现，本身都是一种历史的产物。"①"自由……必然是历史发展的产物。"② 列宁讲，在分析政治问题时，"要把问题提到一定的历史范围之内"③。毛泽东也指出，民主和自由"都是在历史上发生和发展的"④。对于价值观的分析必须采用科学的历史分析方法，既要看到人类价值观的发展具有历史传承性，又要看到这种传承是一种批判地继承，而不是一种无条件的继承，人们在继承中还要结合新的现实不断地进行创新，使之更加适合新的现实的需要。作为意识形态的民主、自由、平等、人权等价值观，在不同的时代背景下具有不同的内涵和政治属性。"普世价值论"的片面之处就在于，只看到某些价值观的继承性，却没有看到这种继承是相对的、有条件的，他们的观点不仅是唯心的，也是形而上学的。

"普世价值论"也与具体分析法相悖。马克思主义认为，在认识事物的过程中，对任何问题都要具体问题具体分析。认识事物不应当从抽象的原则出发，而应当从具体的、现实的对象出发。"原则不是研究的出发点，而是它的最终结果。"⑤ 因此，在对民主、自由、平等、人权这些价值观进行分析的时候，必须联系现实情况，联系不同社会性质的国家，联系不同的阶级，世界上的民主自由，都由各国的社会制度所决定，随着本国的经济文化发展而发展。毛泽东指出："世界上只有具体的自由，具体的民主，没有抽象的自由，抽象的民主。"⑥"普世价值论"不是依据客观的、具体的现实来认识和理解一些价值观，不是把价值观置于现实基础之上，而是从这些抽象的价值观念出发去评判社会现实，甚至要求社会现实去适应这些抽象的价值观。"普世价值论"不过是资产阶级抽象价值观的"老调重弹"，就是从抽象的原则出发，否定民主、自由、平等人权的具体性、现实性，这样的价值观是空洞的、脱离实际的。

"普世价值论"掩盖资产阶级价值观的阶级实质，对培育社会主义核心价值观产生迷惑和误导作用，对高校意识形态工作领导权、话语权的实现具有很大

---

① 马克思，恩格斯. 马克思恩格斯选集：第3卷［M］. 北京：人民出版社，1995：448.
② 马克思，恩格斯. 马克思恩格斯选集：第3卷［M］. 北京：人民出版社，1995：456.
③ 列宁. 列宁文集：第2卷［M］. 北京：人民出版社，1995：375.
④ 毛泽东. 毛泽东选集：第7卷［M］. 北京：人民出版社，1999：209.
⑤ 马克思，恩格斯. 马克思恩格斯选集：第3卷［M］. 北京：人民出版社，1995：374.
⑥ 毛泽东. 毛泽东选集：第7卷［M］. 北京：人民出版社，1999：208.

的侵蚀性。"普世价值论"强调民主、自由、平等、人权的超阶级性，否认人的现实阶级性、社会性及历史性，强调人类共同的价值观和价值体系，其实践追求就是将人类政治发展纳入资本主义所建立的所谓普遍文明的轨道。与其他社会思潮相比，在表达形式上"普世价值论"更具有鲜明的"非意识形态化"和"去意识形态化"色彩。我国改革开放和社会主义建设取得的巨大成就，中国特色社会主义的蓬勃发展，证明马克思主义意识形态的科学性。宣扬"普世价值论"的人们难以从正面否定马克思主义意识形态的生命力和影响力，只能用话语转换的手法减弱马克思主义意识形态的指导力。"普世价值"这种表达方式，正是适应了一些人以改头换面的形式来宣扬其资产阶级自由化思想的需要。一些人鼓吹的"普世价值论"就是在传播西方价值观过程中，更换了一种新的话语方式而已，这种更换对于高校师生特别是大学生的思想认识更具有消解作用和迷惑性，相当一部分大学生认为"普世价值"是正确的，没有真正认清"普世价值论"的实质就是把西方的民主、自由、人权等价值观推向世界各国，把西方的政治价值观普世化，使西方的政治价值观成为世界各国共同奉行的价值观，这就在理论层面消解着我国高校意识形态工作领导权、话语权的有效实现。

（三）"意识形态终结论"对我国高校意识形态工作领导权、话语权的消解性

1. "意识形态终结论"的沿革过程及主要理论观点

"意识形态终结论"思潮有一个产生发展的过程。20 世纪初期，帕雷托、涂尔干、韦伯、曼海姆就从不同角度提出了意识形态终结的思想观点。意大利著名社会学家维尔弗雷多·帕雷托（1848—1923）在《普通社会学》一书中提出了"派生物"的概念，这一概念类似于意识形态的概念。他的这一概念否定了马克思主义的阶级分析方法，割裂了"派生物"与各个阶级、阶层的关系，实际上就是否认意识形态的阶级性，寻求一种超阶级的永恒观念。同时代的法国著名社会学家爱弥尔·涂尔干（1858—1917）在《价值判断与实在判断》一文中也阐述了终结意识形态的思想倾向。他认为，当人们在观察社会现象时，由于受判断者理想的引导，往往会做出带有主观倾向的判断，要避免主观判断的主观倾向，就要使"理想"具有科学性，在科学"理想"的指导下，价值判断才能实现客观化，这样，带有价值倾向的意识形态将走向终结。德国著名社会学家马克斯·韦伯（1864—1920）在《"伦理的中立性"在社会学和经济学中的意义》一文中认为，价值判断完全是根据个人情感的，如果在科学研究中渗透了带有个人情感的价值判断，就不是严格的科学研究，因此，在社会科学

研究中要终止价值判断，本着完全尊重事实的态度进行科学研究。然而，他又指出，在社会学中完全抛开价值是不可能的，应抛开对个人有效的价值，保留最高的、普遍有效的价值，这实质上是在追求一种超阶级、超历史的永恒观念，而意识形态从来就是一个具有阶级性、历史性的概念，这就必然导致以一种虚幻的、抽象的最高价值取代具体的、历史的阶级的意识形态。德国社会学家、知识社会学创立者卡尔·曼海姆在《意识形态与乌托邦》一书中，提出了"个别的意识形态概念"和"总体的意识形态概念"，他指出："'意识形态'这个术语一般来说存在两种独特的不可分离的意义——特定的意义和总体性意义。"①由于"个别的意识形态概念"主要侧重于个人判断、个人心理、个人利益，因此没有研究价值。他所注重的是"总体的意识形态概念"研究。他认为，要剔除"总体的意识形态概念"的阶级性、集团性，超越一切阶级、党派的立场，使之成为真正的科学，必须按照知识社会学的要求，先把一切知识看作意识形态，再把"总体的意识形态概念"中与阶级、政党利益相关的内容去掉，从而实现总体性意识形态的价值中立。可见，从帕累托到曼海姆都主张消解意识形态的阶级性、政党性、价值性，并与其科学性相对立，这种忽视意识形态的价值导向和阶级分析，夸大意识形态的知识性的主张，必然导致把意识形态等同于一般的社会科学，是一门纯粹的知识学说，这就为"意识形态终结论"打开了一条理论通道。

20世纪五六十年代，随着资本主义阵营和社会主义阵营的形成，国际政治经济格局发生重大变化，西方社会也出现了许多新情况。在这一时期利普塞特、阿隆、贝尔等学者，提出了较为系统的、明确的"意识形态终结论"理论。与早期思想家不同的是，他们明确地把意识形态终结的对象指向社会主义和马克思主义意识形态。法国的雷蒙·阿隆在《意识形态的终结?》一文中分析了民族主义、自由主义和马克思主义三种主要的意识形态，他认为，随着经济与军事相互依赖程度的加深，民族主义正在弱化，自由主义因不能提供共同的意识也在走向失败。而马克思主义正在走向消亡，因为它是虚假的，它名义上是无产阶级的意识形态，实际上却是资产阶级知识分子反对贵族统治的最后战斗中的武器，在社会主义国家中普通的工人仍然受着资产阶级统治精英的剥削压迫，因此，意识形态的社会基础已经消失。美国社会学家丹尼尔·贝尔在《意识形态的终结》一书中，较为系统地提出了"意识形态终结论"。他认为，从阶级变化来看，西方社会已不再是一个阶级社会，资产阶级与无产阶级都发生了很大

---

① 曼海姆.意识形态与乌托邦［M］.艾彦，译.北京：华夏出版社，2001：66.

变化，"大众社会"已经取代阶级社会，国家已成为"经济仲裁者"，因此，传统意识形态的争论变得多余；在国际上，资本主义与社会主义正在彼此接近并互相补充，并趋向于发展成为本质上同一类型的社会，在政治思想领域也在进行着这种趋同的过程，马克思主义作为一种"意识形态的偏见"正在瓦解；从科技发展的角度看，科学技术的巨大进步，经济发展的巨大成就使人们已厌倦意识形态之争。"意识形态已经变成了一个堕落到不可救药的地步的词汇。"①

到 20 世纪 80 年代末 90 年代初，资本主义国家主导的经济全球化进程强势推进，充盈着资产阶级意识形态的新自由主义全球化理论成了全球化进程中的霸权话语，而东欧剧变、苏联解体又使马克思主义一时陷入了失语的状态。于是，西方社会从政府到民间普遍洋溢着盲目乐观的情绪，随着西方"和平演变"战略在苏联、东欧的得手，西方的一些政界要人、右翼学者，再次把"意识形态终结论"思潮推向高潮，更加露骨地攻击共产主义和马克思主义。1988 年，美国前总统尼克松出版了《1999 年：不战而胜》一书，这是一部在政策建议层面彻头彻尾地试图以西方自由主义意识形态终结马克思主义意识形态的著作。该书攻击共产主义是极权主义，马克思主义已不能对世界提供什么新思想，世界各国的意识形态都必将终结于西方自由主义的旗帜下。1989 年，美国前国家安全事务顾问布热津斯基出版《大失败：二十世纪共产主义的诞生和死亡》一书，他指出，由于共产主义在意识形态和体制两个方面都陷入了危机，因此，21 世纪，共产主义将不可逆转地在历史上衰亡。1993 年，他又出版了《大失败与大混乱》一书抛出了"社会主义失败论"，声称"共产主义气数已尽，世界正进入历史上共产主义之后的阶段"②。东欧剧变后，西方右翼学者开始欢呼资本主义的胜利，意识形态终结论甚嚣尘上，其主要代表是福山和亨廷顿。其中福山"历史终结论"的观点影响尤为广泛，西方意识形态终结论思潮再度以"历史终结论"的话语形式粉墨登场，福山也因此名声大噪。福山在 1989 年发表了《历史的终结》的论文，1992 年又出版了《历史的终结和最后之人》一书，较为系统地阐述了"意识形态终结论"。他的主要观点如下。

第一，冷战的结束也意味着历史的终结，但人类的历史将终结在西方的自由民主观和市场经济模式在全球的普及。他认为，历史的终结也意味着人类思

---

① 贝尔. 意识形态的终结：五十年代政治观念衰微之考察 [M]. 张国清，译. 南京：江苏人民出版社，2001：519.

② 布热津斯基. 大失败与大混乱 [M]. 潘嘉玢，刘瑞祥，译. 北京：中国社会科学出版社，1995：39.

想演进的终点和作为人类最后的政府形式的西方自由民主制度的普遍化。

第二，西方的自由民主制度已经解决了人类的两大基本需求：一是，现代科技革命和市场经济的发展，满足了人们的物质需求；二是，自由民主给人以尊严和价值，满足了人类的精神需求。"如果目前社会的政治组织性是完全满足了人的最基本需要，历史就走到尽头了。"① 冷战的结束意味着西方自由民主制度是人类政治的最佳选择，成了人类意识形态进化的终结和人类政府的最后形式，人类对其他社会制度的尝试已经失败，西方的意识形态体系已经彻底击败了非西方的意识形态体系，自由民主的理念已无可匹敌，历史的演进过程已走向完成，因此构成历史的终结。

第三，西方的民主自由是人类管理自身、规范社会的最好的形式和治理方式，自由民主制度为自己的公民提供了平等的承认机会，从而成为人类社会制度演化的共同终极目标，第三世界也不可避免地向着这种民主自由的目标发展，因此，世界将走向大同。

第四，人类历史只会在平面上进行量的完善，不会有质的发展，西方或美国的民主自由也是人类社会的最后阶段，其他意识形态将终结，因此，意识形态之间的冲突也会终结。

第五，他把美国生活方式说成是历史终结时的产物，把美国看成是历史终结的标志，是人类理想社会的体现。这和黑格尔把普鲁士王国看成是绝对精神的体现是一脉相承的。

第六，福山还试图从实践的角度论证自己的历史终结论。他提出这样的问题：自由民主制度是否是历史的终结，归根到底是这种制度本身在实践中有没有优点的问题。他认为，当今世界上没有另一种更好的制度可以取代自由民主制，或者说人类没有另一种可能的选择。同时他还认为，自由民主社会内部不存在不可克服的矛盾，虽然自由民主社会中存在赤字、通货膨胀、犯罪、毒品等一些社会问题，但这些问题在民主社会内部能够得到解决，不会严重腐蚀制度本身的合法性。因此，人类历史完全可以终结在自由民主制度。

2. "意识形态终结论"对我国高校意识形态工作领导权、话语权的消解性

第一，"意识形态终结论"具有明显的反共产主义、反马克思主义倾向，直接危害高校意识形态工作领导权、话语权。

"意识形态终结论"所要终结的不是西方的意识形态和政治制度，而是非西

---

① 福山. 历史的终结及最后之人［M］. 黄胜强，许铭原，译. 北京：中国社会科学出版社，2003：153.

方的意识形态和政治制度，特别是要终结马克思主义意识形态。福山的意识形态终结论以苏联为依据，看似有理有据，实则不然，他的观点具有明显的反马克思主义色彩，在"意识形态终结论"中无不透露对共产主义和马克思主义的贬低和攻击，他们常常把共产主义与法西斯主义相提并论，认为都是对自由民主制度的威胁。"意识形态终结论"的实质是要马克思主义终结，而不是西方意识形态的终结。"意识形态终结论"本身就是一种意识形态。因此，"意识形态终结论"的理论实质必定会危害到马克思主义意识形态话语权。此外，还要看到，"意识形态终结论"也是西方国家推行文化霸权主义的一种理论手段。西方国家凭借自己在经济、政治、文化上的强势地位，不仅利用他们控制的新兴媒体对其他国家进行文化侵略和意识形态渗透，推行自己的价值观念、生活方式和意识形态，还总是通过各种系统的努力来维护他们对于不发达国家的文化霸权地位。这其中既有时间层面的，又有理论层面的，理论层面的努力主要是向不发达国家灌输"意识形态终结"的理论，试图让不发达国家放弃对自己国家意识形态的认同，进而实现其对他们的文化入侵。如果部分高校师生淡化了对本国主流意识形态的认同，必定会危害高校意识形态工作领导权、话语权。

第二，"意识形态终结论"带有西方中心论色彩，排挤着高校意识形态工作领导权、话语权。

"意识形态终结论"的目的就是为了论证西方意识形态的"永恒性"和"优越性"。西方学者在大肆宣扬"历史终结""意识形态终结"的过程中，却极力鼓吹西方价值观念、政治制度符合"人类本性""无可替代""能够克服和解决一切矛盾和问题"，不存在合法性危机，因此是不可超越的，是人类的终极社会和意识形态。这一理论反映了"西方中心论"的思想倾向，这实际上是在鼓吹欧洲中心、白人至上和西方资本主义制度至上的意识形态和价值观，千方百计为资本主义的政治、经济、文化辩护。福山认为的西方自由民主制度是人类意识形态进化的终点包括两层含义。一是，从历史的维度看，经过长期意识形态的斗争，资本主义自由民主的意识形态已经取得了对一切意识形态的胜利，尤其是在与社会主义意识形态的斗争中取得了彻底的胜利，因此，关乎美国和西方生存的意识形态威胁已经终结了，自由民主的意识形态可以傲视全球，高枕无忧了。二是，从未来的发展来看，自由民主的意识形态将成为全球范围内不同国家和民族意识形态的路标。在福山看来，尽管不同国家具体发展道路不同，但最终都会殊途同归地走向西方式的自由民主社会。西方式的自由民主制度虽然并不完美，仍然面临着众多问题，但是这些问题都可以在自由原理的基础上加以解决。从这两个方面的含义来看，福山的历史终结论并不仅仅是为一种还未实现的"新事物"作辩护，而是在为已经出现的、在现实中并不完美的资本主义的现状寻找合理化的基础，而他所寻求的基础却是不合理的，这一理论基础的不合理性，决定了这一理论的虚假性。"意识形态终结论"也是一种鼓吹西方至上、西方中心论的理论，这种思想在高校师生中流传，易于使部分师生产生对西方的崇拜，对社会主义、共产主义丧失信心，这也势必会危害高校意识形态工作领导权、话语权的实现。

第三，"意识形态终结论"是个陷阱，对高校师生思想认识有一定的欺骗性。

在许多西方国家，他们对意识形态都是在不断地强化，而不是弱化，更没有终结。西方国家在本国内部总是不断地向民众宣传统治者的政治意图、政治思想和历史传统文化。在国际上，他们更是极力地把西方国家的政治价值观和制度模式向非西方国家渗透，通过各种途径和手段传播西方的意识形态。在西方文化和意识形态不断扩张的情况下，如果社会主义国家自动"终结"本国的政治制度和意识形态，照搬西方模式，走西方的道路，那么，正是"意识形态终结论"所希望看到的结果。"意识形态终结论"是一种自欺欺人的理论，伊格尔顿就曾对"意识形态终结论"的观点进行过嘲讽；赫尔科默认为，"声称我们已经进入一个后意识形态时代，这本身就是一种意识形态"①。对于一些西方思想家来说，他们所理解的意识形态的终结，只不过是他们心目中所理解的意识形态的一种衰微，而他们这种表达方式本身就具有意识形态的意味。

第四，"意识形态终结论"催生了一些反马克思主义思潮，冲击着高校意识形态工作领导权、话语权。

"意识形态终结论"抓住时代变迁的现实问题，借机攻击马克思主义和社会主义，吹捧西方的政治价值观念和制度模式，钝化了马克思主义的批判力、说服力，催生了各种伪马克思主义、非马克思主义的错误思想观点，导致了人们对意识形态的狭隘理解，影响了人们对现实意识形态领域斗争的准确把握。正是在这一理论影响下，我国理论界及少数高校中的知识分子鼓吹"消解主流意识形态""躲避崇高""告别革命"，污蔑马克思主义为"乌托邦主义"，宣扬马克思主义"过时论""无用论"。同时，20世纪90年代初勃兴的"意识形态终结论"思潮还激活了与之相关的公共知识分子思潮、新自由主义思潮、历史虚无主义思潮、民主社会主义思潮等，因为这些思潮有一个共性，就是否定马克

---

① 赫尔科默. 后意识形态时代的意识形态 [J]. 张士鹏，译. 当代世界与社会主义，2001（2）.

思主义、否定社会主义的历史进步性。"意识形态终结论"利用东欧剧变的实例充当公开挑战、否定马克思主义意识形态的"开路先锋",一些敌视社会主义的人陶醉于社会主义失败的喜悦,和着福山的调门高唱:马克思主义失效了,社会主义失败了,共产主义死了。可见,"意识形态终结论"思潮既对高校师生的政治价值观带来消极的影响,又为各种反马克思主义社会思潮的兴起和传播创造了一定的思想条件。既然马克思主义已经"终结了",西方的政治价值观已成为人类永恒的、普遍的价值观,马克思主义意识形态话语权的行使也就失去了现实依据和理论前提。因此,"意识形态终结论"对高校意识形态工作领导权、话语权具有一种"叠加性"的危害性。

(四)历史虚无主义对我国高校意识形态工作领导权、话语权的损害性

历史虚无主义就是指对我们自己的历史、对民族的文化采取轻蔑、否定的态度,否认历史的规律性,承认支流而否定主流,透过个别现象而否定本质,孤立地分析历史中的阶段性错误而否定整体过程。20世纪90年代,历史虚无主义在我国沉渣泛起,一些人以重评历史、重评革命为借口,否定革命、否定中国共产党的历史、抹黑英雄人物,进而否定中国共产党执政的合理性。这股历史虚无主义思潮在今天改头换面,仍以不同的形式传播,甚至有泛滥的趋势。由于历史虚无主义以新话语、新包装散布自己的观点,具有很大的欺骗性、迷惑性、渗透性,在高校师生特别是大学生中有一定的市场,因此其严重扰乱了青年教师和大学生的思想、信念,为高校意识形态工作领导权、话语权的实现带来很大危害。

1. 历史虚无主义的表现形式

第一,打着"反思历史""还原历史"的旗号,任意歪曲事实。

历史虚无主义随意裁剪和拼凑史料,往往以偏概全,指鹿为马,颠倒黑白,并把它当成创新成果,向读者兜售。他们取其一点,不及其余,甚至无中生有,这是一些人做翻案文章、歪曲和颠覆历史的惯用手法。例如,一些人热衷于美化、拔高慈禧、琦善、李鸿章、袁世凯等一些反面历史人物,而对林则徐、谭嗣同、孙中山等加以非难、贬低;有人宣扬"去历史化",在高扬批判旗帜、剔除糟粕的呐喊中,将中国传统文化和悠久的历史涂抹上污秽的色彩。历史虚无主义用支流否定主流,以点带面,以一种倾向否定另一种倾向,他们不注重分析和研究历史的主流和历史事实,而是以偏概全,随心所欲地挑选碎片化的历史故事,任意裁剪,通过"有所虚无,有所不虚无",达到掩盖历史主流的目

的。历史虚无主义者惯用的手法是以"假设"来否定历史事实，他们提出一系列假设，"假设不搞五四运动""假设中国未参与朝鲜战争"等，这种"假设"研究失去了历史研究的客观性。还有些历史虚无主义者把"演义"作为研究的根据，通过自媒体和网络传播错误思想观点，迷惑了不少网民和大学生，危害甚广。

第二，他们以重评历史为名，贬低和否定革命，宣扬"告别革命论"。

历史虚无主义认为，革命是起破坏作用的，没有任何建设性意义。历史虚无主义诋毁和嘲弄中国人民为争取民族独立和人民解放而进行的斗争。在他们看来，中国革命的胜利是激进主义意识形态鼓动的结果，既然意识形态已经衰落和终结，那么，革命运动的价值也就失去了昔日的光彩。这些人认为，革命是一种破坏性的力量，是一些人"发疯发狂，丧失理性"的行为，是一种"情绪化"的东西。他们批评五四运动是"救亡压倒了启蒙"，一些人还故意把革命与现代化对立起来，认为革命阻碍了中国现代化进程。他们从诋毁新中国的伟大成就，发展到否定中国革命的历史必然性；从丑化、妖魔化中国共产党领导的革命和建设的历史，发展到贬损和否定近代一切进步的、革命的运动；从刻意渲染中国人的落后性，发展到否定五千年中华文明史。

第三，攻击和诬蔑中国共产党，说共产党的历史是"不断犯错误的历史"。

他们否定创建中国共产党的伟大历史意义，否认中国共产党领导的土地革命，否定中国共产党在抗日战争中的中流砥柱作用，否认中国共产党领导的敌后抗日根据地与人民武装在抗击日军中的重要作用，硬说八路军、新四军是"游而不击"，他们极力鼓吹蒋介石的地位和作用。他们还说"中国如果没有共产党领导的人民革命，中国会发展更快一些，现代化的质量也会更好一些"。他们否定中国人民反帝反封的革命斗争，全盘否定新民主主义革命和社会主义革命，甚至把1919年的五四运动、1911年的辛亥革命都作为批判的对象。他们还宣称，经济文化落后的中国没有资格搞社会主义，新中国成立后搞的社会主义不过是小资产阶级的空想社会主义，实际上是"民粹主义"。他们还采取攻其一点、不及其余的手法，歪曲和丑化新中国建设的伟大成就，无视新中国社会主义建设的本质和主流。还有的以"口述史""回忆录"的方式，否定党的社会主义改造政策，看不到这一政策在奠定社会主义制度与开辟人类历史新纪元中的重大意义；有的极力编造和夸大"大跃进"期间的失误；有的无限夸大某些历史事件的"细节"和感受，涂黑历史，欺骗人们的感情，甚至捏造出"饿死几千万人"的谎言，企图煽动对党和政府的不满。有的以批判"文革"为名，把党和新中国的历史说成是一系列"左"的错误的延续和叠加，以此否定中国共产党的执政能力。有的无视新中国思想文化建设的成就，把爱国主义说成是"民族自大的封闭观念"，把集体主义说成是"压抑人的个性"，把社会主义说成是"乌托邦"等。历史虚无主义的要害就是企图通过否定中国共产党历史、否定新中国建设的历史成就和中国共产党的领袖，达到其从根本上否定中国共产党领导的合法性的目的。

第四，嘲弄、抹黑英雄人物。

近年来，历史虚无主义又出现了新花样，一个突出表现就是他们极力嘲弄、抹黑英雄人物，黄继光、邱少云、董存瑞、狼牙山五壮士等受到一些人的质疑、贬损、否定，这些为民族解放付出生命的先烈竟然受到这些人的嘲弄。这些千千万万革命先烈是我们党理想信念的化身，是民族精神的表现，如果这样的英雄先烈都要受到嘲弄，被矮化和否定，我们就不可能培育高昂的民族精神，我们的民族就不可能立于世界强大民族之林。

2. 历史虚无主义对我国高校意识形态工作领导权、话语权实现的损害性

第一，历史虚无主义对部分高校师生的思想造成混乱。

一些人打着"学术研究""学术创新"的幌子，大肆宣扬历史虚无主义的某些观点，大学生好奇心强，对新鲜事物感兴趣，历史虚无主义使用的一些新名词、新表述对大学生有很强的吸引力；历史虚无主义者提出的一些所谓"创新观点"对大学生也有很大的迷惑性，易于受到大学生的追捧。如果部分高校师生不知不觉接受了历史虚无主义的观点，就有可能怀疑历史，进而怀疑现实，减弱政治认同，甚至产生对党、对社会主义制度的隔阂，进而造成部分大学生思想混乱、理想信念缺失。缺乏高尚的追求，就不会有强大的精神凝聚力和向心力。在历史虚无主义影响下，一些美好的东西受到嘲弄、亵渎、攻击，大学生的理想信念就会受到极大损害。我国高校意识形态领导权、话语权的实现是建立在高校师生具有共同的理想信念基础之上的，一些师生处于思想迷茫、困惑，无所适从的状态，是精神上的"流浪儿"，那么，高校意识形态领导权、话语权也只能是形式上的，难以发挥实质性功效。因此，对历史虚无主义的这种消极性必须从根本上重视。

第二，历史虚无主义对部分高校师生的政治价值观造成很大危害。

历史虚无主义不仅仅是一个学术问题，而且有着明确的价值取向和极强的意识形态属性。历史虚无主义散布的种种言论，不仅涉及学术领域的是非问题，更主要的是关系到立党立国的根本立场问题，如果民族精神不能弘扬，不能从历史主流中汲取精神力量，一个国家、一个民族就会失去立足发展的精神和思想支柱。"灭人之国，必先去其史"，持历史虚无主义观点的人，根本上就是搞

乱人心，进而颠覆我国社会主义制度，否定中国共产党执政的合法性。历史虚无主义在高校的传播不仅会给一些大学生带来思想混乱，更为严重的是，这些受历史虚无主义影响的大学生有可能出现政治立场、政治价值观的偏移、错位。这些大学生从小受到的是马克思主义、无产阶级世界观、人生观、价值观教育，在大学这种相对开放的环境下，突然受到这些错误思潮的侵袭，十几年受到的教育很可能被毁于一旦，给大学生的政治认同带来很大的损害。个别大学生有可能认同一些非马克思主义的东西，而对马克思主义理论失去兴趣，长久下去这些人的政治价值观就会出现问题。

第三，历史虚无主义与我国主流意识形态争夺高校思想阵地。

历史虚无主义是一种唯心主义的历史观，与马克思主义唯物史观是根本对立的。历史虚无主义者从唯心史观出发，断章取义地挖掘历史支流问题，甚至虚构历史事实，给人以新奇的感觉，潜移默化地影响一些人，进而冲击我国主流意识形态。高校意识形态工作领导权、话语权的实现在一定意义上就是让主流意识形态占领高校意识形态阵地，使高校这一意识形态重要阵地掌握在忠于党、忠于人民的人手中，如果丢失了高校意识形态阵地，也就丧失了高校意识形态工作领导权、话语权。历史虚无主义近些年在高校传播迅速、影响逐步扩大、渗透力越来越强，在高校很有市场。高校是传播知识、教书育人、科学研究的场所，历史虚无主义往往披着学术的外衣，打着"学术研究无禁区""学术民主"的旗号来传播其错误思想观点，这对于高校师生来说更具有迷惑性，容易混淆视听。对于高校意识形态阵地如果我们不去占领，错误的思潮必定会去占领，因此，对历史虚无主义在高校的传播必须给予高度重视，应具有阵地意识、底线意识、危机意识、责任意识，要对其及时批驳，严加防范，遏制其蔓延。

三、意识形态领域一些错误言论对我国高校意识形态工作领导权、话语权的干扰性

随着改革开放的不断深化，在我国意识形态领域，"社会思想空前活跃，各种思想观念相互交织，各种文化相互激荡，社会意识出现多样化的趋势，错误思想的影响难以避免。思想理论领域杂音噪声时有出现，一些非马克思主义的

思想意识也有所滋长"①。"随着我国的深刻变革，各种思想文化相互激荡，人们思想活动的独立性、选择性、多变性和差异性进一步增强。思想理论领域杂音噪声时有出现。"② 这些错误言论从不同的领域，采用不同的方式，攻击、曲解甚至讥讽马克思主义意识形态及我国的政治、经济、文化、社会建设，尽管其中的情况有所不同，有些错误言论属于一些人思想情绪的宣泄，有的是对现实状况一种偏激的认识，有的则是蓄意的歪曲，但这些错误言论对马克思主义意识形态话语权的实现都起着一种不可忽视的负面效应，它误导了人们的思想认识，夸大了负面的东西，在一定程度上产生了思想混乱。不仅如此，这些错误言论与各种各样的社会思潮混杂共生，对社会思潮的传播还起着一种推波助澜的作用，从而严重干扰着高校意识形态工作领导权、话语权的顺利实现。因此，对一些背离四项基本原则的言论我们必须高度重视。

（一）当前我国意识形态领域一些错误言论的表现形式

高等学校是社会的一部分，意识形态斗争复杂化和社会思潮多样化的叠加，在高校宣传思想阵地上经常得到直接的表现。各种思想文化在高校的交流、交融、交锋日趋频繁，众声喧哗的局面中难免有杂音、噪声，一些错误思想甚至急于在高校抢滩登陆，企图影响青年知识分子和大学生。当前我国意识形态领域出现的错误言论五花八门，具有多样性、多变性、随意性、迷惑性等特点，并且往往伴随着社会矛盾、社会问题的出现而产生，随着一些社会思潮的此消彼长而流传，这些错误言论虽然不构成较为系统的理论体系，但大体上可分为不同的类型，在此，对一些错误言论做一简要梳理。

1. 攻击马克思主义的指导地位，宣扬指导思想多元化

一些别有用心的人污蔑马克思主义是"乌托邦主义""极权主义"，认为确立马克思主义的指导地位是"思想霸权""思想专政"，是对思想自由的束缚，窒息了科学精神、压抑了精神创造。这些人认为坚持马克思主义就是思想僵化，公开主张指导思想多元化。主张要"坚决抛弃对不同思想观点和思想的限制"，鼓励各种意识形态自由竞争，用各种理论和思想来修正马克思主义；主张要"离散"主流意识形态，用西方的后现代观念"解构"正统的马克思主义。

---

① 中共中央文献研究室．十六大以来重要文献选编：上［M］．北京：中央文献出版社，2005：530.

② 中共中央文献研究室．十六大以来重要文献选编：中［M］．北京：中央文献出版社，2006：492.

2. 把马克思主义学术化

有人在"思想淡出，学术突出"名义下，恢复马克思主义的学术面目，使马克思主义的研究与现实的政治发展、政治需要疏离，试图把马克思主义变成一种纯学术话语，从而把马克思主义从一种批判的武器，变成一种学术性马克思主义；认为马克思主义作为一种文化、思想方法和社会科学有它的地位，但马克思主义不是意识形态。这种奇谈怪论试图通过把马克思主义学术化、中立化，磨平马克思主义作为批判武器的斗争锋芒，使马克思主义失去革命性和批判力，最后达到弃之不用的目的。

3. 把马克思主义"儒化"

一些人宣称，马克思主义是一种外来文化，不能把一种外来文化当作中国的指导思想，认为"五四运动"以来，马克思主义传入中国，导致了中国传统文化的断裂和民族精神根基的缺失。他们强调儒家文化是中国的传统文化，在中国的影响根深蒂固，马克思主义要发挥作用就必须与儒家文化相结合，用儒家文化改造马克思主义，这样，马克思主义就适合中国国情了；甚至有的人明确提出，重建儒教，把儒教写入宪法，定为国教，用儒家文化取代马克思主义。

4. 宣扬马克思主义"过时论""无用论"

一些人片面地认为，随着我国社会经济的深刻变化，特别是随着社会主义市场经济的发展，马克思主义作为西欧自由资本主义时期的理论产物，对于我国当前的社会主义市场经济，其指导作用已经过时。马克思主义作为反映西方国家政治经济的理论，不适应于作为东方大国的中国；还有人抓住马克思主义中的个别结论，借口时代发展出现的新问题、新现象，论证马克思主义已经过时。他们断言，马克思主义哲学误区重重，马克思主义经济学是虚构的，科学社会主义不科学；还有的人主观认为，马克思主义已失去了批判对象而无存在的必要性。也有人认为，马克思主义曾经是真理，但已时过境迁，不再是真理了，过去曾经在中国革命历史上发挥过作用，但现在不再有用了；马克思主义在一百多年前建立的理论，那时的生产力水平、科技水平、社会面貌无法与今天同日而语，必定会过时，马克思主义是革命的理论，但不是建设的理论；搞计划经济用马克思主义指导，现在搞市场经济不用马克思主义指导。另外，在西方"非意识形态化"思潮的刺激下，我国一些主张资产阶级自由化的人，公开地指责马克思主义已经过时了，污蔑马克思主义意识形态是一种偏激的理论，是一种狭隘的个人学说，其激情多于真理，因而要求取消马克思主义在我国改革开放和社会主义现代化建设中的指导地位。

这些观点的最终目的是否定马克思主义的科学性、真理性、阶级性，取消马克思主义的指导地位，公开或隐秘地充当资产阶级意识形态的辩护人，这种观点具有很大的欺骗性、迷惑性、危害性。

5. 在中国特色政治制度方面，少数人鼓吹要实行政治多元化

一些人认为，中国的改革开放使社会主义社会形成了多元化的利益主体，这些多元化的利益主体必然产生多元化的思想观点，这就要求有更多的政治组织来表达各个阶层和社会集团的利益和意志，也必然要求实行政治多元化。按照这种多样化的抽象结论，他们主张中国应照搬西方的议会制、总统制、多党制，其核心就是取消共产党的领导地位，有人还主张把中国共产党改造成为社会民主党。

6. 在中国特色经济制度方面，有些人极力反对公有制，主张实行私有制

他们主观地得出结论，苏联的解体、中国国有企业改革与发展的举步维艰宣告了公有制的破产，因此应当以私有制为基础构建中国的市场经济模式。国有企业的改革应当按照科斯定律明晰产权，将国有财产量化到人，对国有企业的改革就应当突出一个"卖"字、落实一个"股"字、抓好一个"私"字。这种观点的实质就是瓦解我国公有制的社会主义经济基础，使国有经济丧失其主导作用，从根本上颠覆我国社会主义政治制度和意识形态的根基。还有人否认公有制的基础地位，认为公有制或国有经济不是共产党执政的经济基础，不是社会主义的标准，社会主义不再以公有制为本质特征；还有人强调，发展非公有制经济才是改革，发展公有制经济是保守。有人公开叫嚷"人间正道私有化"，滋养五千年中华民族的文明史是私有化的历史，认为没有私有制的浇灌、培育，就没有中国的今天。

7. 在对待改革开放的问题上，少数人否定改革开放的成就

在对待改革开放的问题上，近年来出现了不少错误观点，其中一种就是少数人片面夸大改革开放出现的问题，有的人质疑改革开放政策，怀疑党的基本路线，有的人因改革出现问题，主张走回头路；还有人把改革开放前三十年与改革开放后四十年对立起来，用改革开放前的历史时期否定改革开放后的历史时期，或者用改革开放后的历史时期否定改革开放前的历史时期。

8. 在看待中国特色社会主义问题上，歪曲中国特色社会主义的本质

"近些年来，国内外有些舆论提出中国现在搞的究竟还是不是社会主义的疑问，有人说是'资本社会主义'，还有人干脆说是'国家资本主义''新官资本主义'。"① 还有人歪曲中国特色社会主义为"中国特色资本主义"，宣称"只有

---

① 中共中央宣传部. 习近平总书记系列重要讲话读本 [M]. 北京：学习出版社，2014：15.

民主社会主义才能救中国"。

（二）当前我国意识形态领域出现一些错误言论的原因

当前我国意识形态领域出现一些错误言论不是偶然的，有着复杂的政治、经济、文化背景，认真分析其出现的原因，有助于进一步认识形形色色的错误言论的实质和危害性。

1. 我国社会转型是一些错误言论产生的现实根源

随着我国改革开放的深入发展，我国社会发生了深刻变化，这些变化不仅影响到物质生活、政治生活及社会生活的深刻变革，也会对人们的思想观念产生深刻影响。思想观念是对客观现实的反映，现实情况的变化必定反映到人们头脑中来，对于我国的社会转型及深刻变化，不同阶层、社会群体、职业的人们也会有不同的感受，进而形成对现实生活的不同认识。有些人能够正确地认识我国不断变化的现实情况，而有些人在分析认识当前我国复杂社会现实的过程中，产生了片面的、错误认识，这些"杂音噪声"的产生离不开社会环境的变迁和人们主观意识对客观环境的认知，杂音噪声也是一种特殊的群体意识，是由一些人的思想观点和情感意志等诸多因素汇集而成，进而表现为某种观点的流行、某种心理的共鸣。这些错误的认识不可避免地要表达出来，特别是通过一些学者、专家、官员表达出来的时候，就会产生较大的影响，形成不利于坚持马克思主义意识形态主导地位的杂音、噪声。如"马克思主义过时论""改革失败论""意识形态无用论"等论调都有其深刻的现实根源。

2. 多样化社会思潮的传播是一些错误言论产生的思想条件

改革开放以来，特别是发展社会主义市场经济以来，我国出现了大量的社会思潮，社会思潮是社会意识的一个重要现象，它在任何社会和任何时代都存在，特别是在社会大变动、大变革年代，各种社会思潮尤为突出和活跃。社会思潮的传播对我国民众的思想产生了巨大影响，特别是在某种社会思潮流行的时候，有的人逐步放弃了马克思主义的理想信念，转而信奉一些社会思潮，甚至追捧一些社会思潮，一些杂音噪声就是在追捧、附和某些社会思潮的过程中产生的。如在 20 世纪 90 年代初期，随着东欧剧变的发生，民主社会主义在我国的影响迅速扩大，一些人便主张中国也要实行议会制、总统制、多党制，甚至提出把中国共产党改造成为社会民主党。到了 90 年代中期，随着我国国有企业改革步伐的加快，新自由主义在我国受到一些人的热捧，在新自由主义的影响下，我国一些人又发出了攻击公有制、主张中国实行私有化的声音。又如，前几年历史虚无主义思潮影响有所扩大，一些人在对待历史问题上，散布了种种奇谈怪论，颠倒历史、污蔑领袖人物、抹黑英雄的言论时有出现。可以说，社会思潮的流行不仅为错误言论营造一种氛围，也是一种"催化剂"，每当一些社会思潮盛行的时候，一些人不甘寂寞，就会发出一些新的杂音噪声，这已成为我国意识形态领域出现杂音噪声的一种规律性现象。

3. 西方国家西化、分化战略的实施是我国一些错误言论产生的外部因素

冷战结束后，西方国家加紧对我国实施西化、分化战略，他们采取各种手段、运用各种形式、通过各种途径，不断对我国渗透西方的民主、自由、平等、人权观念，伴随着全球化进程的加快和我国对外开放的不断深化，西方政治价值观对我国的影响越来越广、越来越大。"在我国对外开放的条件下，帝国主义的和平演变战略不能不对我国产生影响，国内就会有人完全按照西方的价值观来对待改革，竭力把社会主义制度'改革'成为资本主义制度。"① 在西方价值观的影响下，一些人往往带着西方式的偏见来看待中国的改革开放事业，来认识中国特色社会主义制度，在这个过程中，他们总是发出一些与党和政府不同的声音，诸如"全盘西化论""否定革命论""改革失败论"等论调，误导了民众，引起了思想上的混乱。他们其中有的是为了"张扬个性"，有的是恶意攻击，无论哪种情况，这些杂音噪声都自觉或不自觉地迎合了西方国家的和平演变战略，对马克思主义意识形态凝聚人心、统一力量起着干扰、损害作用。

4. 我国一些人理想信念的动摇是一些错误言论产生的主观因素

近年来，我国一些人对马克思主义信仰不坚定，对中国特色社会主义缺乏信心，自身的思想观念出现偏差，这些人利用不同的场合不负责任地散布一些不利于坚持四项基本原则的言论。他们或者脱离现实、脱离国情，喜欢标新立异，或者借机发泄自己的一些不满情绪；还有个别人甚至成为"政治异见人士"，取宠于西方，对我国的改革开放和社会主义建设事业恶意攻击。意识形态领域的杂音噪声发出者虽然情况比较复杂，但总的来看，就是这些人的思想观念背离了马克思主义意识形态的基本要求，他们有人已公开放弃了马克思主义意识形态，甚至站在了反马克思主义意识形态的立场上。

（三）错误言论的散布对我国高校意识形态工作领导权、话语权实现的干扰性

1. 错误言论对我国高校意识形态工作领导权、话语权的实现产生一种离散

---

① 周新城. 20 世纪 90 年代以来反马克思主义的几种社会思潮［J］. 马克思主义研究，2010（5）.

性作用

各种类型的杂音噪声有的是对错误思潮的追捧，有的是对马克思主义的攻击，有的是对党和国家方针政策的歪曲，有的是对改革开放和社会主义现代化建设的错误认识，这些杂音、噪声的共同指向就是我国的主流意识形态。高校是我国意识形态的前沿阵地、敏感地带，他们散布的言论对高校师生的思想产生了很大负面作用，误导了一些师生，特别是大学生的思想认识，迷惑了部分大学生，致使一些大学生对党的政策产生误解，如在一些错误言论的影响下，我国一些大学生就认为，中国特色社会主义就是中国特色资本主义，中国就应该走民主社会主义道路。一些杂音、噪声的流传，混淆视听，分散精力，扰乱人心，影响情绪，干扰着马克思主义意识形态的传播，减弱了高校师生对我国主流意识形态的认同，从而对高校意识形态工作领导权、话语权的实现产生一种离散作用，极大干扰着高校意识形态工作领导权、话语权的实现。

2. 一些错误言论与多样化社会思潮混杂在一起，加大了我国高校意识形态工作领导权、话语权实现的难度

一些错误言论与形形色色的社会思潮之间存在着千丝万缕的联系，一些错误言论往往是伴随着某种社会思潮的传播而滋长蔓延的，而一些错误言论的散布又为社会思潮的传播提供了适宜的社会思想条件。同时，一些错误言论宣扬的观点与一些社会思潮的理论观点有异曲同工之处，有些错误言论已与一些社会思潮融合在一起，成为某社会思潮的一部分。例如，我国一些人主张和赞扬私有制的观点，实际上已成为新自由主义思潮的一部分；一些人主张在我国实行议会制、多党制、思想多元化等观点，与民主社会主义的政治价值观是一致的。此外，一些错误言论如果长期流传，受到影响的人越来越多，那么，这些错误言论也就演化成一种社会思潮。如在改革开放初期，个别人宣扬一些资产阶级自由化的观点，否认党的领导和社会主义道路，贬低马克思主义，由于个别人的言论影响越来越大，很快演化成为一股危害性很大的资产阶级自由化思潮。一些错误言论与多样化的社会思潮之间是相互联系、相互配合、混合生长的。在高校意识形态工作中既要同各种错误社会思潮进行交锋、斗争，又要澄清和清除形形色色错误言论的影响，遏制其传播，这就意味着高校意识形态工作领导权、话语权的实现，任务更加繁重、更加复杂。

3. 一些错误言论直接与马克思主义意识形态争夺高校阵地

高校作为意识形态的前沿阵地，高校师生作为知识群体、创新群体，思想活跃，各种错误思潮十分看重这一阵地，极力向高校渗透，高校也就成了各种社会思潮的集散地。一些错误言论的发出者、散布者往往通过高校的论坛、学

术报告、学术交流、演讲、微博等途径宣扬自己的观点，其对象主要是大学生、高校青年教师。他们不是用科学理论观点分析和认识我国复杂的社会现象，不去用科学的理论武装人、正确的舆论引导人、高尚的精神塑造人、优秀的作品鼓舞人，而是散布一些消极落后的思想观点，宣扬一些不利于马克思主义意识形态指导地位的观点，吹捧一些资产阶级自由化的观点，甚至煽动对现实社会的不满情绪。由于他们的观点带有很强的迷惑性、诱惑性，因此很多青年学生常常对他们的观点大加赞赏和信奉。这样，一些杂音、噪声在高校中流传，不断蚕食马克思主义意识形态在高校的阵地，危害高校意识形态工作，减弱了马克思主义意识形态在高校师生中的影响力。这些杂音噪声一旦形成气候，泛滥成灾，正确的、健康的声音就会被淹没，高校意识形态工作领导权、话语权的实现必然会受到严重的干扰。

四、西方大国的西化、分化政治图谋对我国高校意识形态工作领导权、话语权的侵蚀性

随着全球化的深入发展及我国对外开放的不断深入、扩大，国际范围内各种思想文化之间的交流、交融、交锋也更加频繁，国际思想文化领域斗争深刻复杂，一些西方大国把我国的快速发展看成是对其价值观和制度模式的挑战，加紧对我国实施西化、分化政治图谋，试图改变我国的发展道路和制度模式，高校抵御和防范敌对势力渗透的任务更加繁重。在当今新的国际形势下，"国际局势风云变幻，意识形态领域的斗争日趋复杂，西方敌对势力千方百计对我实施西化、分化的政治图谋"①。高校作为意识形态的重要阵地，这些年来对外思想文化、学术、人员等方面的交流也日益频繁，在这种背景下，西化、分化战略对高校意识形态的影响也日趋加深，西方敌对势力及西方意识形态对我国高校的渗透，对我国高校意识形态工作领导权、话语权具有很大侵蚀性。

（一）冷战结束后西方大国对我国实施西化、分化战略的总体情况

西化、分化政治图谋就是在政治上，把西方资产阶级的民主、自由、人权冒充为全人类的共同价值，在此基础上，开展民主外交、人权外交，干涉社会

---

① 中共中央文献研究室．十六大以来重要文献选编：中［M］．北京：中央文献出版社，2006：492．

主义国家内政，支持培育持"不同政见者"，攻击、指责社会主义国家的政府和执政党，迫使社会主义国家按照西方模式改变社会制度；在经济上，利用合作、交往、援助，必要时采取经济制裁，引诱和迫使社会主义国家就范，促使社会主义国家放弃公有制，实行私有制；在意识形态上，向社会主义国家渗透资产阶级的世界观、人生观、价值观，宣扬西方的民主观、自由观、人权观，传播资产阶级政治文化，削弱或改变社会主义国家的指导思想；在社会上，利用民族、宗教、文化或社会事务干涉社会主义国家内政；在外交上，通过各种手段向社会主义国家施加压力，甚至进行孤立、排挤、封锁、打击，使社会主义国家处于不利的国际环境中。这一战略的目标就是颠覆社会主义国家，推翻共产党的领导，战胜共产主义体系，消除马克思主义意识形态，用西方的民主自由取而代之，恢复资本主义的一统天下。"西方敌对势力不甘心看到中国发展强大，不愿看到中国的发展模式对西方模式形成挑战，对中国在战略上围堵，安全上威胁，发展上牵制，统一上阻碍，主权上干扰，责任上施压，形象上丑化，思想文化上渗透。"①

不管在形式或程度上随着客观现实的变化有何改变，西方国家推行的西化分化战略从来没有停止过。从20世纪50年代开始实施这一战略，不断变换花样，对包括中国在内的社会主义国家先后实施"遏制战略""解放战略""和平战略""人权外交""超越遏制战略""促进民主战略"等，都是西化分化战略的表现形式。20世纪70年代末到80年代中后期，美国加紧推行这一战略，成为东欧剧变的重要原因。

冷战结束后，西方国家的西化、分化战略并未就此终结，相反，通过东欧剧变，美国和西方大国看到了这一战略的成效，尝到了甜头，他们发现通过实施西化、分化战略，进行意识形态渗透，不仅可以改变自己的形象，还可以比军备竞赛节省大量的人力、物力、财力，又能扩大本国文化和价值观的影响，可谓是一举多得的事情。因此，他们对这一战略的功效更加深信不疑，并认为冷战结束，苏联解体、东欧剧变后是推行这一战略的最佳时机，西方要乘胜追击，将民主化向世界各个角落推进，在这种冷战思维驱使下，他们变本加厉地对其他社会主义国家及发展中国家推行这一战略。

冷战结束后，"西方敌对势力对我西化、分化的政治图谋没有改变，他们凭

---

① 中共中央文献研究室．十七大以来重要文献选编：中［M］．北京：中央文献出版社，2011：376．

借经济、科技等优势，加大对我进行思想文化渗透"①。西方国家把实施西化、分化政治图谋的重点逐步转向中国。时任美国总统布什讲，我们的目标是，利用冷战结束这个前所未有的机遇，努力为这个世界建立一种新秩序，各国政府要对内实行民主、宽容和经济自由政策，对外则承诺以和平的方式解决不可避免的争端，不威胁或使用武力。布什在耶鲁大学的演讲中说，维持中国的最惠国待遇作为美国同中国进行接触的关键因素，是一个促使其发生积极变化的催化剂，给中国最惠国待遇不仅有利于美国的商业，还能在中国创造民主气氛。时任美国国务卿贝克讲，苏联的崩溃产生了一个世纪才有的机会，应借机在全世界推行美国的利益和价值观念，美国的职责就是运用自己的道德和物质资源，以促进民主与和平。中国作为最大的社会主义国家，自然成为西方国家和平演变的重点，冷战结束后，美国安全战略"重点东移"就是针对中国的。布什政府还对中国实施了一系列经济制裁，试图促使中国像"多米诺骨牌"一样倒下。

1. 克林顿政府对中国实施的西化分化战略

（1）推行民主外交

作为冷战结束后第一位新上台的美国总统克林顿明确把维护美国经济利益、保护安全、推进民主作为美国外交政策的三大支柱。特别强调"民主外交"，1994 年《美国国家安全战略报告》认为，提出"扩大民主社会和自由市场的大家庭有利于美国所有的战略利益——从国内促进繁荣到在国外遏制全球威胁，防止给我们的领土构成威胁"②。推进民主的方法主要是同实行自由市场制民主的国家开展更广泛的合作，大力扶持正在建立市场制民主的国家，"对困难深重的发展中国家提供人道主义援助并引导他们走向市场经济和民主"③。为此，美国大力加强由"民主国家"组成的西方联盟，多方推动东欧等"新生民主国家"实现向市场经济和民主制度的转变，对坚持实行集权制度的国家施加某种压力和制裁，迫使其尽快向"民主制国家"转变。克林顿上台后一年半的时间内，美国政府以帮助"重建国家""恢复民主制度""制止种族屠杀"等为理由，实施了对海地、索马里、波黑的军事行动。1993 年 1 月 3 日时任国务卿克里斯托弗第一次向国会阐述对华政策时宣称："我们的政策是谋求促进中国出现从共产主义到民主制的广泛的和平的演变，办法是鼓励那个伟大的、非常重要

---

① 中共中央文献研究室. 十七大以来重要文献选编：上 [M]. 北京：中央文献出版社，2009：175.

② 刘丽云. 美国政治经济与外交概论 [M]. 北京：中国人民大学出版社，2004：284.

③ 卫灵，管文虎. 当代世界经济与政治 [M]. 北京：中国人民大学出版社，2003：127.

的国家实现经济和政治自由化的势力。"

（2）实施"人权外交"

在推行民主外交的同时，克林顿政府也没有忘记人权外交，把它作为推行外交意图的工具和反对、打击更多发展中国家的重要手段，甚至把矛头直接指向中国等现有社会主义国家。美国以人权事务"世界法官"的面目出现，挥舞"人权大棒"，对其他国家进行攻击指责，美国国务院在一年一度的人权状况报告中，对其他国家的人权指手画脚。冷战结束后，美国还不断在联合国人权委员会上对一些国家的人权状况进行批评和攻击。美国把人权问题作为演变中国的一个重要武器，通过年度报告、反华提案等途径在人权问题上攻击中国，污蔑中国的人权纪录"远远低于国际公认的标准"，攻击中国"广泛地存在违反人权、使用酷刑、任意拘押"等问题。美国把人权问题与提供贷款、经济援助、最惠国待遇等联系起来，用经济手段迫使别国按照美国的人权标准去做，并惩罚那些所谓有人权问题的国家。1993 年 5 月，克林顿在关于 1994 年延续中国最惠国待遇条件中与中国的人权改善挂钩，规定了七项人权方面的具体条件，"坚决要求中国在人权问题有重大的改进"。克林顿一方面不得不承认人权与最惠国待遇挂钩已失败，另一方面又公然声称要继续利用人权问题对中国施压。并且他公开宣布了对华"新的人权战略"：除了继续不断向我国提出种种无理要求外，要"尽可能使改善中国人权状况的努力多边化"，要更多地利用国际力量对我国施压；要加强"美国之音"的对华广播，通过卫星增设一套电视节目，专门"报道中国的政治局势"，要鼓励和支持我国反政府的非法组织，这种"支持"一般将由美国的非政府组织提供；克林顿还要美国来华的工商企业界制定"一套自愿遵守的原则，以促进中国的人权"。

（3）通过舆论途径推行和平演变政策

1993 年 6 月 15 日，克林顿宣布决定建立"亚洲民主电台"。美国建立这一电台的目的是利用新闻媒介干涉中国和其他亚洲国家的内政，制造混乱，传播美国的价值观和生活方式，以便对我国推进和平演变。这一计划遭到我国政府的坚决反对，我国外交部就此向美国政府提出交涉，要求美国取消这一计划，但在 1994 年 4 月，美国政府最终还是建立了"自由亚洲电台"。该电台于 1996 年 9 月 30 日开始对华进行广播。此外，原有的对华广播电台也进一步得到加强，美国政府每年给"美国之音"的拨款就达 60 亿美元。而从 1994 年开始，英国的 BBC 对华广播时间由每天 3.5 小时增加到 5 小时。① 这些电台恶意丑化、攻击中国共产党和社会主义制度，歪曲事实，在"和平演变"战略中扮演重要角色。

（4）奉行"新干涉主义"

美国打着人权旗号，频繁地在世界上进行人道主义干预，甚至提出"人权高于主权"，以军事手段对所谓破坏人权的国家进行干预。人权外交与"扩展民主"既体现了美国在世界上推广其价值观与民主制度的愿望，又符合美国的全球战略，使得"民主""人权"这些理想主义理念与美国的地缘政治利益结合在一起，进而通过这些手段实现其霸权主义。20 世纪 90 年代后期，克林顿政府还极力奉行"新干涉主义"，甚至把"新干涉主义"与反共产主义密切配合，遏制社会主义国家发展。这种"新干涉主义"虽然是一种对外关系战略，但有鲜明的意识形态因素，在西方大国看来，西方的民主、自由、人权等价值观具有普世性，西方有"责任"和"义务"来维护和捍卫这种价值观，不惜用武力方式把这种价值观推向全世界。为推行"新干涉主义"，他们还大谈"人权高于主权""人权无国界""主权有限论""主权过时论"等，为他们实施干涉寻找借口。在他们看来，发展中国家尤其是社会主义国家，存在许多民主、人权问题，只要他们想干涉，只要能维护西方的利益，就以民主、人权为借口，横加干涉。这种"人权高于主权"的意识形态已经变成西方国家干涉别国的"实践理性"，"新干涉主义"是冷战思维和强权政治在新形势下的表现，具有明显的反共产主义意味。

2. 小布什政府对中国实施的西化、分化政治图谋

进入 21 世纪后，国际形势也出现了许多新情况，在纷繁复杂的新的国际形势下，西方大国对社会主义国家的政策也有所调整，尽管如此，西方国家对我国的意识形态攻势没有改变，西方国家除了在民主、人权、民族、宗教等问题上继续攻击中国外，还出现了一些新情况。"西方敌对势力对我实施西化、分化的政治图谋没有改变，力度不断加大，手法更加多样。他们始终把意识形态作为颠覆和控制别国、实施自身战略意图的重要工具，凭借经济、科技等优势推行文化霸权，加大文化输出和思想观念渗透。"② 在全面认识国际形势的前提

---

① 王永贵，等. 经济全球化与社会主义意识形态建设研究［M］. 北京：人民出版社，2005：101.

② 中共中央文献研究室. 十七大以来重要文献选编：上［M］. 北京：中央文献出版社，2009：454.

下，我们需要对西方国家的"和平演变"战略的新情况有一个清醒的认识。

2001年1月，共和党人乔治·W.布什入主白宫，成为美国第43届总统。布什代表美国的保守主义势力，更加注重美国的现实利益，在布什政府的外交政策中，起主导作用的是地缘政治、权力政治和势力均衡等现实主义理论，因而，其上台后在外交上表现出了强烈的现实主义和单边主义。2001年9月11日，美国遭到恐怖主义袭击。"9·11"事件对美国民众产生了深刻的心理冲击，也对美国的安全战略和外交政策产生了深刻而广泛的影响。事件发生后，美国政府快速做出反应，将打击恐怖主义作为美国外交政策的核心。在美国的这种国际战略下，他们始终没有忘记"另一场战争"，那就是"意识形态战争"，这场战争既针对发展中国家，又针对社会主义国家，特别是针对日益强大的中国。尽管布什政府处处贬低克林顿政府的对外政策，但在推广民主、自由、市场方面，毫不逊色。布什在西点军校发表演讲时宣称，世界上只有一种可以持续下去的国家成功模式，那就是美国模式。布什与克林顿不同的是，更加强调实力与扩展民主的关系。在"9·11"事件后，布什声称，"我们正在为文明而战"，宣扬美国力量的最终目的是在全世界每一个地区创建一个民主国家组成的国际社会。布什在2003年5月1日宣布伊拉克军事行动结束时讲："推进自由无疑是消除世界上恐怖主义诱惑力的最佳战略。"在对中国的意识形态攻势中，布什政府主要采取下列手段。

（1）对中国采取敌视、遏制态度

布什政府中少数人依然从"冷战思维"出发看待中美关系，敌视中国的社会制度，宣扬"中国威胁论"，极力要将美国的政治制度和价值观扩展到中国，对中国实行"和平演变"。此外，从传统的权力政治观出发，美国一些人不能以正常的心态对待中国的发展，将中国近年来经济的迅速发展视为对美国的严重挑战和威胁，采取与中国周边国家结盟等手段，围堵中国，遏制中国。

（2）继续在人权问题上指责中国

布什政府利用每年一度的人权报告、各种国际人权会议、国会的辩论、新闻媒体的歪曲报道等途径，对中国的人权问题进行全面的攻击和指责；美国还向中国提出各种各样的要求，向中国施压，要求改善人权状况。中国政府坚决反对美国政府利用人权干涉中国内政的做法，反对以人权为由影响两国关系的做法，主张国际间应就人权问题进行平等对话。由于人权观念在美国已根深蒂固，美国政府的人权外交已制度化，人权因素在冷战后美国外交政策中占有重要地位，两国政治制度、意识形态和基本的价值观不同，使得中美在人权问题上矛盾和分歧是严重的，围绕人权问题的斗争和摩擦将是长期的、复杂的。

（3）更加注重利用宗教问题干涉中国内政

作为国家意识形态的一个组成部分，宗教信仰与民族情感向来是交互融合的，这也给一些人利用宗教问题进行民族分裂活动以可乘之机。我国各民族历来和睦相处，改革开放以来，民族经济和文化发展取得巨大进步的同时，不同地区、民族间在经济文化上产生了不同程度的差异，民族关系问题也比较突出，西方敌对势力正是抓住这一点，千方百计地夸大问题，诋毁成果。近年来，随着我国"宗教热"现象的出现，西方国家也抓住这一时机，加紧对我国进行宗教渗透。小布什政府借助"法轮功"问题，对中国的宗教信仰自由政策大加攻击。在其于 2003 年 12 月发表的《2002 年度国际宗教自由报告》中，在涉及中国的部分，继续对中国的宗教自由状况和"法轮功"问题肆意歪曲。西方国家宗教渗透经历了由过去在境外设立电台传媒的间接渗透，到改革开放过程中通过人员与书籍的非公开直接渗透。

（4）视中国为潜在的对手，在一些政治问题上攻击中国

2002 年初美国发表的《核态势评估》，把中国列为打击对象，加强与台湾当局的军事合作；2002 年 7 月美国防部发表的《中华人民共和国军事力量年度报告》、美国国会发表的《美中经济关系对美国安全的影响》，8 月份的《国防报告》、9 月份的《国家安全战略报告》等，都是尊奉同一个思路，那就是视中国为潜在的对手，表明布什政府并没有因中美关系的改善而改变其利用各种借口对中国施压的方针。特别是在《国家安全战略报告》中，意识形态因素在美国对华政策中的影响十分明显，该报告从美国的价值观出发，对中国的政治发展多加指责，攻击中国是"一党专政"，鼓吹中国应进一步允许信息开放，中国应有更多的"思想自由""集会自由""信仰自由"。①

（5）注重利用中国的"战略机遇期"和"矛盾凸显期"加紧渗透

我国正处在"战略机遇期"和"矛盾凸显期"叠加的历史条件，在这一时期，我国的热点、难点问题增多，社会群体性事件频发，这对我国的改革发展稳定带来很大的负面影响。西方国家利用在这一特定时期我国出现的突发事件、特殊时机、特殊人物等渠道进行意识形态渗透，煽动街头政治图谋"颜色革命"。近些年来，西方国家利用我国改革过程中出现的一些矛盾和问题，采取多种手段在个别人、个别事件上大做文章，妄图使人民内部矛盾复杂化、激化，甚至无限升级，试图利用具体事件问题构成对我国主流意识形态的威胁，怂恿民众对政府和共产党的不信任情绪；他们还支持我国一些别

---

① 何兰. 冷战后中国对外关系 [M]. 北京：中国传媒大学出版社，2005：52.

有用心的人挑起事端，插手我国的内部事务，制造思想混乱；特别注重利用突发事件及特殊时机、特殊人物等渠道进行意识形态渗透。西方敌对势力打着"民主""自由""人权""宗教"等旗号，内外勾连，借题发挥，将一般问题政治化、个别问题扩大化，蓄意炒作，制造混乱；他们还借助于群体事件，插手人民内部矛盾，挑起事端，破坏我国的政治和社会稳定；煽动所谓"维权"运动，培植所谓"政治异见人士"；通过互联网、非政府组织等各种渠道传播西方价值观；他们还"攻击我国政治制度、司法制度、新闻出版制度，直接威胁我意识形态和文化安全"①。

3. 奥巴马政府对中国推行西化、分化政治图谋的新手法

2009 年 1 月 20 日，民主党总统奥巴马上台，高呼"变革"口号上台的奥巴马的对华政策总的来说就是正视中国崛起的事实，加强与中国的合作，希望中国在国际上发挥越来越重要的作用。奥巴马认为，目前国际上存在的主要问题，如果没有中国的参与，就无法成功解决。他认为，中国不是美国的敌人，美中关系应该是建设性的，是"合作与竞争"的关系，应鼓励中国作为一个成长中的大国发挥负责任的作用，帮助其应对 21 世纪的共同问题。美国政府将会以更加积极、务实的态度发展对华关系。无论是奥巴马总统还是希拉里国务卿都表示，美中关系是当今世界尤为重要的一组双边关系，处理好两国之间的关系对于美国的未来至关重要。美国政府清醒地认识到中国无论在经济领域还是在政治领域所具有的巨大影响力。奥巴马是个实用主义者，在金融危机背景下，美国并没有放松对中国施加压力，在对中国和平演变战略中出现了一些新特点。

(1) 利用一些"政治人物"干涉中国内政，个别人物意识形态化

美国虽然高举"反恐"大旗，却极力包庇"东突"分子，使他们免受中国法律制裁；中国国内的所谓"持不同政见者"、邪教法轮功骨干分子均逃到美国，成了他们反对中国的"健康力量"；2010 年 2 月 18 日，奥巴马在白宫会见达赖。他们通过接见境外一些民族分裂分子、反社会主义分子，发出错误的信号，损害我国政权和主权；美国通过利用这些"政治人物"干涉中国内政，为敌对势力撑腰打气，并以此对中国施加政治压力，进行政治攻击。

(2) 经济上，通过种种手段遏制中国发展，把经济问题意识形态化

一直以来，美国都对中国实行技术封锁，对高技术出口实施限制措施，并

---

① 中共中央文献研究室. 十六大以来重要文献选编：下 [M]. 北京：中央文献出版社，2008：799.

挥舞知识产权大棒和所谓"国家安全"打压中国企业，2003 年 4 月，美国对中国企业"华为""中兴"的无端限制，就充分证明了美国对中国企业的打压政策；2008 年底美国发生次贷危机并引发全球金融危机爆发后，一方面声称反对贸易保护主义，另一方面却在实行贸易保护主义，动辄对中国产品进行反倾销调查，课以高额关税；同时，还经常拿中国对美国贸易顺差和人民币汇率说事。美国利用美元作为世界唯一储备货币的特殊地位，一方面开足马力印钞票让美元贬值，另一方面利用主权基金攻击我国货币政策。

（3）军事上，继续对中国构建"C 型"包围圈

冷战结束后，美国转而把中国作为主要对手，继而在中国周围进行战略布局，把印度、越南、日本、韩国拢到自己卵翼下，构筑对华 C 形包围圈，却频频制造中国"军事威胁论"，指责中国"军事不透明"。2010 下半年以来，美国借助天安舰事件，接二连三地在西太平洋、黄海、南海搞军演，炫耀武力，企图在军事上给中国施加压力。美国前太平洋舰队司令、退役海军上将詹姆斯·莱昂斯竟然指责说"中国今年的行动咄咄逼人而且傲慢"，"它建立了一支亚洲最强大的军队，并对美国构成了直接挑战"。他主张美国要加强在西太平洋的军事力量，除了加强反潜艇力量之外，还需要提高反导和反舰弹道导弹的能力，并将那些老式弹道导弹潜艇升级为巡航导弹潜艇。詹姆斯·莱昂斯直言不讳地说，除保持军事优势外，美国还应组织起对中国的多国政治和经济压力，因为这种压力有助于中国加快摆脱共产主义的演变过程。2012 年 1 月 6 日美国宣布的"新军事战略"，其中主要内容是将美国的军事重点转向亚太地区；扩建关岛军事基地；强化美日、美澳、美韩三个关系，同时加强与泰国、新西兰、菲律宾的关系。显然，美国的军事战略调整是有所指向的。

（4）继续高举"人权""民主"大旗，重新树立美国的道德权威

冷战后的美国历届政府都将"民主""人权"视为外交政策的重要宗旨。这一方面是由于美国的自由主义思想根深蒂固，美国外交政策在一定程度上正是因为继承和发展了自由主义思想而保持了一定程度的延续性；另一方面，美国政府高举"民主""人权"大旗树立自身的道德权威，妄图将美国的价值观变成"放之四海而皆准"的普世价值标准，并以此为美国干涉他国内政披上"合理"的外衣。2009 年 2 月 25 日，美国国务院又抛出了《2008 年国别人权报告》，对中国的人权状况加以指责。这充分说明，美国政府对于其一贯所坚持的政策理念是不会轻言放弃的。奥巴马政府将会继续坚持这一传统，只是在表现形式上可能会有所不同而已。

（5）利用网络加紧对中国渗透

谷歌曾在 2010 年 1 月 12 日宣布有意将其在中国的网站关闭，并退出中国。原因是除了中国的审查制度外，还有当时遭受到了一连串的黑客攻击。但谷歌在 7 天以后的 1 月 19 日却又宣布决定不退出中国市场，更在它网站的"黑板报"上宣称所有关于谷歌要退出中国的报道"全属虚构"。谷歌风波刚刚平息，两天之后（1 月 21 日），国务卿希拉里在华府演讲，宣称将提升"网络自由"为外交重点，并很尖锐地宣告美国将助世人冲破网络铁幕，并要求北京彻底调查谷歌被骇事件。她威胁地说美国要帮助中国的网民"翻越审查墙"。美国一些人利用谷歌事件做足文章，影射甚至攻击中国缺乏"言论自由"。2013 年 6 月，斯诺登披露美国利用网络技术对其他国家包括中国进行监控，窃取国家、企业乃至公民个人信息，在国际社会引起轩然大波。斯诺登公布证据，表示美国政府网络入侵中国网络至少有四年时间，美国政府黑客攻击的目标达到上百个，其中还包括学校。黑客的方式通常是透过入侵巨型的路由器，然后一举入侵成千上万的电脑，无须一一入侵个别电脑。美国利用网络对中国入侵和渗透的程度令人震惊！

（6）利用社会问题对我国进行意识形态渗透

即通过渲染我国的一些社会热点问题，加紧对我国进行思想文化渗透，这就使意识形态渗透的隐秘性增强。一些别有用心的人蓄意将食品安全（瘦肉精、彩色馒头、地沟油），空气质量，民生热点，公共道德危机（小悦悦事件），政府部门诚信（郭美美炫富事件），公共安全（2011 年 7 月动车组事件）等问题意识形态化，从百姓的细微之处着手，将个别问题复杂化、一般问题政治化。这种渗透具有迷惑性，不易辨别。

（7）炒作热点，形成"围观效应"

境内外敌对势力在炒作社会热点和敏感事件中，或将国内问题加入国际因素进行放大，吸引国际社会关注，对我国施压；或将国际热点引入国内，制造思想混乱（如西亚北非事件，2011 年 9 月美国占领华尔街运动）。为增强炒作声势，他们遥相呼应，有的在境外发声，境内渲染，有的在境外策划，境内策应，这种内外呼应增加了我国意识形态思想文化交锋的复杂性。

4. 特朗普政府对中国推行西化、分化政治图谋的新手法

2017 年 1 月 20 日，共和党总统候选人特朗普入主白宫。特朗普政府上任以来，对华遏制的战略没有改变，并且随着我国经济实力的进一步增强，国际影响不断扩大，特朗普政府把对付中国崛起、遏制中国发展作为该届政府的一个重点外交事项。特朗普政府上任以来，对中国的遏制战略，最明显的有以下几

个方面。

（1）继续宣扬"中国威胁论"

在中国周边不断制造麻烦，鼓动一些国家与中国对立，试图破坏我国稳定的周边环境，使中国不能集中精力加快发展。如2017年8月挑起中印军事对峙，在中印边界制造紧张的军事气氛，试图把中印边界变成热点地区。

（2）打着"航海自由"的幌子，美国军舰频繁进入中国南海地区，制造军事威胁

美国及西方大国打着"航海自由"的幌子炫耀武力，在南海制造军事紧张；无端指责中国在南海搞军事化，对中国岛礁建设指手画脚。例如，2018年10月2日，一艘美国军舰闯入中国南海，中国军舰奉命拦截。2018年10月21日，据环球时报报道，法国国防部长正式宣布，将在明年派"戴高乐"号航空母舰前往印太地区，以捍卫所谓不可剥夺的"南海自由航行权利"。2018年5月，法国总统马克龙在访问澳大利亚时公开表示，任何国家都不能被允许在南海占据主导地位，法、澳大利亚和印度有责任保护该地区免受"霸权"的侵害，今后每年都要到南海航行几次。

（3）利用经济问题，特别是贸易对中国继续施压，发起贸易战，对我国经济发展设置障碍

2017年8月14日，美国总统特朗普正式就贸易问题对中国发难，特朗普签署行政备忘录授权美国贸易代表审查所谓的"中国贸易行为"，包括中国在技术转让等知识产权领域的做法。2018年3月21日，美国挑战对中国的贸易战。到2018年11月，美国先后对华实施500亿美元、2000亿美元、2600亿美元的贸易额制裁。一些专家认为，这是美国为压制中国，对中国发动了立体式、全方位的围堵，美国开启了全面压制中国的战略。

（4）在一些问题上指责中国、"妖魔化"中国

特朗普上台以来，公开把中国视为"主要威胁"；继续鼓动中国的"维权人士"与政府对立，制造事端。2018年9月25日，特朗普在联合国演讲中，大肆攻击和抹黑社会主义和共产主义。2018年10月4日，副总统彭斯在华盛顿智库哈德逊研究所演讲，他宣称，美国在与中国的交往中提供了种种好处，甚至声称"美国在过去25年里重建了中国"。彭斯在这次演讲中，指责中国成为美国的"最大威胁"，这是自克林顿政府以来，美国政府首次赤裸裸地用冷战思维抨击中国，被认为是新时代的"铁幕演讲"。2018年10月11日，特朗普说："中国人好日子太久了。"并认为中国的好日子是"美国所赐"。

（5）用国家力量抹黑和打压中国企业

2018年12月6日，华为公司首席财务官孟晚舟在加拿大温哥华被捕。2019年1月29日美国正式向加拿大政府提出引渡孟晚舟的请求。孟晚舟事件不是一起普通的司法案件，而是严重的政治事件，是美国动用国家力量抹黑和打压特定的中国企业，扼杀中国企业的正当合法经营，这背后有很强的政治企图。

从总体上看，近年来，美国及西方敌对势力对我国的西化、分化政治图谋在实施过程中，目标指向更为具体，通过对民众思想进行渗透、对政府政策进行攻击、对历史进行歪曲、对领导人进行丑化、对一些人和组织进行支持、对干群关系进行挑拨、对群众情绪进行煽动等策略达到其目的。历史和现实都告诉我们，资本主义国家的本性没有改变，无论是"遏制战略""和平战略""促进民主战略"，还是"超越遏制战略""民主扩展战略""接触战略""打压战略"等都是西化、分化战略的表现形式，西方大国企图利用这种战略实现消灭社会主义制度的总体目标。

（二）西方国家对我国高校进行意识形态渗透的主要途径和手法

"高校是意识形态工作的前沿阵地，青年师生是敌对势力对我进行渗透分化的重点人群。"[①] 近年来，西方国家利用他们长期推行西化分化战略形成的累积效应，凭借他们长期垄断国际话语权的优势，依靠他们文化霸权的强势地位，加紧对我国高校进行意识形态渗透。高校是知识分子最集中的场所，是多种思想文化的集散地，高校师生思想活跃，对一些新思想、新理念、新观点接受快。同时，在高校中，极个别教师在不同的场合宣扬西方理论观点，推崇西方生活方式，散布一些自由化言论。西方国家在对我国实施西化、分化政治图谋的过程中，把高校作为一个重要突破口，在一定程度看，高校也是西方国家推行西化、分化政治图谋的重点领域。近年来，一些国家把中国的发展壮大看作对其制度模式和价值观的挑战，加紧对我国进行渗透分化，方法手段更加隐蔽多样，高校宣传思想阵地管理的难度进一步加大。西方国家对我国高校实施西化、分化政治图谋呈现下列趋向。

1. 通过合作研究项目、科研经费资助的方法对我国高校进行意识形态渗透

这些年来，针对西方国家对我国高校意识形态的渗透，我国采取了一系列积极有效的对策，防范意识增强。西方国家一些敌对势力认识到，对中国高校

---

① 袁贵仁. 把握大势 着眼大事 努力做好新形势下高校宣传思想工作［N］. 中国教育报，2015 - 02 - 02.

进行赤裸裸、明目张胆的意识形态渗透越来越不现实，受到的阻力越来越大，而且效果适得其反，因此，他们变换了手法，渗透的手段更加隐秘、更加合理，更易于被中国高校所接受，这其中一个有效的途径就是与中国高校合作，共同研究一些项目，并给中国学者相当数量的经费支持，这种做法适应了我国高校对外交往的需要，也符合相关的规章制度。在这种情况下，我国有些高校对一些国外合作项目放松了监管，失去了戒备心理，甚至还认为是学校对外交流的重要成果，并加以鼓励、支持。但在与外国的合作中，一些研究课题特别是一些有关经济、社会、文化等方面的研究课题，由于中国高校一些参与者缺乏应有的政治意识、底线意识，或者一味地追求标新立异，或者为了争取在外国发表等，很容易出现这样的结果：这些研究成果的内容、所提出的观点带有很强的亲西方特色，甚至得出西方所需要的结论，使西方国家在学术研究的旗号下，达到了意识形态渗透的目的。

2. 通过资助贫困大学生，使部分大学生亲近西方

由于我国各地经济发展状况不同，每个大学生的家庭情况不同，在大学生中还有部分贫困大学生，虽然很多高校为解决这部分大学生的实际困难或者减免学费，或者安排一些勤工助学的机会，尽可能提供必要的帮助。但是国外一些势力，为了在大学中培植势力、扩大影响，便把这部分贫困大学生作为拉拢的对象，其主要手法就是为这些贫困大学生提供奖学金、助学金、无息贷款、直接资助等，定期与这些大学生进行学习、生活、就业等方面的座谈，久而久之，这些贫困大学生对资助国产生了亲近感，逐渐接受这些国家的文化、价值观念，并且自觉或不自觉地在其他学生中传播、传染这种思想倾向。西方对高校的这种渗透既是一种看似人性化的方式，又起到了以点带面的作用。因此，在防止西方势力对高校意识形态领域"微观"渗透方面，我们还需要把工作做细、做实。

3. 通过讲座、论坛、沙龙、学术交流活动进行意识形态渗透

科研和学术活动是高校的一项重要活动，也是高校的一项重要职责，高校不仅要传播知识，还要创造知识，高校教师作为一支重要的知识分子队伍，要把学术研究作为自己一项基本的工作任务。大学生正是长知识、增才干的时期，为获取更多的知识，除了上课、读书之外，还需要参与一些学术活动，扩大视野、启迪思维。因此，开展各种形式的学术活动，营造一种特有的学术氛围，是大学文化的一个特定要求。讲座、论坛、学术交流等活动是一些学者传授知识、展示研究成果、传播学术观点的重要载体和平台。近年来，我国高校对外学术交流日益频繁，邀请国外学者来华讲学的人次越来越多。许多外国高校的

学者登上我国高校讲坛，介绍自己的最新研究成果。在这个过程中，国外学者给我们很多有益的启发，开拓了我们的研究思路，对我国高校学术研究起到了很大的促进作用。但不能否认，在这种学术活动中，西方国家一些学者打着学术研究自由的旗号，在高校论坛、讲座中，传播西方价值观，宣扬西方生活方式的优越性，发表一些对我国党和政府不利的言论，有的还散布一些不利于我国民族团结的观点。西方一些势力通过学术活动传播其价值观念，具有很大迷惑性、诱惑性，一些具有意识形态偏见的学者来华讲学时，常常得到部分高校师生的信奉和追捧。对于西方势力通过学术交流活动这种既合理又合乎规定的方式传播西方文化，我们须慎重对待，保持清醒头脑。

4. 通过人员交往潜移默化地传播西方价值观和生活方式

近年来，我国高校与国外高校的人员交往规模不断扩大，频次越来越高，人员交往的主要形式是互派留学生、接受访问学者、教师进修、定期讲学、参观访问、共同举办活动等。多种途径的人员交往加强了我国高校与外国高校的联系，促进了我国高校的教学、科研工作，拓展了办学思路，扩大了我国高校的知名度、影响力。但是，要认识到，国外高校特别是西方发达国家一些教师、大学生来华后，他们自觉或不自觉地在我国高校中传播西方的生活方式和价值观念，把西方的文化也带到了我国大学校园。一些留学生、外籍教师长期与我国大学生交往，不仅是在课堂上，还在现实生活中交谈、开展活动、旅游、社交等，他们潜移默化地对我国大学生的思维方式、行为方式、交往方式、生活方式等方面产生深刻的影响。尤其是部分大学生对西方国家有一种崇拜心理，认同西方的某些文化和价值观，在这种情况下，这部分学生就更容易受到西方国家留学生和教师的影响。另一方面，近些年来，我国高校每年到国外大学做访问学者或留学的人数越来越多，这些出国留学人员在外国生活学习少则半年，多则几年时间，他们在国外学习、生活期间，深受所在国家思想文化的影响，一些人对留学国家有很强的亲近感、认同感，他们在国外所接受、学习的思想文化，既有与我国主流意识形态相符合的内容，也有与我国主流意识形态相悖的内容。这些归国留学人员在传播外国思想文化方面，具有很强的影响力、说服力，一些大学生往往会直接受到这方面的影响。随着我国出国留学人员的频繁派出和大量回归，国外思想文化通过归国人员的传播问题，是一个应引起高度重视的高校意识形态现象。

5. 利用非政府组织，开展"松土运动"，加紧对我国高校渗透

从总体上看，西方敌对势力对我国高校传播意识形态的途径越来越多，方式越来越具有迷惑性。西方国家在冷战时期常常通过政党、政府、议会发表声

明、做出决定或公开发表言论，对我国进行政治攻击和思想煽动，明目张胆地进行意识形态和文化入侵，这种方式很容易激起我们的反击。虽然目前西方国家在有些场合也对我国党和政府的政策指手画脚，时常在人权、民主、民族、宗教等问题上对我国进行攻击，但是，他们也感觉到这种赤裸裸的指责、攻击，在意识形态渗透方面所起的作用有限，甚至还适得其反。因此，在对我国进行意识形态渗透方面，西方国家不得不变换手法，采用一些我国民众更容易接受的方式。在对我国高校进行意识形态渗透方面，近年来，西方敌对势力很重视把非政府组织作为传播西方文化的载体，西方国家对这些组织的幕后资助和推动力不断加大，如美国民主基金会、桥梁基金会等，变相在我国设立办事机构，打着环保、扶贫、医疗、慈善等旗号，通过一些合作项目、基金项目等向我国高校渗透。非政府组织所从事的事业往往是一些公益性事业，对于这些事业我国高校师生都比较感兴趣，也是我国的一些社会热点问题，因此在高校与非政府组织这方面的合作项目中，易于形成远离意识形态的误区，学生在不知不觉中遵循西方的规则，进而接受西方的思想。对此，必须保持高度警觉。

6. 力图把一些国际热点问题引入我国高校，借机煽动街头政治

当今世界各种矛盾相互交错，国际形势复杂多变，国际热点问题层出不穷，国际热点所涉及的问题不是孤立的，既涉及不同国家之间的利益、安全问题，也与一定国家的国内问题相关联。随着我国国际地位的不断提高，国际影响越来越大，与之相联系，一些国际热点问题，特别是我国周边的国际热点问题对我国的影响越来越敏感。高校师生对国际热点都非常关注，具有高昂的爱国主义精神，西方一些敌对势力为了达到自己的目的，力图把一些国际热点引入我国高校，以引发波动、混乱。如2008年美国发生"占领华尔街运动"，2009年乌克兰局势动荡，2016年叙利亚危机及朝核问题、2016年底韩国"萨德事件"，2017年8月中印边界军队对峙事件等。这些国际热点在高校师生中都有很高的关注度，西方一些别有用心的人借助这些事件，煽动师生情绪，鼓动街头政治，借机制造混乱。高校师生应当理性爱国，不能被这些势力的煽动所蒙蔽。

7. 通过互联网加紧对我国高校进行思想文化渗透

在高校的教学、科研、交往及社会生活中，互联网应用程度很高，高校师生是网民中最重要的群体之一，网络中一些信息、思想观点在高校师生中流传发酵很快，因此，在互联网时代，西方敌对势力特别注重通过互联网对我国高校进行思想文化渗透。西方敌对势力通过互联网对我国高校进行思想文化渗透的手法是多种多样的，主要有：散布虚假信息、反动信息、负面信息，引发高校师生思想混乱；雇用写作推手、培植亲西方的意见领袖，炒作社会热点，对

高校师生形成一种错误的舆论和价值导向；建立一些网站，直接宣传西方的价值观和生活方式，对我国高校师生的思想观念形成直接影响；发表一些攻击中国、抹黑中国的文章，混淆视听，搅乱我国高校师生思想，消解大学生的民族精神，动摇大学生的理想信念；通过设置议题、网络视频、网络讨论等一些有吸引力的形式向高校师生传播西方文化、价值观念和生活方式。互联网是西方国家对我国各个领域进行思想文化渗透的有效工具，更是对我国高校进行意识形态渗透的有力工具和重要途径，因此，互联网中的意识形态斗争是长期的、复杂的、艰巨的。高校意识形态工作必须高度重视互联网的作用，否则就要落后于时代，就会处于被动地位。

（三）西化分化政治图谋的实施对我国高校意识形态工作领导权、话语权的危害性

1. 增大了我国高校意识形态工作领导权、话语权的压力

我国高校肩负着学习研究宣传马克思主义，培育和践行社会主义核心价值观，为实现中华民族伟大复兴的"中国梦"提供人才保障和智力支持的重要任务。我国高校意识形态工作领导权、话语权的主要职责是巩固高校马克思主义意识形态阵地，巩固高校师生团结奋斗的共同思想基础，保障我国主流意识形态在高校的主导地位。在复杂的国际国内思想文化环境下，要完成这样的职责，面临越来越多的冲击和挑战。其中，西方国家推行的西化、分化战略对我国高校意识形态工作领导权、话语权挑战最为突出，因为这一战略的直接目的就是对我国渗透西方意识形态，危害我国政治稳定，危及甚至颠覆我国的政权，并且这一战略实施过程在我国高校意识形态领域造成了严重影响，我国高校在不同程度上出现"西化"现象，相当一部分大学生很容易受到西方价值观和生活方式的影响，个别大学生存在崇洋媚外心理，个别教师宣扬资产阶级的自由观、民主观、人权观。随着我国对外交往的不断扩大，我国高校与国外的各种交流也更加频繁，国外各种思想文化对我国高校师生的影响也呈现扩大趋势。因此，在这种情况下，我国高校意识形态工作领导权、话语权的实现面临更多的新课题和更大的压力。

2. 增加了我国高校意识形态工作领导权、话语权的难度

高校意识形态工作是一项复杂的系统工程，要有效实现高校意识形态工作领导权、话语权需要做多方面的工作，包括构建好高校意识形态工作领导制度、掌握好高校内部的多种意识形态工作阵地、做好高校师生的思想政治工作、抵制多种错误思潮的侵蚀等。西方大国对我国高校进行意识形态渗透，使西方的

大量思想文化涌入我国高校，这就使我国高校意识形态工作任务更加繁重，需要解决的问题更多，一些意识形态问题解决的难度更大。也就是说，要有效实现我国高校意识形态工作领导权、话语权，不仅要解决好来自国内意识形态的问题和要求，还要积极有效地应对国外意识形态的冲击，需要把国内问题、国际问题结合起来做好高校意识形态工作，提高驾驭意识形态工作的能力。

3. 直接危害我国高校意识形态工作领导权、话语权

西化分化战略对我国高校意识形态工作领导权、话语权的危害具有直接性，这是该战略的目的和内容所带来的必然结果。西化分化战略实施的根本目的就是要改变我国的社会制度，取消中国共产党的领导地位，把中国演变为一个西方式的国家，最终把中国纳入西方资本主义体系。这一战略最主要的内容就是向中国传播西方的政治文化、价值观念。这样的目的和内容都会给高校意识形态工作领导权、话语权带来直接危害。高校意识形态工作领导权、话语权最根本的一点就是坚持中国共产党对高校意识形态工作的领导，如果削弱和取消中国共产党对高校意识形态工作的领导，那么高校意识形态工作领导权就会旁落，这也正是西化分化实施者所希望看到的。西方敌对势力与我国争夺高校意识形态阵地，其最关键的就是争夺高校意识形态工作领导权。高校意识形态工作话语权实际上是一种对高校意识形态的一种支配力、控制力、引导力，话语权与领导权是不可分的，掌握了领导权就能有效地掌握话语权，而话语权的掌握又有助于巩固领导权。西化分化战略实施的一个主要目的就是在高校师生中强化西方价值观的影响力、支配力，进而危及、争夺与我国主导意识形态的话语权。因此，不管西化分化战略的实施者采取什么手法，我们对这一战略的实质都要有一个清醒的认识，以采取有效措施抵御西方意识形态对我国高校的渗透。

五、市场经济的负面效应对我国高校意识形态工作
领导权、话语权的消解性

高校不是在一个封闭的环境中生存、发展的，而是与社会环境融合在一起。从国内环境来看，我国高校是在我国市场经济环境下运行的，我国高校的发展状况其中包括思想文化状况，不可避免地受到我国市场经济发展的影响。

社会主义市场经济的建立和发展激发了市场主体的活力，调动了企业和劳动者个人的积极性、主动性和创造性，促进了我国生产力的发展，因此国家经济实力迅速增长，国家面貌也发生了翻天覆地的变化。市场经济不仅促进了我

国生产力进步和经济发展，也对我国的政治、文化、社会生活带来深刻的影响。市场经济的影响具有两面性，在充分认识到市场经济的经济作用的同时，要客观认识到市场经济的负面效应。市场经济对我国思想文化领域的影响是深刻的，促进了我国思想解放、思想观念更新，但是，市场经济的发展也不可避免地产生一些消极、颓废的思想意识，封建主义及消极、落后的思想文化会沉渣泛起，资本主义腐朽、反动的思想文化会趁机而入，社会上的一些丑恶现象也会反映到高校意识形态领域，面临市场经济发展的复杂环境，我国高校意识形态工作领导权、话语权必定面临新的挑战与问题。"随着改革开放的不断推进，人们思想活动的独立性、选择性、多变性、差异性日益增强，社会思想空前活跃，各种思想观念相互交织，各种文化相互激荡，社会意识出现多样化的趋势，错误思想的影响难以避免。"① 马克思主义意识形态统一思想、凝聚力量的任务加重。这一时期往往会出现许多新的社会问题，这些新的社会问题又会对高校师生的思想观念、价值取向、政治认同产生负面影响；同时，这一时期也是社会思潮滋长、蔓延的活跃期，各种社会思潮的传播速度加快，传播途径增多，影响的受众扩大，高校意识形态工作领导权、话语权也会受到更大的冲击。在社会转型时期，我国社会生活多样、多元、多变的特征日益凸显，信息流动更加频繁，影响人们思想和行为的因素增多、渠道扩大、程度加深。社会开放程度日益提高，国外思想文化的影响也日趋扩大，不同思想文化之间的碰撞加剧。市场经济条件下，我国思想文化领域的复杂态势对高校意识形态工作领导权、话语权的实现提出了新要求。

（一）市场经济导致的社会多样化趋势使我国高校意识形态工作领导权、话语权的实现面临新问题

市场经济的发展对我国社会的一个重要影响就是促进了我国社会多样化发展，我国的社会经济成分、组织形式、就业方式、利益关系和分配方式日趋多样化，这种多样化必定对人们的思想观念产生多方面的影响。

1. 当前我国社会多样化趋势的具体表现

第一，我国社会经济成分多样化。改革开放以来，特别是发展社会主义市场经济以来，我国彻底打破了单一的公有制格局，形成了公有制为主体、多种所有制共同发展的局面，多种所有制经济在市场经济中共同竞争，我国的经济

---

① 中共中央文献研究室. 十六大以来重要文献选编：上［M］. 北京：中央文献出版社，2005：530.

基础发生重大变化，近年来，我国私营经济保持了平稳快速发展。截至 2016 年底，全国私营企业户数已达 600 万户以上，占全国企业总数的 60% 以上，在全国工业增加值中私营经济产值增长率居首位，在个别城市中对工商业增长的贡献率已经超过 60%。全国实有个体工商户 4311.57 万户。市场经济和多种所有制经济的发展，为我国经济和社会发展注入了强大活力，与此同时，也带来了各种所有制之间的矛盾，在企业改制过程中引发了多种利益纠纷。

第二，我国的城乡结构发生重大变化。工业化和城市化的快速推进，推动着我国社会的转型，由传统的城乡二元社会经济结构转向现代社会经济结构。进入 21 世纪的前五年，我国城市化率提高 6.8%，我国城市化水平从 2000 年的 36%，上升到 2010 年的 45% 左右，2017 年我国城市化率达到 58.52%，2018 年达到 59.58%。这种社会结构转变的速度和深刻程度在中国历史上是空前的。经济发达国家都经历过类似的社会结构转型过程，但现在中国社会结构转型所涉及的人口规模，在世界上是绝无仅有的。社会结构转型是经济发展的结果，也为经济持续发展提供了广阔的空间，但同时伴随着多重的社会矛盾，城乡关系、工农关系也更加复杂。"西方工业化国家在二三百年内，围绕工业化、城市化陆续出现的问题，在我国加快工业化、城镇化进程中集中凸显了。"①

第三，我国社会阶层结构发生深刻变化。经济体制变革也引发了利益格局的调整和社会的分化，产生了新的社会阶层和不同的利益群体。中国社会科学院课题组根据社会群体占有各类资源的情况的调查研究认为，改革开放以来我国出现的新的阶层主要有：国家与社会管理者阶层占 2.1%；经理人员阶层占 1.6%；私营企业主阶层占 1%；专业技术人员阶层占 4.6%；办事人员阶层占 7.12%；个体工商户阶层占 7.1%；商业服务人员阶层占 11.2%；产业工人阶层占 17.5%；农业劳动者阶层占 42.9%；城乡无业失业半失业阶层占 4.8%。② 1978 年，在我国 4 亿多从业人员中，第二产业从业人员 6900 多万人，占 17.3%，第三产业从业人员近 4900 万人，占 12.2%。近 40 年之后，到 2016 年，在全国 7.7 亿多从业人员中，第二产业从业人员达到 2.2 亿人，占 28.8%，第三产业从业人员达到近 3.3 亿人，占 43.5%。随着工人队伍总人数的大幅度增加，工人队伍的结构也发生了三个显著变化。一是，农民工成为工人队伍中庞大的新生力量，2016 年全国农民工的总量达到 2.82 亿人。在整个非农从业人员

---

① 中共中央文献研究室. 十六大以来重要文献选编：下［M］. 北京：中央文献出版社，2008：896.

② 陆学艺. 当代中国社会阶层的分化与流动［J］. 江苏社会科学，2003（4）.

中，扣除党政干部、事业单位从业人员、社会组织从业人员等之后，约占工人队伍的60%。二是，服务业工人的人数超过了工业工人，成为工人队伍中人数最多的部分。改革开放初期，服务业工人是三次产业中从业人员最少的部分，而到2016年，服务业工人的人数不仅超过了工业工人，也超过了农民。特别是随着以通信、金融、物流、电子商务、房地产为主体的现代服务业的快速发展，一支与新技术、新业态密切联系的有别于传统体力劳动工人的新型工人队伍迅速成长，人数已达数千万人。三是工人队伍中的国有企业职工比重较大幅度减少，其经济社会地位分化较大。改革开放初期的1978年，我国工人中大约75%是国有企业工人，25%是集体企业工人，几乎没有其他所有制形式的经济组织。改革开放后的前十几年，经过国有企业改革和多种经济成分的大发展，国有企业工人的人数大幅度减少，到2015年，全国6200多万国有部门从业人员中，扣除700多万党政机关公务员、3000多万国有事业单位人员等，国有企业工人实际已下降到只有3000多万人，集体企业工人也只剩下400多万人，而私营企业、港澳台资企业、外资企业和各种非国有控股的混合所有制企业的工人，达到近2亿人，其中私营企业工人有1亿多人。经过近40年的发展变迁，到2016年，在全国13.7亿多人口中，有6亿多农民（农村居民），占42.6%，而在全国7.7亿多从业人员中，有2.2亿多农民（农业从业人员），占27.7%。在近40年改革开放中，尽管人口总量增加了5.8亿人，但农村居民和农业从业人员的绝对数都减少了，比例数更是大幅度地减少。近几年来，随着一些新经济组织和新社会组织大量涌现，又出现了民营科技企业的创业人员和技术人员、受聘于外资企业的管理技术人员、个体户、私营企业主、中介组织的从业人员、自由职业者等新的社会阶层，特别是近几年随着我国城市化进程的加快，我国又出现了庞大的农民工群体。阶层的划分是相对的，不是绝对的，依据不同的标准划分的类型也各不相同，而且，随着社会的发展还会不断出现一些新的阶层。尽管在理论上把我国划分为哪些阶层存在不同的学术争论，但我国社会正在逐步阶层化已成为不争的事实。2015年颁发的《中国共产党统一战线工作条例（试行）》对"新社会阶层"做了新的概括，归纳出三种人：一是，私营企业和外资企业的管理人员和技术人员；二是，社会组织从业人员（包括律师、会计师、评估师、税务师、专利代理人等以及社团、基金会、民办非企业单位从业人员）；三是，自由职业人员和新媒体从业人员。该文件强调，他们是"统战工作新着力点"。此外，一些不断产生、翻新和扩张的"新社会群体"，也被媒体冠以一些新称号，如"北漂""海归""海待""散户"等。这些新社会阶层和新社会群体，有的是伴随社会结构的发展趋势不断成长的，有的是经常变动不居的。2016 年，全国新社会阶层约有 5000 多万人，他们在社会上影响不断增强。

第四，分配方式多样化。在计划经济模式下，单一所有制和分配上的平均主义使社会成员的收益差距缩小，社会利益结构表现出高度整体性，在整体利益的协调与控制下，个体之间在利益分配上呈现出单一特征和均衡化特征。随着市场经济发展和社会结构转型，社会利益结构由平均化转向多元化，平均主义、"大锅饭"式的分配制度基本被打破，按劳分配为主体、多种分配方式并存的格局不断发展，劳动、资本、技术和管理等要素参与分配的新制度已经形成。

第五，我国社会组织形式发生新变化。随着社会主义市场经济的发展，我国出现了各式各样的社会组织和经济组织，如各种行业协会、个体劳动者协会、消费者协会、商会以及大量的学会、联合会、研究会等，以社会组织为例，据民政部发布的 2014 年社会服务发展统计公报，截至 2014 年底，全国共有社会组织 60.6 万个，比上年增长 10.8%；吸纳社会各类人员就业 682.3 万人，比上年增加 7.2%。全国共有社会团体 31.0 万个，比上年增长 7.2%。其中：工商服务业类 34099 个，科技研究类 16923 个，教育类 11412 个，卫生类 10060 个，社会服务类 44630 个，文化类 30101 个，体育类 20848 个，生态环境类 6964 个，法律类 3270 个，宗教类 4898 个，农业及农村发展类 60202 个，职业及从业组织类 19867 个，国际及其他涉外组织类 516 个，其他 45946 个。据民政部消息，截至 2016 年一季度，全国经民政部门依法登记的社会组织达到 66.48 万个，其中社会团体 32.9 万个，基金会 4841 个，民办非企业单位 33.1 万个。作为社会力量参与社会事业的重要载体，民办非企业单位发展迅速，已经占据我国社会组织的半壁江山。民办非企业单位指企业事业单位、社会团体和其他社会力量以及公民个人利用非国有资产举办的、从事非营利性社会服务活动的社会组织。在民政部门登记的非营利性民办学校、民办医院、民办养老院、民办博物馆、民办社会工作机构等组织，都属于民办非企业单位。

第六，就业方式更为灵活。传统的"铁饭碗""统包统配"的做法已经改变，形成了劳动部门介绍就业、劳动者自主择业和自己创业互相结合、互相补充的新方式，就业方式日趋灵活，已有 60% 的城镇从业人员在新经济组织和社会组织中参与工作。

可见，随着社会主义市场经济的发展，我国的经济体制、利益格局、社会结构发生重大变化，生活方式和行为方式呈现多样和多变特征，原来同一性、均质性社会正被多样性、差异性社会取代，对马克思主义意识形态话语权的实现提出了新要求。

2. 社会多样化趋势对我国高校意识形态工作领导权、话语权的影响

第一，社会多样化趋势带来民众思想观念多样化，进而使高校师生思想复杂化。

现实生活是思想观念变革的基础，在社会多样化趋势下，人们思想的独立性、选择性、多变性和差异性增强，社会成员思想观念多样、多元、多变的趋势更加明显。习近平同志指出："改革开放以来，我国经济发展很快，人民生活水平提高也很快。同时，我国社会正处在思想大活跃、观念大碰撞、文化大交融的时代，出现了不少问题。"① 许多人在个人发展路径选择、成功评价机制和标准、价值观念取向上成多元态势，分属于不同社会发展阶段的价值观念在我国现阶段的同一时空的社会生活中大量存在着。人们可以在多元文化中自主选择，拥有独立的价值判断，社会群体开始个性多样化发展，其思维方式也具有自主性、分散性和随意性，这就"不可避免会出现社会意识的多样化，这就必须要有一个能够代表广大人民根本利益、为社会各阶层广泛认可和接受、能有效凝聚各个方面智慧和力量的共同理想"②。因此，社会多样化在一定程度上冲击甚至解构了原有的政治价值观念，这种变化对高校师生价值追求提出新的要求。在民众思想多样化、复杂化的社会实现中，如何在高校意识形态中凝聚人心、统一意志，这对我国高校意识形态工作领导权、话语权的实现提出了一些新课题。如何在求同存异中使高校师生在思想上形成社会共识，在包容多样中扩大社会认同；如何在思想观念多样化的基础上，使高校师生形成共同信念，将党的路线方针政策所包含的价值观念、理想信念有效地传递给师生，并化为高校师生的政治认同，进而统一思想、整合观念、达成共识，增强凝聚力，这成为目前我国高校意识形态工作、领导权、话语权在实现过程中必须面对的新课题。

第二，社会多样化环境中滋长了多种错误思潮，对高校意识形态工作领导权、话语权的实现带来危害。

在思想观念多样化的社会氛围下，一些错误的思想观点也在高校滋长、蔓延，正确与错误、先进与落后思想观念相互交织，新旧道德价值观相互交替、相互冲突，这就易于使高校意识形态建设出现结构性失衡，高校师生的政治信仰领域出现价值真空；在高校师生价值取向各异的情况下，部分师生政治认同

---

① 习近平. 在文艺工作座谈会上的讲话［N］. 光明日报，2015 - 10 - 15.

② 中共中央文献研究室. 十六大以来重要文献选编：下［M］. 北京：中央文献出版社，2008：789.

心理分散化，高校主流意识形态被弱化，马克思主义意识形态的感召力减弱，"社会思想多元多变，引领社会思潮的任务更加繁重"①，在高校师生中统一思想的任务加重；高校师生思想观念多样化也为各种腐朽思想在高校渗透提供了便利的思想条件，各种社会思潮抓住部分师生思想转变的时机，极力宣扬自己的观点，扩大影响范围，争夺话语权；借助于师生观念多样化，一些杂音、噪声在高校时常出现，误导师生的思想认识，这对高校意识形态工作领导权、话语权的实现造成极为不利的影响。

第三，社会多样化造成的利益多元化使高校意识形态工作领导权、话语权实现与维护师生利益联系在一起，实现难度增大。

社会经济成分、组织形式、就业方式、利益关系、分配方式日趋多样化，使不同群体在经济地位、社会角色、职能分工等方面的差异日益明显，从而导致在一个利益分化和利益博弈的社会中，易于滋长多种利益群体，使我国利益主体日益多元化。这种利益多元化也同样涉及高校领域。在利益多元化驱使下，高校中部分师生往往从自己的利益出发思考问题，对于不同的理论观点根据自己的利益实现程度加以取舍，从自己的实际利益需要和自我价值标准出发来决定思想意识取向。不同的社会阶层与利益群体必然会产生不同的利益诉求、不同的利益表达和利益维护方式，每个阶层的成员在对一些社会问题的审视上，都必然有自己的一套价值观。面对现实的利益分化，高校意识形态工作领导权、话语权不只是要在思想领域实现，而且还要切实关注高校广大师生的现实利益，这样，在实现意识形态工作领导权、话语权的过程中，才能避免空洞的说教。因此，在对高校师生进行主流意识形态的教育过程中，要维护好、实现好广大师生的利益，努力做到在实现利益的过程中树立正确的思想观念，坚定社会主义理想信念。在利益多样化的社会条件下，高校意识形态工作领导权、话语权实现既是一个思想领导问题，又是利益实现问题，这也是市场经济条件下，高校意识形态工作领导权、话语权实现的一个特点，但这无疑增加了高校意识形态工作领导权、话语权实现的难度。

（二）市场经济引发的社会问题成为高校意识形态工作领导权、话语权实现的一种消解性因素

当前，我国改革进入深水区、攻坚期，在这个时期，各种矛盾和问题叠加

---

① 中共中央文献研究室. 十七大以来重要文献选编：上［M］. 北京：中央文献出版社，2009：174.

呈现，在发展市场经济的过程中，会不可避免地出现了一些社会问题、社会热点，这也不可避免地会对高校师生的思想观念、道德、心理带来冲击，对高校意识形态工作领导权、话语权的实现造成不利影响。我国正处于经济体制转轨和社会结构调整的深刻变化时期，社会矛盾和冲突客观存在，如征地拆迁、食品安全、贪污腐败、贫富悬殊、道德滑坡等现象，会不可避免地对大学生的意识形态认知产生冲击，制约高校意识形态教育的说服力和实际效果。

1. 市场经济引发的一些主要社会问题

第一，分配不公、收入差距拉大的问题依然突出。

在发展市场经济的条件下，由于经济成分日趋多元化、分配方式更加多样化，加之体制上的不完善问题凸显，一些政策实施过程中没有很好地处理好公平与效率之间的关系，致使我国的贫富差距现象日益明显。同时随着改革政策的深化，我国资源和财富的流向也发生着深刻变化。通过税收、储蓄、人口流动及其他途径，大量农村资源不断地流向城市，政府将通过税收集中的资源大多投入大城市的建设中；企业的重组和并购，将越来越多的资金和技术、设备集中到越来越少的企业中。所有这些都从根本上改变了中国资源配置格局。由于资源配置机制的变化，社会中的一些人迅速富裕起来，而原来在改革初期得到一些利益的群体则成为改革代价的承担者。在这种社会经济环境下，社会成员的收入差别、城乡差别、行业差别、区域差别等社会差别呈继续拉大的趋势，分配格局失衡导致部分社会财富向少数人集中，收入差距已经超过基尼系数标志的警戒"红线"。合理有序的收入分配格局还没有形成，高收入和低收入者比重较小，中等收入者比重不断扩大的"橄榄型"的收入分配格局还未成型，劳动报酬在初次分配中比重持续下降，普通劳动者收入偏低，按劳分配为主、多种分配形式并存的社会主义分配制度需要进一步规范。这些分配不公现象集中表现在城乡居民收入差距较大、区域差距拉大、行业收入差距悬殊、阶层收入差距日益扩大等几个方面。2018 年 10 月 25 日，福布斯发布了 2018 年福布斯中国 400 富豪榜。其中，涉足房地产的富豪上榜人数达 100 人，房地产再次成为产生富豪最多的行业之一。城乡居民收入 1978 年为 2.57∶1，2005 年为 3.1∶1，2008 年扩大到 3.36∶1，2010 年城乡居民收入差距仍达 3.23 倍。2008 年中国各省市区职工年平均工资水平最高的是上海，最低的是江西，上海职工年平均工资是江西的 2.7 倍。据 2009 年福布斯中国财富排行榜统计，前 400 名富豪中，房地产商占 154 名；在前 40 名巨富中，房地产商占 19 名；在前 10 名超级富豪中，房地产商占 5 名。房地产行业已经成为中国财富的主要集中地。我国居民的基尼系数已由改革开放前的 0.16 上升到 1988 年的 0.382，1994 年的 0.434，

1997 年的 0.4577，2005 年的 0.45，2008 年的 0.47，2009 年已达到 0.50，已经超过了国际上公认的 0.4 的警戒线。我国 20% 的相对贫困人口的收入份额只占我国居民收入的 4.7%，而 20% 的富裕人口的收入份额高达 50%。互联网站上掀起了一波又一波的炫富大赛，豪车美女的奢靡生活引来多方关注和争议，根据国家统计局公布的数据，2014 年我国的基尼系数为 0.469，远远高于国际公认的 0.4 的警戒线。截至 2015 年，我国基尼系数下降至 0.46 左右，但依然处于较高的位置，同时也高于发达国家 0.24~0.36 的水平。据胡润研究院报告，2016 年，中国富人群体有 134 万人，仅为全国总人口的 1%，却掌管着 37 万亿左右的财富，占社会总财富的 30% 左右。

第二，就业压力依然很大。

劳动力过剩是我国社会经济发展的最大难题之一，由于城市人口不断增加，再加上农村剩余劳动力向城市的转移，以及高校毕业生的不断增加，特别是 20世纪 90 年代以来，随着城市经济体制改革的不断深入，大批的国营或集体企业纷纷改制或倒闭，致使大批的职工纷纷下岗或重新择业或自谋职业，使我国的就业问题较为突出。2008 年底以来，经济危机引发的全球性经济危机导致生产萎缩，销售停滞，许多人找不到工作或失去工作，加剧了我国的就业压力。人力资源和社会保障部公布的资料显示，"十二五"时期我国劳动人口将达到历史最高峰，为 9.97 亿。城镇平均每年需就业劳动力约为 2500 万人，岗位缺口每年将在 1300 万以上，此外还有 1 亿多农村富余劳动力，每年需要转移就业约 8000万~9000 万人，可以说就业压力是长期存在的。2013 年 9 月 13 日，李克强在英国《金融时报》发表署名文章——《中国将给世界传递持续发展的讯息》，向世界释放中国可持续增长的政策信息，同时也透露中国调查失业率为 5%。这是中国政府首度公开调查失业率。在需要就业的群体中，包括数量不小的毕业等待就业的大学生群体。据有关资料统计，2016 年全国大学毕业生达 699 万，被一些人称为"史上最难就业季"。据《2016 典范企业人才招聘状况报告》显示，100 家典范企业计划招聘 2017 届本科应届毕业生 45577 人，比 2016 年的招聘量减少 7.3%。2016 大学毕业生人数达到 699 万，是高校毕业生人数最多的一年。2017 年有毕业生 727 万人，2017 年大学生就业形势仍难好转。如果外加去年未找到的毕业生，可预计 2017 年的高校就业人数多达 810 万。2017 年上半年全国有 6.7 万家民营企业倒闭，而在 2011 年，民营企业吸纳了 34.2% 的大学毕业生。严峻的就业形势带来了严重的社会问题，在这种形势下，不仅人们的生活质量受到威胁，生存压力加大，而且人们的心理压力也会增加。一些人心灰意冷，消极避世；有些人就从遵纪守法走上了偷盗抢劫的犯罪道路；甚至有的人以极端方式发泄对社会的不满。

第三，一些重大违纪违法案件影响恶劣，反腐败斗争形势依然严峻。

改革开放以来，我们党和政府高度重视反腐倡廉建设，持续加大反腐败斗争的力度，不断取得阶段性成效，有力地保障了改革开放事业的顺利推进。特别是党的十八大以来，以习近平同志为核心的党中央从关系党和国家生死存亡的高度，做出打铁还需自身硬的庄严承诺，以猛药去疴、重典治乱的决心和勇气，推动全面从严治党向纵深发展，打虎拍蝇雷霆万钧，正风肃纪驰而不息，形成了反腐败斗争压倒性态势，党心民心为之一振，党风政风为之一新。截至2017年6月底，全国累计查处违反中央八项规定精神问题17万多起，处分13万多人。平均每天因违反中央八项规定精神被查处的问题超过100起。在截至2016年12月查处的15.53万起违反中央八项规定精神问题中，违纪行为发生在2013年、2014年的占78.2%；违纪行为发生在2015年的占15.1%；违纪行为发生在2016年的仅占6.7%。增量不断减少，充分表明中央八项规定精神在常和长、严和实、深和细中不断落地生根。全面从严治党的伟大实践，厚植了党的执政根基，锻造出具有更加旺盛生命力和顽强战斗力的党，为党和国家各项事业发展提供了坚强政治保证。同时，我们也要清醒地看到："当前一些领域消极腐败现象仍然易发多发，一些重大违纪违法案件影响恶劣，反腐败斗争形势依然严峻，人民群众还有许多不满意的地方。"① 党的作风建设具有长期性、艰巨性。历史经验表明，一旦我们在作风建设上出现放松与懈怠，不良风气就可能反弹，我们所取得的成果就会大打折扣，甚至会功亏一篑。党风廉政建设和反腐败斗争是一项长期的、复杂的、艰巨的任务。在反腐败斗争上尽管我们取得了显著成效，但是滋生腐败的土壤依然存在，反腐败形势依然复杂。

第四，社会热点问题频频出现。

社会热点问题是社会现实问题的集中反映。由于我国在体制转归、社会转型过程中一些问题没有及时处理好，或者是在改革中又出现了一些新的问题，导致一些社会热点问题出现。目前我国社会热点问题主要集中在干群关系、拆迁补偿、环境污染、食品安全、公共道德、司法公正、房地产市场等。近年来，社会热点事件频频占据了我们的视线，从毒奶粉事件到染色馒头事件，从"小悦悦事件"到郭美美炫富，以及曾经轰动全国的抢盐事件、全国性房价大涨等，无疑给广大民众带来了很大的心理负担和精神困惑。最为严重的影响莫过于这些社会热点事件所产生的负面效应的不断扩散，并由此引发的公众的困惑和不

① 习近平. 习近平谈治国理政［M］. 北京：外文出版社，2014：385－386.

安。因此，应加强对社会热点事件负面效应的扩散进行有效抑制，揭示社会热点事件的负面效应不断扩散的实质，提醒人们在复杂多变的环境中提高甄别社会热点事件的能力。

2. 社会问题、社会热点对高校意识形态工作领导权、话语权的消极影响

我国高校意识形态工作领导权、话语权的实现不只是一个思想理论问题，也是一个现实问题。每当社会热点问题出现后，都会在高校师生中引起热议，在师生中引发一些争辩，出现不同的观点，一些社会问题、社会热点的存在，在不同程度上制约和减弱了我国高校意识形态工作领导权、话语权的有效实现。

第一，社会问题、社会热点存在影响着高校师生对主流意识形态的认同。

我国高校意识形态工作领导权、话语权实际上是一种思想领导权、指导权，这种权力不是靠行政命令、靠强制来实现的，而是靠自身的影响力、靠自己的真理性、靠师生的高度认同来实现，但这些社会问题的存在很大程度上影响着高校师生对主流意识形态的认同。就业、住房、上学等社会问题属于重大民生问题，与人民群众的利益密切相关、与高校师生的利益也密切相关，是人民群众最关心的问题，也是高校师生经常关心的问题。一些备受关注的社会问题，一次次冲击高校师生的心理底线，这种现象严重影响了高校师生对我国主流意识形态的认同。

这些社会问题的存在大部分与我国的相关政策不完善、不配套有关，因此，人民群众及高校师生对这些问题上存在的不满意情绪往往表现为对一些政策的贯彻落实情况不满。腐败现象存在，党的健康肌体就会被侵蚀。能不能从根本上解决好这一问题，直接关系人心向背，关系党和国家的生死存亡。一些腐败现象引起了人民及高校师生的不满情绪，严重地损害了党和政府的形象，动摇了人们对党和政府的信任、对马克思主义的信仰、对中国特色社会主义的信心，使我国几十年恪守的理想信念受到了前所未有的冲击。"实现社会公平正义是中国特色社会主义的内在要求，处理好效率和公平的关系是中国特色社会主义的重大课题。"① 社会不公正不仅仅是一个社会问题、经济问题，也是一个政治问题、意识形态问题。这些不公正必定反映到师生头脑中，易于产生对社会的不满情绪，造成心理失衡、价值观念分散化。在政治认同减弱的情况下，一些错误的思想观点、形形色色的社会思潮就有了适宜的传播土壤，一些非马克思主义的思想观点就很容易侵蚀广大高校师生的思想和心理，这就会削弱我

---

① 胡锦涛. 在纪念党的十一届三中全会召开30周年大会上的讲话［J］. 求是，2008（24）.

国高校意识形态工作领导权、话语权实现的基础。

第二，社会问题引发的一些反马克思主义的言论，危害着我国高校意识形态工作领导权、话语权的实现。

在我国发展市场经济过程中出现这些社会问题，是因为我们的改革仍在探索之中，是一项创新性事业。在这种探索和创新过程中，我们的政策难免存在不完善之处，一些不法分子借机钻政策的空子，但这些问题并非是我国社会制度本身造成的，但这些问题与我党的根本宗旨是相悖的，也是背离马克思主义指导思想的，因此，我们党和政府在发现这些问题后，一直在采取有针对性的政策加以解决，并取得了显著成效。国内外一些别有用心的人，他们却借口这些问题的存在大肆攻击我国社会主义制度、歪曲改革开放政策，抹黑我国政府，诋毁马克思主义意识形态。他们利用民生问题，借题发挥，无限放大这些问题的负面影响，挑拨人民群众与我党和政府的关系，极力煽动人民群众的不满情绪，甚至借机挑起一些群体性事件。同时，各种错误思潮也趁机扩大自己的影响，蚕食马克思主义意识形态阵地，一些社会思潮之所以迅速传播，在高校师生中产生较大影响，在一定程度上是因为一些社会思潮也宣扬要"追求个人幸福""增强社会福利""实行良好的社会保障"，这吸引了不少师生的眼球。因此，这些社会问题的存在，不只是一个社会问题、利益问题，也会转化为政治性问题、意识形态问题。一些人利用社会问题对中国特色社会主义进行的攻击及引发的一些错误思潮，直接危害着我国高校意识形态工作领导权、话语权的实现。

第三，一些社会热点易造成高校师生思想不稳定。

在我国社会转型过程中，各种矛盾和问题叠加呈现，易于形成社会热点问题。对各种各样的社会热点问题，高校师生关注度高，社会热点问题形成后，常常成为高校师生热议的话题，由于每个人关注的角度不同、兴趣点不同，对于同一个热点问题往往在高校师生中出现不同的评论、不同的观点，可以说，每一个社会热点问题在高校的传播都会伴随一场争论。如2018年出现了很多令人关注的社会热点，部分师生常常把关注的热点问题引入课堂、论坛、讨论会等，在高校就形成一种"围观效应"，这种效应既有正面作用，也有负面影响，并且有可能对我国主流意识形态及党的方针政策的认同产生一种消解作用。比如2018年7月出现的长春长生公司违规生产疫苗事件，在全国引起很大关注，成为社会热点，受到多方面的指责，这在我国高校师生中同样引起热议，广大师生对个别企业的唯利是图，不顾法律、道德底线的行为感到愤怒和焦虑。对这一事件的热议，引发了高校师生对改革的深层思考，个别人认为，一些国有企业的改革不当是出现思想道德问题的根源，对国有企业的改革取向产生怀疑。

近年来，我国高校意识形态工作部门对社会热点问题的引领、引导不够，没有及时地发出正确的、强有力的声音，在社会热点形成后出现了不敢发声、不会发声、不及时发声的现象，任凭一些错误的、消极的言论在高校流传、蔓延。这就势必导致在社会热点的冲击下，高校师生出现思想、心理、情绪的波动，这种思想、心理、情绪的不稳定，使高校师生在一些问题上很难达成共识。高校意识形态工作领导权、话语权的实现是建立在师生思想认识一致基础之上的，思想认识的碎片化必定会减弱我国高校意识形态工作领导权、话语权实现的思想及心理基础。

（三）市场经济发展中产生的一些消极思想对我国高校意识形态工作领导权、话语权的实现带来直接危害

市场经济不仅是一种经济形态，也是一种意识形态。自主、平等、竞争、信用、法治等构成了市场经济运行准则，这些准则体现在思想观念上就形成了民主意识、法制意识、平等意识、竞争意识等。但市场经济的负面效应也会反映到精神生活中来，不可避免地也会产生拜金主义、享乐主义、极端个人主义等一些消极的思想意识。

1. 市场经济的趋利性引发了拜金主义，腐蚀着我国高校意识形态工作领导权、话语权

市场经济的行为主体总是以追求利润最大化为目的，遵循等价交换原则，市场经济自身的这种特性有可能诱发人们的趋利性，刺激人们对物质或金钱的欲求，滋长对金钱的过分崇拜心理，使人们一切向钱看，一切领域都讲等价交换，一切人际关系、社会关系都被看作金钱关系。经济生活中一些交易规则被泛化，并渗透到思想和文化领域。拜金主义是一种金钱至上的思想道德观念，认为金钱不仅万能，而且是衡量一切行为的标准。拜金主义有种种表现。在经济领域，有的人割裂经济效益与社会效益，片面追求经济效益；一些地区或部门为了自身的利益而牺牲国家和民族的整体利益、长远利益。更有甚者，一些人不择手段地追逐金钱、利益，不仅无视社会公德、践踏市场准则，甚至不惜以戕害他人生命为代价，如金融、证券领域的欺骗诈取、暗箱操作，食品、医药、房地产、建材等领域的假冒伪劣等。在政治领域，少数执政党的领导干部把手中的权力作为谋取钱财的手段，出现不少贪污腐败、行贿受贿、权钱交易、跑官卖官等腐败现象；有的以权谋私、与民争利，把小团体、本部门、本单位的利益置于群众利益之上，乱收费、乱集资、乱摊派，侵害群众利益，甚至中

饱私囊；有的贪图享受、大吃大喝、大手大脚、挥霍人民财富，甚至腐化堕落……这些行为又直接助长了拜金主义的泛滥。在文化领域，一些文化活动被简单地商品化；一些文化工作者的社会责任感缺乏；一些媒体为了所谓的市场占有率，一味迎合低级、庸俗的趣味，甚至纵容错的东西招摇过市等。

拜金主义对我国高校意识形态工作领导权、话语权具有很大腐蚀性。

第一，败坏了我国高校意识形态工作领导权、话语权实现的社会环境。我国高校意识形态工作领导权、话语权的实现离不开特定的社会环境，社会清廉、风清气正、健康向上，我国高校意识形态工作领导权、话语权就能顺畅实现，发挥的功效就大。而拜金主义盛行的社会必然是一个物欲横流、人情冷漠、尔虞我诈、人人自危的社会，是一个信仰缺失的社会，整个社会就没有了精神支柱，没有了凝聚力，社会发展就失去了意义和价值。高校虽然是教书育人的场所，但这些年来，也受到了拜金主义的侵蚀，部分师生片面地讲究实惠，忽视理想、信念，注重眼前利益，缺乏高尚的精神追求，没有了信仰、没有了精神追求，我国高校意识形态工作领导权、话语权的实现也就无从谈起。

第二，损害了我国高校意识形态工作领导权、话语权实现的政治基础。我国高校意识形态工作领导权、话语权与国家政治生活密切相关，共产党的领导、人民当家做主、社会主义法治建设等是我国高校意识形态工作领导权、话语权实现的坚强政治基础，如果这个基础受到损害，也必定会危害我国高校意识形态工作领导权、话语权。如果在政治生活中盛行拜金主义，就会大量滋长腐败现象，这种腐败现象也会蔓延到高校，近年来查处的高校中的一些腐败现象，说明了这一问题。执政党和政府失去广大人民群众的信任和支持，人民当家做主、社会主义法治建设就难以实现，这样我国高校意识形态工作领导权、话语权也会失去基本的政治基础。

第三，危害着我国高校意识形态工作领导权、话语权实现的思想条件。马克思主义意识形态本身属于一种思想文化现象，高校师生的思想状况是我国高校意识形态工作领导权、话语权实现的直接条件。而拜金主义对高校师生的思想观念、价值观念有很大的腐蚀性，在拜金主义驱使下，少数师生出现精神道德滑坡、价值危机、认同减弱，极个别人为了金钱丧失了国格、人格，甚至走上违法犯罪道路。在拜金主义思潮的喧嚣中，高校意识形态领域高尚的思想情操被淡化甚至被嘲笑，先进模范人物被亵渎，一些人混淆是非，善恶不辨，荣辱不分。在拜金主义者看来，思想教育、理想信念、马克思主义意识形态都是空洞的说教。种种现象的存在，不仅使马克思主义意识形态被淡化、边缘化，而且这种拜金主义还直接具有反马克思主义的特性，因为拜金主义是剥削阶级本性的体现，拜金主义对马克思主义理想、信念带来现实的冲击，极大腐蚀着我国高校意识形态工作领导权、话语权在实现过程中的感召力。

2. 市场经济下强烈的消费倾向和各种畸形消费行为易于产生享乐主义，消解着我国高校意识形态工作领导权、话语权

市场经济是一种消费经济，靠消费引导生产，靠消费拉动经济，市场经济的发展往往是以刺激消费为前提的。市场行为主体为更好地扩展市场，实现其利润，通过宣传、广告、名人引领等途径，刺激社会消费。西方国家借助我国发展市场经济之机大肆向我国宣扬一种"消费主义"的生活方式，不断地把这种生活方式随着产品一起灌输给正处于从传统向现代转型的中国市场，这对人们的思想观念产生很大影响，我国出现的无限消费的观念正是这种影响的反映，这种影响与我国市场经济不完善时期的负效应裹挟在一起，形成了一种畸形的消费主义和享乐主义。从客观上讲，随着社会经济的发展，人民群众的生活水平不断提高，人们的消费水平也在不断提高。社会成员消费水平的提高是一个客观的、自然的过程，不是一个人为的过程。但有些社会成员特别是青年人，不顾自己的实际收入水平，盲目追求高消费，赶时髦，在西方消费主义思想影响下，一切以消费为中心，在生活中贪图享受，不愿付出艰辛劳动，在消费主义的推波助澜下，产生享乐主义心理。享乐主义人生价值观表现为从人的自然本性出发，过分看重人生的物质享乐，认为人生的目的和意义在于追求物质享乐，把吃喝玩乐作为人生的唯一目的和最大乐趣。

享乐主义对高校意识形态工作领导权、话语权有很大的消解性。

第一，享乐主义使一些高校师生丧失精神斗志。

在享乐主义影响下，一些青年教师特别是大学生只讲生活享受，不讲财富创造，不愿艰苦奋斗，把享受与创造对立起来，个别人常常表现为缺乏远大理想，否认个人对社会的责任，主张及时享乐，只注重眼前"实惠"，把追求个人快乐看作人生第一要义，甚至少数人为追求个人享乐走上了违法犯罪的道路。大学生关系到国家发展和民族未来，大学生的健康成长是国家与民族的希望所在。中国共产党十分重视对大学生的培养与教育，我国高校意识形态领导权、话语权实现的重要对象是大学生，享乐主义对大学生的腐蚀性损害着对大学生的教育成果，危害着意识形态领导权、话语权，我们对享乐主义的这种腐蚀性必须给予高度重视。

第二，享乐主义助长高校中的奢靡之风。

在享乐主义的驱使下，部分高校及师生盲目效仿西方的生活方式、消费方式。一些明星有意无意地炫耀自己豪华的生活方式，上亿的豪宅、几百万元的

豪车等时常刺激普通百姓及高校师生的心理；有的人盲目消费，比阔气、讲排场，铺张浪费，挥金如土，挥霍无度，这对高校师生特别是部分大学生产生了十分不利的影响，使一部分大学生的价值观、荣辱观扭曲、变异，使少数大学生缺乏艰苦奋斗的精神，甚至贪图享乐，向往西方生活方式。贪图享乐必定使人丧失进取精神，享乐主义是一种颓废腐朽的思想，是与我们党艰苦奋斗的优良传统背道而驰的。享乐主义容易使一部分高校师生陷入意志消沉、缺乏进取精神的状态之中，为各种腐朽思想的传播提供便利条件，因此，享乐主义的流行极大减弱了我国高校意识形态领导权、话语权实现的精神动力。

第三，享乐主义损害了干群关系。

在享乐主义侵染下，滋长了各种腐败现象，高校系统个别领导干部利用自己的权力，进行权钱交易，侵吞国家财产，生活奢侈；少数干部贪图享受，不关心师生实际问题、实际困难，这就损害了高校干部与师生的关系。我国高校意识形态领导权、话语权行使的一个重要行为主体就是党政干部，干部自身的言行对高校意识形态领导权、话语权的影响力具有示范效应，一些干部贪图享受、生活糜烂，这是对高校意识形态领导权、话语权的一种亵渎，我国高校意识形态领导权、话语权如果让这些人来行使，其效果只能是适得其反。享乐主义一味地贪图享受，是与马克思主义的幸福观相悖的，高校各级党组织和党员干部要始终坚持"两个务必"，脚踏实地，扎实工作，自觉抵制贪图享乐、讲排场、比阔气的不良风气，大力弘扬艰苦奋斗精神。享乐主义、奢靡之风是违背我们党的性质和宗旨的，是损害党群关系、干群关系的重要根源，如果贪图享乐，奢靡之风盛行，就会严重危害党和人民的事业，也必定会损害我国高校意识形态领导权、话语权的实现。

3. 市场经济的自主性诱发了极端个人主义，减弱着我国高校意识形态工作领导权、话语权

市场经济条件下，生产者、经营者独立核算、自负盈亏，生产什么、怎样生产完全由自己决定，生产经营有很大的自主权，但这种生产经营的自主性表现在思想观念上，就是一种独立意识、自主意识，在利益的驱动下，就很容易诱发极端个人主义。这种极端个人主义以自我为中心，把个人利益放在第一位，以个人利益为标准衡量是非，作为行动的准则，甚至损人利己。随着市场经济的建立和发展，我国计划经济体制下集体主义核心价值观受到了冲击，个人主义价值观逐步被越来越多的社会成员接受，追求个人利益和个性发展已得到社会的普遍认同。

极端个人主义从多方面减弱着我国高校意识形态领导权、话语权的影响力。

第一，极端个人主义不利于我国高校意识形态领导权、话语权实现的价值基础。

马克思主义并不反对个人利益和个人价值的实现，并且主张在国家法律、道德许可的范围内，最大限度地实现好个人利益和价值，这对于个人和社会都是有利的。这在本质上就是处理好个人与社会、个人与国家、个人与集体的关系问题，但在这个问题上，极端个人主义以自我为中心，把个人利益放在第一位，甚至损害国家、社会的利益以满足个人私利。在极端个人主义支配之下，高校师生中个别人国家意识、集体主义观念淡漠；少数大学生存在着凡是对自己有利的就去做，反之，漠不关心，避而远之的现象；更有极少数师生不顾法律、道德的约束，为实现个人利益不择手段，损人利己；这种极端个人主义是有悖于社会主义核心价值观的，极端个人主义的流传损害着我国高校意识形态领导权、话语权的价值基础。

第二，极端个人主义不利于我国高校意识形态领导权、话语权实现的社会思想环境。

我国高校意识形态领导权、话语权的实现需要有一定的思想环境，这种思想环境要求广大高校师生要形成积极健康向上的精神面貌，积极培育和践行社会主义核心价值观。只有在这样良好的思想环境下，我国高校意识形态领导权、话语权才能得以顺利实现。而极端个人主义奉行个人利益至上原则，以个人为中心，这在客观上呼应了新自由主义、后现代主义、实用主义等的理论主张，并为这些思潮在高校的传播提供了有利的思想条件，因为这些思潮无不具有鲜明的个人主义色彩。若是多种错误思潮在高校传播与蔓延，我国高校意识形态领导权、话语权的实现就将处于不利的思想环境中，这会大大增加我国高校意识形态领导权、话语权实现的阻力。

第三，极端个人主义不利于我国高校意识形态工作领导权、话语权实现的精神凝聚力。

我国高校意识形态工作领导权、话语权的实现也是一个统一意志的过程，如果高校师生具有强大的凝聚力、向心力，我国高校意识形态工作领导权、话语权实现就会更加有效。极端个人主义易于造成高校师生意识涣散、精神松弛、缺乏责任意识、整体意识、国家意识，思想狭隘，造成整个国家和民族缺乏统一的精神动力和支撑力。极端个人主义严重减弱了党和政府的凝聚力，使整个社会弥散崇尚个人利益、小团体利益、家族利益、朋友利益的风气，使追逐个人名望成为一种时尚，成为人生价值实现的标志，这些追求极端个人主义的人被推崇为"成功人士"，甚至成为"名人"，成为青年崇拜的对象，而默默无闻、甘于奉献的人却遭受冷落。这本质上都是极端个人主义引起的社会精神状态的嬗变，恰恰是这种嬗变起着一种精神离散作用，销蚀着国家与民族的精神凝聚力。缺乏了这种凝聚力，就会大大减弱我国高校意识形态工作领导权、话语权的实现程度。

4. 市场经济负面效应对我国主流意识形态造成冲击，从整体上影响高校意识形态工作领导权、话语权的充分实现

市场经济在政治思想领域所产生的负面效应不仅仅限于产生了拜金主义、享乐主义、极端个人主义，除此之外，在思想领域还有多方面的负面影响，对我国思想领域的影响是深刻的、全面的，可以说，市场经济的发展会给我国主流意识形态带来整体性冲击，而这种整体性冲击，也必定会对我国高校意识形态工作领导权、话语权的实现带来不利影响。

市场经济的建立极大地促进了社会生产力的发展，促进了我国综合国力和人民生活水平的提高，然而市场经济的负面效应，也给人们带来不少的困惑。由于市场经济是以利润最大化为目的，一些单位部门把追求经济利益看作本部门的主要职责，从而忽视了应有的社会责任；一些社会成员单向度地追求功利，成为以物质占有为价值取向的"经济人"，排除经济生活之外的道德生活和情感生活；由于市场经济的竞争性，使一些人只看到竞争的一面，而忽视合作的一面，削弱了相互关怀的人文精神；随着经济体制的转轨和价值观的重构，人们的价值观出现了功利化倾向，价值评价标准趋于物化，一些人把追逐物质利益的最大化作为人生奋斗目标，这种功利化趋向直接导致价值观错位，使人们对社会主义、共产主义的远大理想逐步淡漠，社会主义集体意识冷漠，失去了对国家和社会的责任感；在发展市场经济的条件下，有人割裂经济效益与社会效益，片面追求经济效益，一些地区和部门为了地区和单位利益牺牲国家和社会的整体利益、长远利益，践踏市场规则，无视社会公德。随着市场经济的深入发展，社会成员的价值天平逐渐向注重实际和实惠倾斜，市场经济条件下经济伦理所强调的公平竞争、效率优先、优胜劣汰与社会伦理强调的奉献精神、利他主义、大公无私发生一定的冲突，马克思主义意识形态被冲击、被淡化、被重构的倾向日渐突出。马克思主义意识形态的理想信念教育、集体主义教育等社会引导整合功能，在市场经济以及自由观念等侵蚀和消解下不断弱化。

总之，市场经济的负面作用对高校师生思想观念的冲击是巨大的、全方位的，一些人不同程度地存在政治价值迷茫、政治理想模糊、价值取向扭曲、诚信意识淡薄、社会责任缺失、艰苦奋斗精神淡化、团结协作精神较差、心理素质欠佳的问题。所有这些负面效应，对马克思主义意识形态话语权形成了一种

整体性冲击。在发展市场经济的过程中，有些人把马克思主义意识形态话语体系冷漠化、把马克思主义意识形态的一些话语概念边缘化，一些人热衷于用西方的理论、西方的话语、西方学者的概念阐释我国的社会及经济问题，殊不知，这正是悄然地用西方话语取代马克思主义的话语。我国高校意识形态工作领导权、话语权离不开市场经济的大环境，市场经济负面效应对我国主流意识形态的冲击，在一定程度上也会直接或间接地影响我国高校意识形态领导权、话语权的实现。

第四章

我国高校意识形态工作领导权、话语权自身存在的问题

我国高校意识形态工作领导权、话语权在实现过程中不仅面临来自外部环境的挑战与冲击，而且受到自身存在问题的制约。高校作为意识形态工作前沿阵地，是培养中国特色社会主义事业建设者和接班人的重要阵地，我国十分重视高校意识形态工作，在高校意识形态建设中取得了显著成效，当前我国高校意识形态领域主流积极健康向上，广大师生对党的领导衷心拥护，对以习近平同志为核心的党中央充分信赖，对中国特色社会主义事业和实现伟大复兴的"中国梦"充满信心。但我国高校意识形态工作仍存在多方面不足之处，高校意识形态工作领导权、话语权在实现过程中还存在许多问题。有的地方和部门对高校意识形态工作重视不够，一些高校领导对意识形态工作抓得不紧；高校意识形态工作合力没有完全形成；高校教师教书育人能力需要进一步提高；思想政治理论课需要进一步创新；高校哲学社会科学的育人功能和学术话语体系建设需要进一步加强；对新媒体的运用能力需要进一步提升；高校意识形态阵地需要进一步规范管理；高校意识形态工作队伍的力量需要不断增强等。只有清醒地认识到这些问题，才能保证高校意识形态工作领导权、话语权有效实现。

一、一些地方及高校对意识形态工作重视不够、抓得不紧

要牢牢掌握高校意识形态工作领导权、话语权，一个最基本的要求就是高校领导要高度重视意识形态工作，真正把意识形态工作抓紧、抓实，制订出做好意识形态工作的具体措施，不断推进意识形态工作的创新，切实把意识形态工作提到议事日程。但是，我国一些地方及高校领导对意识形态工作重视不够。中国共产党在领导人民进行改革开放的过程中多次强调，越是深化改革、扩大开放，越是发展社会主义市场经济，越要重视思想政治工作，越要重视意识形态工作。但是，当前我国在意识形态工作上存在"一手硬、一手软"现象，这

主要体现在两个层面。

（一）一些地方的领导对高校意识形态工作重视不够

一些地方的领导在经济和社会发展过程中，只重视经济建设，片面追求GDP，忽视意识形态工作，自觉不自觉地把经济建设当作必须做的"硬任务"，把意识形态工作视为可做可不做的"软任务"，意识形态工作时常处于"说起来重要，做起来次要，忙起来不要"的尴尬境地。高校意识形态工作也需要有一定的人力、物力和财力的投入，没有必要的投入，高校意识形态工作的开展会受到很大制约。在实际工作中，有些部门和领导虽然在口头上重视意识形态工作，但是，缺乏必要的投入，使高校意识形态工作得不到有效保障。一些单位和部门虽然制定了高校意识形态工作的计划，但缺乏必要的监督和落实，没有具体的措施，使意识形态工作形同虚设。在许多部门的实际工作中，并没有把意识形态工作与领导的工作业绩挂钩，也没有作为考虑工作业绩的依据，思想教育工作的"虚化"现象严重。

意识形态工作的松懈，不仅使一些错误的思想观念得不到及时纠正，也为多种错误的思潮的传播、蔓延提供了有利条件，这就势必增大了高校意识形态工作领导权、话语权实现的阻力。当一种社会思潮刚刚出现苗头的时候，就要及时开展思想领域的教育和斗争，把一切错误思潮消灭在萌芽时期，就能增强意识形态工作领导权、话语权的时效性。由于一些地方和领导没有把意识形态工作放在应有的位置，也就不可能及时分析研究社会舆情动态和思想理论动态，不能妥善处理人民群众中存在的思想倾向问题，这就无形中弱化了高校意识形态工作领导权、话语权。

（二）一些高校对意识形态工作重视不够、抓得不实

意识形态工作方面"一手硬、一手软"的现象，不仅存在于整个社会，更主要的是还存在于高校工作内部。意识形态工作是党和国家一项极端重要的工作，高校作为意识形态的前沿阵地，肩负着学习研究宣传马克思主义，培育和弘扬社会主义核心价值观，为实现中华民族伟大复兴的"中国梦"提供人才保障和智力支持的任务。因此，高校领导必须高度重视意识形态工作，但是，在实际工作中，一些高校领导并没有把意识形态工作提高到应有的位置，在高校工作中，存在着重教学、科研，轻视意识形态工作的现象。这种"一手硬、一手软"现象有多方面的表现。例如，在职称评定中，就是把发表科研成果的级别、数量、教学工作量等作为量化的标准，作为"硬指标"，而教师的思想品德

则是作为可操作的软指标，在评职称的导向中，长期存在"一硬、一软"的现象，这无形中会引导教师为了评职称，只重视科研、教学这些硬任务、硬指标，而往往忽视自身的思想品德修养，这样就造成了高校意识形态基础工作薄弱。在高校系统组织的各类评估中，涉及意识形态工作方面的内容基本上都是描述性、陈述性的、概括性的，缺乏具体的要求，而其他方面的评估内容则十分细致、明确。在高校工作评估中，常常遵循这样的价值导向和原则，即"以评促建"，这就是说，通过评估发现问题，然后在实际工作中解决这些问题，进而促进学校工作的进一步发展。如发现教学中多媒体手段运用不够，在评估后学校就要加大多媒体运用方面的工作力度，解决这方面的问题。但是，在评估中，很少发现学校意识形态工作存在的问题，并提出指导性意见，可以说，高校系统进行的绝大多数评估，对高校意识形态工作的促进力度有限。这也说明了高校评估中对意识形态工作重视不够，事实上把这一工作当成了"软任务"。表现在学校领导具体工作事务中，学校领导大部分时间忙于具体工作事务，集中精力做好意识形态工作的时间很少，对整个学校的意识形态工作缺乏明确的工作计划和要求，这方面工作抓得不细、不实。

二、高校意识形态工作体制机制不健全

意识形态工作也是一个自律与他律结合的过程，在高校意识形态工作中应建立起自律与他律相互补充和促进的运行机制。在开展意识形态工作过程中，受教育者既要心悦诚服地接受正确的思想观点，也要受到某种"外力"的制约，进而使正确的思想观念得以有效的坚持，错误的思想观念得到遏制。但在我国高校意识形态工作实践中，还不能完全把意识形态教育融于制度制约之中，不能做到自律与他律、激励与约束机制有机地结合起来；意识形态工作还不能更多地同高校各方面的管理工作融合在一起；不善于采用制度化手段引导、规范高校师生的言行。这就使高校意识形态工作成果难以有效、持久地发挥作用，以致总是为解决同样的问题，使意识形态教育处于一种"循环往复"的过程中，也正是在这种反复说教的过程中，出现了"受教育疲惫"的现象，降低了意识形态工作的权威性。因此，我国高校意识形态工作领导权、话语权的实现，需要有制度保障，进而使意识形态工作领导权、话语权的实现具有根本性、规范性、稳定性。目前我国高校意识形态工作制度化建设方面仍存在一些薄弱环节。

（一）高校意识形态工作领导机制不完善

高校意识形态工作领导机制就是坚持党对高校意识形态工作的领导，保证对意识形态工作的主导权。党的领导是做好意识形态工作的关键，也是高校意识形态工作领导权、话语权实现的关键，因为高校意识形态工作领导权、话语权不是自发实现的，而是一个高度自觉的过程，这种高度自觉性集中体现在党要制定正确的高校意识形态政策、提出对高校意识形态工作的管理措施，"使各级宣传机构的领导权牢牢掌握在忠于马克思主义、忠于党和人民的人手里"①。在我国，目前多元文化竞争激烈、马克思主义意识形态主导地位还需巩固，在异质态非主流意识形态的影响不容轻视的情况下，党和国家政策与法律法规的支持与保障对高校意识形态工作领导权、话语权的实现尤显重要。

中国共产党非常重视对高校意识形态工作的领导，在这方面取得了显著的成效，但在一些具体领导措施和方式上还有待于改进和完善，当前在这方面存在的主要问题是：高校各级党委特别是"一把手"在抓意识形态工作的过程中，有时工作力度不到位，在其他工作繁重时，往往忽视意识形态工作，没有建立起责任制；有些高校党委还不能把意识形态纳入工作全局来考虑，不能摆上重要议事日程，这样就使意识形态工作成为"可有可无的工作"，成为缺乏制度保障的随意性工作；个别高校党委不能做到"守土有责"，对本学校意识形态出现的问题听之任之，甚至导致一些高校的意识形态领域"乱象丛生"，高校师生颇有不满；高校党的意识形态职能部门在对思想文化工作制订规划、配置资源、组织协调、加强指导、监督检查中还缺乏有针对性的措施，工作不到位、不尽责；有些高校的党委不能做到经常性向哲学社会科学界提出一些需要研究的重大问题，缺乏问题意识、忧患意识；不能有效发挥哲学社会科学界思想库、智囊团的作用；有些高校部门不能加强对高校宣传阵地和哲学社会科学研讨会、报告会的管理；一些高校的党委和行政部门还不能更好地密切同高校师生的联系，不能很好地关心他们的学习、工作和生活，为他们办实事、办好事。总之，高校各级党委和行政部门在领导意识形态工作中存在的这些问题，在一定程度上，制约着高校意识形态工作领导权、话语权的实现程度。

---

① 中共中央文献研究室．十六大以来重要文献选编：上［M］．北京：中央文献出版社，2005：528.

（二）高校意识形态工作责任机制不健全

高校意识形态工作责任机制就是要求高校意识形态工作部门、意识形态工作者肩负其应有的意识形态工作职责，高校主要领导要负起意识形态工作的政治责任和领导责任，制订本学校意识形态工作计划，把意识形态工作落到实处，定期研究本学校师生的思想状况，定期阅读本学校的报刊及其他出版物，发现问题及时纠正，及时把握本学校的意识形态倾向性、苗头性问题。高校的党委宣传部门要做到守土有责、守土负责、守土尽责，肩负起高校意识形态工作的具体责任，做好高校的宣传、教育等具体的意识形态工作任务。学校各个基层党团部门要保证国家及学校意识形态工作任务的落实。高校教师、辅导员等都要承担其教书育人的责任。高校意识形态工作责任机制是由多种要素构成的一个系统性机制，不只是一个方面的责任，而且是一种多方面的共同责任。

目前我国高校的意识形态责任机制还不健全，主要表现在：高校党委意识形态领导责任落实不到位，一些高校出现意识形态事件后，缺乏应有的意识形态责任追究制度；一些高校的主要领导还不能定期研究本学校的意识形态工作、研究高校师生的思想状况，对论坛、讲座、校刊、校报等意识形态阵地监管不到位，在一定程度上为一些错误观点、言论在高校的流传提供了渠道。高校的一些职能部门特别是宣传部门、学生工作部门，将大量的精力忙于具体事务，对学校意识形态工作抓得不细致、不深入，工作创新不够，意识形态工作中缺乏吸引力、感召力。高校中各个院系基层部门，对意识形态工作重视不够，缺乏明确的意识形态工作职责，不善于从本部门的具体情况出发，打造出有特色的意识形态工作亮点，甚至对上级布置的相关任务也不能有效地完成。思政课教师的责任意识还不够强，只是简单地传授知识等。

（三）高校意识形态工作预测机制不成熟

高校意识形态工作领导权、话语权的实现不仅存在空间范围，而且还要注重时间效应，只有抓住最佳的时机，才能实现事半功倍。要做到抓住时机，及时发声，占领话语制高点，就必须建立自身话语权实现的预测机制，这种预测机制主要是揭示高校意识形态工作领导权、话语权实现过程中可能出现的问题、应对措施以及一些反马克思主义思潮的滋长、传播、演化规律，使人们做到未雨绸缪，进而保障话语权的前瞻性、主动性。这种预测机制还包括对社会成员思想观念的监控、追踪、分析、预见等环节，运用好这一机制就能在复杂思想文化环境下，始终保持清醒的头脑，及时了解掌握意识形态领域的动向，牢牢把握世界文化的发展趋势，进一步增强工作的前瞻性、主动性。

我国有些高校虽然有政策研究室、舆情分析机构、新型智库、研究中心等，但这些机构的功能主要不在于对意识形态发展趋向动态分析，还不是一种真正意义上的高校意识形态方面的预测机制。目前，在高校意识形态的预测机制方面，还不能在某种社会思潮刚刚出现苗头时就及时发出警告，以便把错误思想消灭在萌芽状态，进而在对社会思潮的引领中实现高校意识形态工作领导权、话语权；在很多情况下不能有效地对社会思潮在高校的传播途径加以具体分析，以采取积极措施防止其蔓延，防止其干扰、损害高校意识形态工作领导权、话语权的实现；对我国主流意识形态的认识还停留在静态的认识和了解，还不能动态把握我国主流意识形态的变化条件和发展规律，进而对高校意识形态工作领导权、话语权的作用趋向做出前瞻性的预测；不能及时了解高校师生的思想动态、心理变化，经常分析高校意识形态领域方面的新情况、新动向、新特点，以制定积极有效的对策加强高校意识形态建设，保障高校意识形态工作领导权、话语权的前瞻性；不能准确依据社会时局变化特点，及时收集各方面的、大量的相关信息，还难以根据社会科学理论对这些信息加工整理，预测出这些信息背后的意识形态发展走向，以实现高校意识形态工作领导权、话语权的导向性；也不能有效做到对特定社会群体如高校青年知识分子群体、公共知识分子群体、留学回国教师、民主党派教师、少数民族大学生群体、贫困大学生群体等的思想状况进行跟踪研究，以保证高校意识形态工作领导权、话语权实现的针对性。

（四）高校意识形态工作批判机制不完善

从我国主流意识形态与其他社会思潮的关系来看，高校意识形态工作领导权、话语权的实现不仅是一个引导、交流、包容的过程，也是一个交锋、批判、斗争的过程。从国际上看，随着我国对外开放的不断扩大，西方意识形态对我国高校的渗透日益加剧，我国高校面临着西方文化资本、文化产品和价值观的冲击，各种社会思潮大量涌进我国高校，在这些思潮中虽然有些方面我们可以借鉴、吸收，但其中也有许多颓废、腐朽、反动的东西。这些社会思潮有的是以消极腐朽的思想消解高校意识形态工作领导权、话语权，有的则是对我国主流意识形态进行赤裸裸的攻击。因此，要保障高校意识形态工作领导权、话语权的顺利实现，就必须在高校意识形态领域对这些反动腐朽的社会思潮及观点进行坚决的批判和斗争。从国内来看，影响我国高校的社会思潮错综复杂，既有外来的社会思潮，又有本土滋长的社会思潮，还有内外混杂共生的思潮，有的社会思潮属于学术问题，有的是认识问题，还有的是思想问题，或者是政治问题。在这种复杂的思想文化环境中，要有效实现高校意识形态工作领导权、话语权，就需要对这些社会思潮区别对待。对一般的错误思潮和观点要加以有力批驳和斗争；对那些反党、反社会主义、分裂祖国的社会思潮必须旗帜鲜明、立场坚定，予以坚决的回击和批判。可见，无论是从国内还是从国际来看，高校意识形态工作领导权、话语权在实现过程中与错误、反动思潮的批判、交锋、斗争都是不可避免的，因此，在高校意识形态工作中就必须构建起一种对错误、反动社会思潮的批判机制，这是马克思主义意识形态自身发展的理论需要，是保持马克思主义意识形态的主体地位以及引导多样化社会思潮的现实需要，也是实现高校意识形态工作领导权、话语权的需要。

但在目前我国高校意识形态工作中，这种批判机制并没有很好地构建起来，致使我国高校一些教师及党政干部对一些社会思潮的传播漠然处置，不能及时加以批驳和斗争。有些高校教师及党政工作人员对一些社会思潮的危害性认识不足，甚至"集体失语"，任其泛滥，其结果是一些错误思潮有着宽松的话语环境，甚至一些错误思潮的代言人在多种场合大放厥词；还有些高校意识形态工作者由于缺乏正确的理论武器和自身的理论修养，底气不足，斗争显得苍白无力。由于没有构建起一套与错误反动社会思潮交锋斗争的常态机制、系统机制，也使得这种交锋与斗争往往成为一些有见识的高校教师的个人行为，这也难免带有个人情绪色彩。事实上，只靠一些教师个人发表一些文章、阐述一下自己的观点，凭借个人热情与情绪，难以产生有权威性的影响力，也难以抵挡一些社会思潮的蔓延；有些高校学者对社会思潮中错误观点的批判抓不住实质、击不中要害，或轻描淡写，起不到批判、警示、抵制的作用。所有这些都不利于高校意识形态工作领导权、话语权的有效实现。

（五）高校意识形态工作激励机制功效不明显

高校意识形态工作领导权、话语权在实现过程中，需要一定的动力机制，以更好地推动和促进高校意识形态工作领导权、话语权的有效实现。激励机制就是一种重要的动力机制，通过该机制，可不断调动高校意识形态工作者的积极性、主动性、创造性，不断推动理论创新，多出优秀成果、多出优秀人，激发广大高校意识形态工作者的工作热情，不断扩大马克思主义意识形态的影响力。同时，也可激活高校意识形态工作领导权、话语权的内在活力，并促使意识形态领域的理论成果更充分地运用于党和政府政策、运用于经济和社会发展。

但在实际工作中这种激励机制发挥的作用还不明显，这主要表现在：很多高校没有制定意识形态方面的奖惩措施，导致一些师生在意识形态工作中即使取得了显著成绩也得不到及时表彰奖励，少数人违背党和国家政策的言行也得不到及时惩处；相当一部分高校学生工作部门、思想宣传部门、团组织、工会、党支部等每年度评选的优秀思想政治工作者、先进工作者、优秀党员等主要侧重对教师本职工作的总结，还不能有效起到意识形态方面的奖励效果；一些高校意识形态领域的奖惩措施既缺乏政策性保障，也缺乏制度性保障，不规范、不配套；一些高校意识形态方面的奖惩措施在实施过程中不配套或流于形式，起不到奖惩的效果；对创新性理论成果宣传、奖励力度较小；由于高校意识形态工作奖励机制存在一些缺陷，一些有价值的意识形态理论研究成果难以转化为有关部门的决策，使一些优秀意识形态成果束之高阁等。

（六）高校意识形态工作整合机制运行不顺畅

我国高校意识形态工作领导权、话语权在实现过程中，需要对多种社会思潮及思想观点进行整合，在引领社会思潮的过程中实现自己的话语权。但这种引领不是简单的、机械的带领、牵领，而是一个尊重差异、包容多样的过程，要"积极探索用社会主义核心价值体系引领社会思潮的有效途径，主动做好意识形态工作，既尊重差异、包容多样，又有力抵制各种错误和腐朽思想的影响"①。在这种整合机制下，需要对多样化的社会思潮加以归类分析，对不同类型的社会思潮区别对待，对社会思潮中纷繁复杂的观点善于辩证分析，吸收借鉴其中有益的思想观点，剔除其糟粕，抵制、批判其腐朽反动的成分；还要善于对一些中性的社会思潮积极进行引导，使其朝着健康的方向演化，如对科学主义、生态主义等；对高校师生中一些积极健康的政治心理倾向，要积极主动地加以支持、保护、引导；还要注重对一些在高校师生中尚未构成体系的、分散的思想观点、思想情绪，及时加以规整，防止其造成恶劣影响。在马克思主义意识形态引领社会思潮的过程中，既需要抵御一些外来的社会思潮，如新自由主义、民主社会主义、历史虚无主义、普世价值论等对我国主流意识形态的冲击，又需要批驳、抑制一些具有本土化的社会思潮，如新儒教、新左派、殖民文化等对我国主流意识形态的腐蚀，还要遏制一些内外混合生长的社会思潮，如民族主义、实用主义、拜金主义、享乐主义、极端个人主义等对马克思主义意识形态带来的损害。为应对来自多方面、多种类型社会思潮对马克思主义意识形态的围攻、蚕食，高校意识形态阵地必须整合我国不同的意识形态资源，

---

① 胡锦涛. 高举中国特色社会主义伟大旗帜 为夺取全面建设小康社会新胜利而奋斗［M］. 北京：人民出版社，2007：33.

进而形成引领社会思潮、统一高校师生思想认识的强大凝聚力。

但这种整合机制在高校意识形态工作中却存在一些问题，这主要表现在：在对复杂社会思潮、多元化思想观点的整合中，高校意识形态工作者难以把握尊重、包容与抵制、批判的适度问题，甚至一些教师对尊重、包容和批判、抵制的内容分辨不清，结果出现了将尊重差异等同于全部接受差异，将包容多样等同于全部认同多样，将抵制错误、腐朽思想等同于全部否定各种思潮的情况。这样就造成了对社会思潮整合过程中，存在着"左"与右的思想偏差；高校意识形态领导部门对一些分散的、中性的社会思潮统摄力度不够，思想松懈，不能有效地把这些思潮和思想情绪纳入符合我国主流意识形态发展轨道；很多高校对社会思潮、多元化思想观点的整合手段和方式简单化，不能按照社会思潮生成、传播、演化的规律，及时有效地对社会思潮加以引领整合，对一些错误思潮采取的手法主要是回避、冷却、拒绝、批驳等，这实际上起不到整合的作用，也是一种消极的对待方法。整合机制不完善，就难以在多种社会思潮并存的环境下，增强主流意识形态在我国高校师生中的影响力、指导力，致使多种社会思潮与我国主流意识形态不断争夺师生、争夺高校意识形态阵地。这也就制约了我国高校意识形态工作领导权、话语权的充分实现。

三、高校意识形态教育工作还不够适应，存在不少薄弱环节

我党十分重视思想政治教育工作，并认为这是经济工作和其他一切工作的"生命线"。高校意识形态教育工作实际上就是一种思想政治教育工作。我国高校意识形态工作领导权、话语权实现的前提条件，就是让广大师生接受、掌握马克思主义意识形态基本理论，就是用马克思主义意识形态武装人民群众，理论一经掌握，群众也会变成物质力量。高校意识形态工作领导权、话语权要全面、有效地实现，就要求我国主流意识形态占领高校意识形态阵地。对于思想阵地，正确的东西不去占领，错误的东西必定会去占领，这是一条基本规律，因此，要使高校师生掌握我国主流意识形态及党的方针政策就必须加强意识形态教育工作。我国主流意识形态要占领高校思想文化阵地，不是自发实现的，而是一个自觉能动的过程，在这个过程中就要求广大高校意识形态工作者对师生开展积极的思想教育工作，把马克思主义基本理论观点灌输到人民群众中去，人民群众只有认识、掌握了马克思主义，做到真懂、真信、真用，才能有效抵御各种社会思潮的侵蚀，为实现高校意识形态工作领导权、话语权打下坚实的

思想基础。因此，意识形态教育工作在高校意识形态工作领导权、话语权实现过程中，起着基础性作用。

事实证明，在高校中卓有成效地开展意识形态教育工作，就能有效地防止错误思潮的泛滥；削弱意识形态教育工作就会为各种错误思潮的传播提供可乘之机，就会加大高校意识形态工作领导权、话语权实现的难度。近年来，我国一直十分重视对高校师生开展意识形态教育工作，高校意识形态工作坚持正确的政治方向和舆论导向，意识形态教育工作成效显著，高校师生政治素质、思想素质明显提高。意识形态教育工作的主要任务是用我国主流意识形态教育引导高校师生，巩固马克思主义在高校意识形态领域的指导地位，立德树人，在高校师生中培育和践行社会主义核心价值观。但面对新形势、新情况、新任务，高校意识形态教育工作还不够适应，存在不少薄弱环节。

（一）高校网络意识形态教育工作水平有待提高

近年来，网络、手机等新兴媒体的大量应用，为高校意识形态教育工作提供了新的手段和途径。"互联网的迅猛发展，带来了传播手段的深刻变革，已经并将继续对意识形态领域产生不可估量的影响。"[①] "充分运用新型传播手段创新高校宣传思想工作，掌握网络主动权的任务更加凸显。"[②] 但一些高校在利用网络开展意识形态教育方面，仍然有许多需要改进的方面和拓展空间。国务院《关于进一步加强和改进新形势下高校宣传思想工作的意见》中也明确指出，高校的"网络等新媒体运用能力需要进一步提升"。

在互联网日益普及的今天，我国一些高校意识形态教育工作还不能完全适应新兴媒体发展的需要，这主要表现在：在建设融思想性、知识性、趣味性、服务性于一体的网页和网站，开展生动活泼的网络意识形态教育活动，形成网上网下意识形态教育联动机制方面，有待于进一步改进；在网络化时代，网络是高校师生接收信息的一个重要途径，如何使大量健康的信息被广大师生所接受，并通过喜闻乐见的形式融入广大高校师生的工作、学习、生活中，进而发挥网络的正面效应，有待于进一步完善；在密切关注网上动态，及时了解高校师生的思想状况、建立网络舆情分析机制方面，还在进一步探索中；建立起一支高素质的网络意识形态教育队伍，形成网络意识形态教育体系，牢牢把握网

---

① 中共中央文献研究室．十六大以来重要文献选编：中［M］．北京：中央文献出版社，2006：496.

② 袁贵仁．把握大势 着眼大事 努力做好新形势下高校宣传思想工作［J］．求是，2015：（3）.

络意识形态教育的主动权，是在网络化时代高校意识形态教育必须解决好的问题；在办好高校新闻网站，壮大网上评论队伍，积极引导网上舆论，形成正面舆论强势方面，这方面的工作需要花大力气改进。多年来，我国一些高校培养了一批网络评论员，但是，既精通网络，又有很高理论素养和较高政治敏锐性的专家型的网络评论员数量很少。高校在打造网络名师名篇、名站名栏、名篇名作，掌握网络文化育人主导权方面还远远不够。此外，网络不仅能提供信息，还能提供音像画面，生动活泼，引人入胜，对应用网络中这些音像资料可大大增强意识形态教育工作的感染力，但是一些高校意识形态教育工作者在这方面下的功夫不大，成效不显著，制作的意识形态教育资料枯燥无味，至多是把一些图片搬到网上，起不到动态的效应。网络有很强的互动性，这是网络的一个优点，利用这种互动性，教育者与被教育者可以实现思想的交流、心灵的沟通，但是在日常的高校意识形态教育实践中，这种互动性没有充分利用起来。网络有很强的即时性，发现了问题，及时解决，这样意识形态教育的效果就好，相反，如果对一些新问题、新情况视而不见，错过了最佳时机，意识形态教育的效果就会大打折扣，但一些高校意识形态教育工作者不善于利用网络即时快捷的特点，因此，发挥不出网络实现意识形态教育的优势。

高校网络意识形态教育中存在的这些问题使意识形态教育工作不能充分有效地利用网络这一强大的技术手段和信息资源，使意识形态教育工作缺乏时代感，不利于意识形态教育的科学化，减弱了高校意识形态教育的吸引力。高校意识形态工作领导权、话语权的实现必须有意识形态教育工作的支撑，通过有效的意识形态教育工作，增强对主流意识形态的认同，目前网络意识形态教育是整个高校意识形态教育一个非常重要的方面，如果这个领域的意识形态教育工作滞后，就会大大制约高校意识形态工作领导权、话语权的实现。

（二）高校意识形态教育工作在贴近实际、贴近生活、贴近群众方面需要进一步改进

坚持"贴近实际、贴近生活、贴近群众"的原则和工作方式是加强和改进宣传思想工作的重要突破口，是增强宣传思想工作针对性、实效性和吸引力、感染力的重要实现途径。坚持"三贴近"原则体现在高校意识形态教育过程中，就是要坚持贴近高校的实际和高校师生的现实生活。

高校意识形态教育过程中，一些意识形态教育工作者往往偏离这一方式和原则，不善于扎根目前高校的实际，不能很好地与高校师生打成一片。意识形态教育本来就具有一定的抽象性和理论性，如果不把这项教育工作贴近高校生

活和高校师生，那么就很容易走马观花，使工作不能扎实开展，易于流于形式。在高校意识形态教育工作中仍存在着抽象化、空泛化的弊端，不能有效地把意识形态教育工作植根于丰富多彩的高校师生生活之中，不能很好地做到以实际生活为源泉，以实际生活为原点来从事高校意识形态教育工作。有些高校及部门在开展意识形态教育工作时远离高校特有的教学、科研、学生管理实际，空喊口号，起不到实际效果。还有些高校及部门不能很好地做到把开展意识形态教育工作与解决高校师生职称评定、科研工作、教学任务、子女问题、学生就业等实际困难有机结合起来，不能做到在服务师生的过程中教育引导师生，不能做到理解人、尊重人、关心人，不能很好地体现以人为本的原则。有些高校意识形态教育者在开展意识形态教育工作中只注重轰轰烈烈，热衷于"剧场效应"，形式主义色彩浓厚，而不善于做到扎扎实实。有些人在探究高校意识形态教育的方式过程中埋头于书本杂志中，而疏于到生活中去，缺乏对个体现实生活的关注，因而使思想政治教育停留于表面，成为虚假、形式和表面的说教。这种闭门造车得到的方法对开展意识形态教育缺乏实际指导意义，使意识形态教育方式最终演绎成为一种陈旧的形式主义。有些意识形态宣传教育活动存在脱离高校师生生活、不接地气、同高校师生贴得不紧的问题。例如，意识形态教育的内容空洞、抽象，忽视高校师生真实的教学实践、科研实践、学习实践和生活实践，不去贴近高校师生，不了解他们的诉求，只是单纯地从理论到理论，脱离不断变化的社会生活；有的教育者往往一厢情愿地用理论体系和抽象的概念取代活生生的实际生活，不顾受教育者的生活实践而进行抽象的理想化教育，教育效果自然低效。

高校意识形态教育工作是一个知与行的统一过程，既要重视认知教育，又要注重实践教育，既要重视课堂教育，又要重视社会实践，要做到自主参与，身临其境，在实践中引导高校师生向人民学习，了解社会，磨炼意志，成为既有崇高理想又脚踏实地为人民服务的知识分子，这是做好高校师生特别是大学生意识形态教育的一个有效方式。但在实践教育过程中，仍存在不尽如人意的地方。许多高校教育实践基地较少，远远不能满足实践教育的要求，各类博物馆、纪念馆、展览馆、烈士陵园等爱国主义教育基地面向公众的开放程度不够；已有的爱国主义教育基地和思想教育资源缺乏管理，不受重视，甚至受到玷污、损害，发挥不出应有的教育作用。一些模范人物的塑像周围环境破烂不堪；有些红色资源偏重于旅游功能、致富功能、塑造形象功能，淡化了意识形态教育功能；高校大学生参加的社会实践往往带有随意性，甚至娱乐性，没有形成严格规范的制度，使一些大学生社会实践活动流于形式，甚至是"作秀"，起不到了解国情、体察民情、增长才干的作用；那些主题鲜明、内容丰富、形式新颖、吸引力强的意识形态教育实践活动开展得较少，还不能做到通过实践活动使受教育者的思想得到熏陶、精神生活得到充实，道德境界得到提升。高校意识形态教育中实践环节的削弱，在很大程度上割裂了知与行的内在联系，减弱了高校意识形态工作领导权、话语权的实践功能。

（三）高校意识形态教育工作方法上仍存在行政化、公式化现象

意识形态教育也属于思想政治教育的范畴，从总体上讲，思想政治教育就是要解决人们的思想问题，而思想问题的解决就要做到因势利导，循循善诱，润物无声，就要多用群众的语言、多联系群众身边的事例、多用群众喜闻乐见的形式，"多用疏导的方法、群众参与的方法、民主讨论的方法"①。我国思想政治教育中这些行之有效的方法，并没有完全应用到高校意识形态教育实践中去。

一些高校意识形态教育工作者，特别是一些部门领导干部，在解决高校师生的思想认识问题时，习惯于行政命令，居高临下，动辄训人，盛气凌人；还有的工作方式僵化，不善于经常地、大量采用生动活泼的形式，而是习惯用传统的方式，"我说你听，我打你通"，苦口婆心，达到似是而非的教育效果。思想教育工作需要不断创新，但有些高校意识形态教育工作者因循守旧，不善于创新，只是沿用程序化、固定化的方式。意识形态教育的本质是做人的工作，在高校师生中，由于各自的具体情况不同、具体利益要求不同，因此，思想状况、政治心理具有很大差异性。要增强高校意识形态教育的针对性，首先就应区分层次，各有侧重。但在一些高校意识形态教育实践中，部分意识形态教育工作者还不能自觉地把先进性与广泛性有机结合起来，不能根据不同对象提出不同要求，不能做到坚持弘扬主旋律与提倡多样化的统一，这也就造成了意识形态教育中简单化、"一刀切"的工作方式。意识形态教育工作应体现人文关怀，体现对人格的尊重和人与人之间的信任，行政化、命令化、公式化的教育方式实际上是违背了以人为本的原则，难以调动受教育者的积极性、主动性和创造性，窒息了意识形态教育的活力。

意识形态教育中的行政化、命令化、公式化否定了体验式、渗透式、对话式等思想教育方式，使丰富多彩的意识形态教育活动变得生硬、僵化，制约了

---

① 中共中央文献研究室. 十六大以来重要文献选编：上 [M]. 北京：中央文献出版社，2005：545.

意识形态教育的功效。高校意识形态工作领导权、话语权不是靠行政命令实现的，而是靠真理的力量，靠高校师生对马克思主义的信仰实现的，靠行政命令的方式解决思想问题，只能适得其反。

（四）高校意识形态教育工作齐抓共管的合力还没有真正形成

高校意识形态工作是一项系统工程，从高校内部来看，高校内部就是一个相对独立的系统，这种系统工程涉及党委领导部门、宣传部门、行政部门、团委、工会、学生管理部门、各个院系等。高校各个部门都具有意识形态责任。从高校与社会的关系来看，高校意识形态系统过程涉及高校与整个社会的政治、经济、文化等多方面的联系。因此，无论从哪个角度讲，高校意识形态工作都是一项系统工程，需要形成一种合力。

在目前的高校意识形态工作实践中，意识形态工作合力并没有真正形成或者是长期形成。主要表现在以下几方面。

从高校内部来看，有些高校领导在特定时期非常重视意识形态工作，制定了意识形态工作计划、工作目标，也制定了一些具体措施，但这些计划、措施需要高校一些部门落实时，却大打折扣，有些部门借口工作忙不能及时落实，有的部门借口意识形态工作与本部门关系不大，不能积极落实。高校各个部门在开展意识形态工作方面，往往是各自为政，每个部门单位都有自己的一些有关意识形态工作的计划，彼此之间互不沟通交流；高校的行政管理、学生管理大多侧重于具体事务的管理，没有很好地做到把意识形态教育融合到行政管理、学生管理之中；有些高校在开展形式多样的实践活动中，没有很好地把思想教育内容渗透到实践中去，或注重活动的娱乐性，或注重活动对学生某种能力的锻炼，对开展活动的价值导向和思想政治功能重视不够；在有些高校意识形态工作主要是党委、宣传部门、团委、学生部门的事务，其他部门如教学、科研、统战、工会、人事、后勤等部门很少承担意识形态方面的职责，在具体工作岗位职责中也较少有这方面的要求，这些部门的本质"纯行政化"现象普遍存在，习以为常。可见，高校内部各个部门对意识形态工作齐抓共管的局面并没有完全形成。

从高校与社会的关系来看，要做好高校意识形态工作需要各个部门密切合作，协力配合，齐抓共管。在这个过程中，家庭、学校、党政机关、企事业单位、社区、村镇等都肩负着对大学生进行意识形态教育的责任。但在意识形态工作实践中存在着谁都应该管、谁都可以管、谁都不愿管的尴尬局面。高校在大学生意识形态教育中肩负着最重要的职责，但由于往往得不到家庭、社会的配合，学校意识形态教育的成效受到淡化和冲击；一些地方、部门和领导对意识形态教育工作重视不够，全社会关心支持意识形态教育的合力尚未形成；学校与家庭、社会、单位的联系沟通机制还未建立起来；党委统一领导、党政群齐抓共管、有关部门各负其责、全社会大力支持的系统性的意识形态工作体制尚未构建起来。目前意识形态工作中存在的这种"各自为政"现象，制约了高校意识形态工作领导权、话语权的整体功效。

四、我国高校意识形态宣传工作有待进一步改进

从总体上看，意识形态领导权、话语权的实现与舆论宣传工作有密切联系。舆论宣传本身就是意识形态领导权、话语权实现的一种直接形式，在大众传媒日益发达的今天，马克思主义基本理论、社会主义核心价值观、社会主义和共产主义理想信念、党和政府的方针政策等意识形态内容，就是通过舆论宣传传递、灌输到广大人民群众之中的，舆论宣传起到的"喉舌"作用实际上就是一种意识形态领导权、话语权的作用。只有不断增强主流媒体的影响力，才能巩固壮大积极健康向上的主流舆论，有效提高舆论引导的主动性。新闻媒介在传递新闻信息的同时，也大量传递着各种价值观，传播者以各种公开或隐秘的方式散布着自己的价值取向以及对报道事物的价值判断，新闻传播过程也是一个价值观传播过程。一种价值观的传播效果，又与舆论宣传方式存在直接联系。同时，舆论宣传具有很强的导向性，这种导向性的背后就是特定意识形态的指导作用，意识形态决定着舆论宣传的内容与价值导向，也是舆论宣传的目的所在。可见，意识形态领导权、话语权与舆论宣传是融为一体的，舆论宣传就是一种意识形态领导力量、话语力量。

我国高校意识形态舆论宣传工作主要是指高校自身为宣传国家主流意识形态、贯彻党和国家的方针政策、培育师生积极健康的精神风貌等所进行的舆论宣传活动，是整个国家舆论宣传工作的有机组成部分，属于一种特定领域的舆论宣传工作。高校舆论宣传工作要服从整个国家舆论宣传工作的要求和导向，又要结合高校自身的实际特点。高校意识形态工作领导权、话语权的实现，是一个动态的过程，在这个过程中，需要我国主流意识形态的传播，因为"新闻舆论处在意识形态领域的前沿，对社会精神生活和人们思想意识有重大影

响"①。通过舆论宣传，主流意识形态才能更好地为高校广大师生所熟知、所认识、所认同。高校意识形态舆论宣传工作的效果，直接关系到高校意识形态工作领导权、话语权的实现。中国共产党十分重视舆论宣传工作，也很重视高校意识形态宣传工作。近年来，我国高校舆论宣传工作收到了显著成效，在宣传国家主流意识形态方面发挥了越来越大的作用。但是，这方面的工作仍存在一些不科学的方面，这在一定程度上制约了高校意识形态工作领导权、话语权的实现。

（一）在高校意识形态宣传工作的导向方面仍存在一些值得注意的倾向

高校意识形态舆论宣传工作的导向，直接关系到高校意识形态工作领导权、话语权的实现。舆论导向错误，就会对高校意识形态工作领导权、话语权的实现带来极大的损害。高校意识形态舆论宣传工作从根本上讲，是高校意识形态工作部门特别是高校党委向高校师生传播国家主流意识形态，使广大师生接受马克思主义、拥护党和国家的方针政策，培育和践行社会主义核心价值观，这就决定了我国高校意识形态舆论宣传工作具有很强的党性原则和政治导向。

从根本上讲，我国高校意识形态舆论宣传工作能够坚持正确的政治导向，在向高校师生宣传马克思主义理论、宣传党的路线方针政策方面发挥了重要作用。但是，也要看到，一些高校的舆论宣传机构在坚持党性原则方面，在有些问题上表现得不明确、不坚定，未能始终如一地把握正确的舆论导向。有的高校舆论宣传工作者缺乏政治意识、大局意识、核心意识、看齐意识、责任意识、阵地意识，政治敏锐性、政治鉴别力不强，在一些重大问题、敏感问题、热点问题上，不能很好地把好关、把好度，在成就宣传、典型宣传、主题宣传中做得不到位、不及时、不深入。这就导致有些高校舆论宣传机构和人员在舆论宣传中追求表面轰动效应，片面迎合部分师生的需要；有时不能及时引导重大突发事件的报道，高校的新闻宣传与国家主流媒体的宣传配合不好。

舆论宣传的内容具有复杂性、多变性，要求高校意识形态舆论宣传机构及工作人员对舆论宣传的内容有准确的把握，做到具体问题具体分析，进而提高高校舆论宣传的针对性。这就对高校舆论宣传工作者的素质提出了很高的要求。但在实际工作过程中，有的高校舆论宣传工作者不能保持清醒的头脑，不能及时了解掌握当前意识形态领域的新动向，缺乏前瞻性，未能准确把握思想文化

---

① 胡锦涛.在人民日报社考察工作时的讲话［N］.人民日报，2008－06－21.

和意识形态发展的新趋势；还有的高校在舆论宣传中，不能把政治高度、理论深度与高校师生实际要求有机结合起来；一些高校宣传舆论工作者往往不能很好地区分思想认识问题、学术问题和政治问题，有时候自觉或不自觉地充当了某种社会思潮的代言人，如前些年新自由主义在我国大肆传播时，一些高校新闻媒体随波逐流，介绍新自由主义的一些基本理论观点，这种宣传报道客观上扩大了新自由主义的影响。舆论导向问题关系到高校意识形态工作领导权、话语权的基本政治效力，如果舆论导向把握不好，就会在一些重大政治问题上迷失方向，立场不坚定、旗帜不鲜明，高校意识形态工作领导权、话语权也就不可能发挥应有的作用，甚至还会发生偏差。

（二）高校意识形态宣传工作在坚持以人为本方面还不深入、不具体

高校意识形态工作领导权、话语权的实现与广大师生的利益密切相关，因此，高校舆论宣传工作必须坚持以师生为本，把实现好、维护好、发展好最广大高校师生的根本利益作为工作的出发点，这样才能增强舆论宣传的亲和力、吸引力、感染力。一种意识形态只有成为整个社会的普遍价值准则，被广大社会成员所认可、信奉，能深刻影响广大群众的日常生活实践，并成为广大群众的自觉实践，才能发挥应有的功能。高校意识形态工作领导权、话语权的实现，也需要我国主流意识形态得到高校师生的认同。

但在舆论宣传过程中，有些高校舆论宣传部门和人员未能有效地保障师生的知情权、参与权、表达权、监督权，还不能有机地把高校舆论宣传工作的价值取向与高校师生利益要求统一起来；高校一些舆论宣传工作者工作漂浮，不能做到面向高校中的学院、系、班级等基层单位，不能很好地深入师生实际、有效地服务师生，不能大量、具体地报道师生科研、教学、学习、生活等方面的实际情况，不能充分报道、宣传师生中的先进典型；有些高校舆论宣传者不能认真倾听师生意见、反映师生呼声；还有的高校舆论宣传工作者不能把党的主张与高校师生的心声统一起来，不能真正做到尊重人、理解人、关心人、帮助人，难以赢得师生的信任；还有些人在高校舆论宣传中不善于用事实说话、用典型说话、用真理说话，宣传报道的内容空洞乏味，缺乏吸引力；有的高校工作者在高校意识形态舆论宣传中不善于运用师生喜欢的语言、用师生喜闻乐见的形式等。这些问题的存在违背了在高校意识形态舆论宣传工作中要坚持以人为本、以师生为本的原则，主观色彩较浓，脱离大多数高校师生的实际和现实要求，舆论工作缺乏亲和力，这就在很大程度上减弱了高校意识形态工作领

导权、话语权的影响力。

（三） 高校意识形态宣传工作方式创新不够

高校舆论宣传阵地要有效传播党和国家的声音，维护马克思主义的主导地位，必须做到不断创新，以改革创新精神做好工作，以适应国内外形势的新变化、顺应高校师生的愿望和要求，做到"准确把握我国经济社会发展新要求，准确把握当今时代文化发展新趋势，准确把握各族人民精神文化生活新期待"①。当前，我国正处在思想大活跃、观念大碰撞、文化大交融的时期，经济发展之快，社会变化之大，矛盾问题之多，人们的思想之复杂，超出了以往任何一个时代。这些变化也深深地影响到高校师生的思想状况，因此，高校意识形态舆论宣传工作必须正视这些新变化。

近年来，我国高校舆论宣传工作尽管取得了显著成效，宣传能力大大增强，在一些重大事件的宣传报道中发挥了积极有效的作用，但舆论宣传的创新还有待于进一步增强。宣传舆论工作作为引领时代变革的事业，尤其需要突破旧的思想观念的束缚，始终与时代发展同步。在宣传舆论创新过程中，如何在适应人们的思想独立性和观念差异性不断增强的情况下，通过不断创新增强马克思主义的吸引力，解放思想、与时俱进，强化创新意识，跟上时代步伐，准确把握新形势下舆论宣传工作的特点和规律，在内容、方法、手段和机制等方面积极探索创新，增强舆论宣传的吸引力、感染力，这是当前高校舆论宣传工作必须解决好的现实课题。

从总体上看，我国高校意识形态舆论宣传工作中的观念创新、形式创新、方式创新做得还远远不够，无论是报纸、广播、电视，还是网络等宣传媒体，存在内容单一、形式呆板，对师生的吸引力不强等问题，有些高校舆论宣传部门习惯于运用传统的报道风格，行政化、模式化的宣传方式随处可见。高校宣传舆论工作既要有政治上的坚定性，又要有实现手段上的多样性、差异性，这样才能适应具有蓬勃活力的大学生群体。但许多高校在宣传舆论工作实现手段的多样性上做得不够，在宣传形式上，总存在一种程序化、公式化的倾向，缺乏自主创新、缺乏自办栏目，减弱了宣传内容的感染力。一些高校在重大活动、重要会议、重点事件和主题宣传、成就宣传、典型宣传中，工作方式创新不够，宣传缺乏现场感，感染力不强；相当一部分高校舆论宣传工作者不能很好地研

---

① 中共中央关于深化文化体制改革 推进社会主义文化大发展大繁荣若干重大问题的决定 [N]．人民日报，2011－10－26．

究高校师生的心理特点和接受习惯，不能准确进行舆情分析，不能做到主动设置议题，也就难以通过高校舆论宣传渠道对高校师生心理因势利导。正是由于创新不够，所以不能完全体现出主流意识形态与时俱进的时代特色和旺盛生命力，这在很大程度上减弱了高校意识形态工作领导权、话语权工作的感染力、吸引力。

（四）高校意识形态宣传工作新媒体运用能力需要进一步提升

当前，以互联网为标志的新兴媒体，在传播信息、宣传意识形态方面发挥着越来越大的作用。胡锦涛曾经指出："互联网已成为思想文化信息的集散地和社会舆论的放大器，我们要充分认识以互联网为代表的新兴媒体的社会影响力。"① 习近平也强调："要运用新媒体新技术使工作活起来，推动思想政治工作传统优势同信息技术高度融合，增强时代感和吸引力。"② 我国高校重视互联网在舆论宣传中的重要作用，每所高校都建立了自己的网站，同时还建立了一大批红色网站、公众微信号等，在利用新兴媒体开展舆论工作方面取得了显著成效。

但同时也要看到，我国高校在意识形态舆论宣传工作中，运用新媒体的水平还有待于进一步提高。高校重点新闻网站和主要教育网站对高校师生的教育、引导作用还未完全发挥出来，使互联网真正成为做好高校意识形态工作的新平台任重而道远。大部分高校对新兴媒体的应用与管理还缺乏经验，不能有效地防止和遏制有害信息传播；一些高校网站信息量较少，内容更新慢，网页上的内容缺乏深度、力度，形式化、表面化的东西多，缺乏对师生的吸引力，致使一些高校网站的点击率不高；一些高校网站中有特色的网页、专栏数量不多，融思想性、知识性、趣味性、服务性于一体的网页更为少见；个别高校网站未能认识自己所肩负的社会责任，缺乏文明健康的网络风气，不能为高校师生提供健康有益的绿色网络空间；在一些高校的贴吧、论坛中一些别有用心的人炒作社会热点来散布消极言论，甚至煽动师生不满情绪；面对西方的网络宣传和渗透，我国高校的网络宣传还处于劣势，在舆论宣传中往往处于被动地位。在网络化时代，人人都是新闻传播者，从而使得普通社会成员的话语影响显著提高。一些社会名流热衷于开设论坛、微博等个人网络空间，通过这个平台传播敏感信息，发表具有影响力的观点，从而成为社会公众的意见领袖，相比之下，

---

①　胡锦涛．在人民日报社考察工作时的讲话［N］．人民日报，2008－06－21
②　习近平．把思想政治工作贯穿教育教学全过程［N］．人民日报，2016－12－09.

我国高校网络媒体缺乏这样的感召力，大大削弱了高校意识形态网络话语权；一些高校在运用新媒体进行大学生思想政治工作创新方面，成效不显著，运用网络只是流于形式；高校中个别舆论宣传工作者缺乏运用新媒体的知识和能力，极大制约了运用新媒体开展舆论宣传工作。高校舆论宣传中存在的这些问题，若不能及时改进，就难以有效地通过新兴媒体实现高校意识形态工作领导权、话语权。

（五）高校舆论宣传部门在突发事件、热点问题的引导方面需要进一步改进

近年来，我国热点问题多、突发事件频发，舆论引导的难度进一步加大，迫切需要我们从群众的关注点和兴奋点入手，主动回应人民群众的关切，有效化解人民群众的疑虑，把群众情绪引入健康、理性的轨道。这对我国舆论宣传工作提出了新的挑战，要求"加强对重大群体性事件报道的管理和对社会热点问题的引导，完善突发事件新闻报道工作的快速反应和应急协调机制"①。社会热点对高校师生的思想情绪冲击较大，高校师生对热点问题比较敏感，较容易引发情绪化言论和行为，因此在高校舆论宣传工作中更应注重对高校师生在正确认识社会热点问题上的引导。

突发事件和社会热点问题的不确定性往往对师生造成很大的心理冲击和思想情绪波动，如果信息被封锁或传递速度慢，那么一些谣言就会乘机传播开来。每当突发事件、热点问题出现后，高校应立即启动宣传舆论应急机制。目前许多高校在面对校内外突发事件，特别是意识形态事件方面，没有建立起反应快捷的应急机制，对重大突发性事件、社会热点的报道或者淡化或者回避，缺乏科学分析以及合理的引导、疏导，这样就给一些别有用心的人在高校散布谣言，借机煽动不满情绪提供了余地。高校舆论工作部门在引导高校师生对突发事件、社会热点问题进行全面、客观、理性的认识方面，做得还不到位、不及时。近年来，由于诸多原因突发事件增多，如自然灾害、公共卫生事件、社会道德、部门腐败、个别干部的丑闻、重大交通事故、生产安全事故等，这些热点虽然是在社会上发生的，但高校师生都非常关注。对这些热点的认识，一方面，要靠我国主流媒体的报道、引导；另一方面，高校作为知识分子集中的场所和部门，应有责任、有能力、有必要对于这些社会热点问题组织本校相关的专家学

---

① 中共中央文献研究室．十六大以来重要文献选编：中［M］．北京：中央文献出版社，2006：495.

者，进行科学的分析阐释，针对高校师生存在的困惑、疑问，面对面地对社会热点问题加以阐释、引导，效果会更加显著。每当社会热点或突发事件出现后，学生总是喜欢问正在给自己上课的老师，学生非常渴望自己身边的老师、导师对这些问题进行解疑释惑。但是，很多高校的舆论宣传工作部门及领导并没有及时组织本学校的专家向师生科学地解释社会热点，尽管有些教师对学生解释、分析社会热点问题，但只是一种个人行为，而不是学校一种有组织的行为，其效果和影响面都受限制。这样，有些高校在应对社会热点和突发事件时就出现了一种奇怪现象：本校的专家在忙于在校外的多种媒体发表自己的观点，帮助社会成员正确认识社会热点、疏导公众情绪，对自己身边的学生却不能及时教育引导。这种现象的出现，主要还是高校舆论宣传部门及相关领导重视不够，认识不到位。因此，注重利用高校有利条件、丰厚的资源，加强对社会热点问题认识的引导，是高校舆论工作需要解决好的一个具体问题，否则会减弱高校意识形态工作领导权、话语权的实现。

五、我国高校意识形态工作领导权、话语权创新不够

任何一种意识形态只有赢得领导权、话语权，才能使自己倡导的价值观念产生影响力、感召力，才具有为社会"立言"的权力，进而领导、整合、统摄、引领其他社会思潮。"统治阶级的思想在每一时代都是占统治地位的思想。这就是说，一个阶级是社会上占统治地位的物质力量，同时也是社会上占统治地位的精神力量。"① 统治阶级掌握着国家的经济命脉，控制着国家政治生活，也就必然在意识形态领域占据主导地位，进而形成自己强大的话语体系，使民众在这种话语体系下尊奉着符合统治者要求的思维方式、行为方式、生活方式。意识形态领导权、话语权不仅取决于所依存的阶级地位，还与自身的影响力有关，一种意识形态的领导权、话语权往往与其创新能力、适应时代发展能力、回应现实问题的能力密切联系在一起。处于同一政治地位的意识形态影响力的大小，与意识形态的创新有直接关系。

我国高校意识形态工作领导权、话语权的实现，首先就要靠我国主流意识形态自身理论的真理性、正确性，"理论若想说服人，就要彻底"。这就要求理论不断创新、不断丰富发展自己的理论内涵，这样的理论才更"彻底"，更符合

① 马克思，恩格斯. 马克思恩格斯选集：第1卷［M］. 北京：人民出版社，1995：98.

现实，也就更有说服力。但是，我国主流意识形态的创新主要是在一些宏观理论方面。就高校意识形态工作来讲，高校哲学社会科学的育人功能和学术话语体系建设需要进一步加强。对此，习近平明确指出："面对新形势新要求，我国哲学社会科学领域还存在一些亟待解决的问题。比如，哲学社会科学发展战略还不十分明确，学科体系、学术体系、话语体系建设水平总体不高，学术原创能力还不强。"① 这种现象具体表现在高校意识形态工作领域，主要有以下几个方面的不足。

（一）在回答一些具体的现实问题中，高校意识形态工作需要理论创新、解疑释惑

我国是人民当家做主的社会主义国家，马克思主义及中国特色社会主义理论体系是我国占主导地位的意识形态，我国主流意识形态的这种地位是不可动摇的，但这并不意味着我国主流意识形态的主导地位就会自动强化，就会自然而然地在高校意识形态工作中实现领导权、话语权。要巩固和完善马克思主义在高校意识形态领域的主导地位，就需要不断创新马克思主义理论。"马克思主义理论研究和创新，是马克思主义始终保持生命力和战斗力的重要前提。"② 任何一种意识形态的创新应该是一种整体上的创新，既包括宏观理论创新，又包括微观理论创新，这样才能构建起强大的话语体系，进而整合、引领社会思潮。改革开放以来，中国共产党在不断的实践探索中，依据现实情况的变化，深刻回答了什么是社会主义、怎样建设社会主义，建设什么样的党、怎样建设党，实现什么样的发展、怎样发展等重大课题，不断推出新的理论，形成了邓小平理论、"三个代表"重要思想、科学发展观、习近平新时代中国特色社会主义思想等重大理论创新成果，这些理论成果总体上讲属于意识形态宏观理论创新，但在一些具体的微观理论层面，高校意识形态工作方面的学术话语体系远远没有构建起来。

近年来，随着我国经济基础、体制环境、社会条件的深刻变化，意识形态的任务、内容、渠道、对象都发生了不同程度的变化，在我国改革开放不断深化的过程中，我们面临许多新情况、新问题。例如，在改革中如何处理好社会公正问题；如何遏制道德滑坡问题；如何消除腐败问题；如何把改革的成果惠

---

① 习近平．在哲学社会科学工作座谈会上的讲话［N］．人民日报，2016－05－20.
② 中共中央文献研究室．十六大以来重要文献选编：中［M］．北京：中央文献出版社，2005：494.

及民众；如何解决好城市化进程的新问题；如何处理好新时期的干群关系问题；如何处理好市场与政府的关系等。面对我国经济发展进入新常态，如何落实新发展理念，迫切需要哲学社会科学更好地发挥作用；面对改革进入攻坚期和深水区、各种深层矛盾和问题不断呈现、各类风险和挑战不断增多的新形势，如何提高改革决策水平，推进国家治理能力现代化，迫切需要哲学社会科学发挥更好的作用；面对世界范围内各种思想文化交流、交融、交锋的新形势，如何加快社会主义文化强国、增强文化软实力，提高我国在国际上的话语权，迫切需要哲学社会科学更好地发挥作用；面对从严治党进入新阶段、党面临的风险和考验集中显现的新形势，如何不断提高党的执政能力和水平，迫切需要哲学社会科学更好地发挥作用。但这些变化和现实要求在高校意识形态领域，特别是在相关的哲学社会科学方面并没有得到及时的反映，在回答这些重要课题方面的创新性理论成果较少。这就迫切要求用马克思主义基本理论来观察形势、分析问题、提出思路，迫切要求研究回答高校师生关心的理论和实际问题，解疑释惑，统一思想，增强高校师生贯彻党的路线方针政策的自觉性和走中国特色社会主义道路的坚定性。

高校意识形态工作领导权、话语权与现实问题紧密相关，高校师生最关心的还是一些具体问题，这些具体问题看得见、摸得着，更具有说服力。因此，高校意识形态工作领导权、话语权的实现，不仅要关注改革开放中的宏观问题，也要注重具体的理论问题。但恰恰是在这些具体问题上，高校意识形态缺乏应有的创新，对一些具体问题的解答还不够彻底，说服力不强。这是高校意识形态工作领导权、话语权在创新中需要下功夫解决好的问题。

（二）高校马克思主义哲学社会科学理论创新不够

"人类社会每一次重大跃进，人类文明每一次重大发展，都离不开哲学社会科学的知识变革和思想先导。"① 马克思主义哲学社会科学担负着马克思主义理论人才支撑、科学研究、社会服务和文化传承创新的任务，为全体青年学生思想政治理论教育教学提供学科和理论支撑；同时，也为高校意识形态工作领导权、话语权的实现提供理论支撑。因为高校意识形态工作领导权、话语权的实现不仅需要实践基础，还需要学科理论支撑，哲学社会科学理论创新就有助于我国主流意识形态占领理论制高点，增强我国主流意识形态在高校意识形态工作中的主导力、引导力，进而有助于高校意识形态工作领导权、话语权的实现。

---

① 习近平. 在哲学社会科学工作座谈会上的讲话［N］. 人民日报，2016 - 05 - 20.

　　马克思主义理论学科与马克思主义哲学社会科学既有区别又有联系。马克思主义哲学社会科学涵盖的学科领域十分广泛，其中主要有马克思主义哲学、政治经济学、科学社会主义，此外还包括马克思主义政治学、社会学、法学、民族学、史学、文学等学科。马克思主义理论学科是马克思主义哲学社会科学的重要组成部分，按照我国目前学科设置，马克思主义理论学科下设六个二级学科，即马克思主义基本原理、马克思主义发展史、马克思主义中国化研究、国外马克思主义研究、思想政治教育和中国近现代史基本问题研究。

　　在马克思主义哲学社会科学中，各个学科目前还缺乏具有突破性的、明显的理论创新。目前我国高校中大部分学科仍沿用传统的话语体系，与现实结合得不够密切，还不能及时吸收最新的科技成果，各个学科的时代感不强。我国许多高校马克思主义理论学科形成了固定的"教科书式"理论体系、话语体系和逻辑体系，与现实联系不密切，对学生的吸引力不大。此外，把中国特色社会主义理论体系充分体现到哲学社会科学中，进一步贯穿到马克思主义哲学、政治经济学和科学社会主义等马克思主义基础理论学科建设之中，进而形成具有时代特征的马克思主义哲学社会科学，在这方面的创新还缺乏系统性；"与时代和事业发展的要求相比，哲学社会科学的发展还有许多不适应。哲学社会科学重要的战略地位还没有受到普遍重视，哲学社会科学基础理论研究特别是反映当代马克思主义最新成果的理论研究和教材及学科建设亟待加强"①。"在运用马克思主义立场、观点、方法上功力不足、高水平成果不多，在建设以马克思主义为指导的学科体系、学术体系、话语体系上功力不足、高水平成果不多。"② 这就需要我们努力建设哲学社会科学创新体系，推动学术观点创新、学科体系创新。

（三）　在应对西化、分化战略方面，高校意识形态理论创新不足

　　"世界范围内社会主义和资本主义在意识形态领域的斗争和较量将是长期的和复杂的，有时甚至是非常尖锐的。西方敌对势力把中国作为意识形态的主要对手，对我国实施西化、分化的图谋不会改变。"③ 高校是西方对我国进行渗透演变的重点领域，我们就更需要高校在意识形态工作中严加防范西方国家的思

① 中共中央文献研究室. 十六大以来重要文献选编：上 [M]. 北京：中央文献出版社, 2005：686.
② 习近平. 在哲学社会科学工作座谈会上的讲话 [N]. 人民日报, 2016 - 05 - 20.
③ 中共中央文献研究室. 十六大以来重要文献选编：中 [M]. 北京：中央文献出版社, 2006：49.

想文化渗透。但这种防范不应是消极被动地应对，而是要积极主动出击，以有效发挥高校作为意识形态前沿阵地的作用。高校在意识形态工作中积极主动的作为主要体现在两个方面，一方面，高校要加强和完善马克思主义和中国特色社会主义理论体系的宣传教育，提高广大高校师生的思想觉悟、政治觉悟，另一方面，要不断推进意识形态的创新，增强自身的凝聚力、战斗力。在这种意识形态创新中，需要有针对性地提出抵御西方"和平演变"战略的系统化的对策和理论。

目前我国高校意识形态工作中，在抵御西方"和平演变"战略方面的理论创新还不够自觉和成熟。面对西方国家隐秘的、多样化地对我国高校渗透的新手段、新思想、新理论，我国高校意识形态工作者、研究者认识不充分、不全面，对这方面的新问题、新情况、新趋向研究得不深入、不系统，在实际工作中往往滞后一步，在行动上、理论上处于被动地位。由于理论创新不够，也就缺乏主动出击的自觉性和能力，如此前一些人大肆宣扬"普世价值"时，由于对这种改头换面的西方意识形态渗透方式高校很多师生认识不充分，致使一些高校理论工作者感到无力应对，有的对此采取放任自流的态度，有的甚至随声附和，导致这种观点一度呈蔓延之势，在高校师生中产生了很大影响。在普世价值理论的迷惑下，部分高校师生淡化了民主、自由、人权的阶级性，似乎西方国家的民主、自由、人权同样适合于我国，在我国就可顺理成章地照搬西方的价值观和制度模式。可见，没有理论创新，也就缺乏理论自觉性、主动性，这就在很大程度上制约了高校意识形态工作领导权、话语权的实现。

（四）在马克思主义与新科技结合方面的理论创新跟不上时代要求

当前，以信息技术为核心的新科技革命方兴未艾，科技革命引起了经济、政治、文化及社会生活的深刻变化，这就要求马克思主义与新科技革命同步发展，吸收和概括新科技革命的成果，使马克思主义植根于科技革命的沃土之中，永葆青春与活力。随着科技革命的不断发展，人们的思想观念、价值观念、道德观念等发生了一系列新变化，这就要求马克思主义意识形态在理论上予以正确的解答。由于历史与现实的原因，我国科技水平整体上落后于西方，这就要求我国必须抓住当前的有利时机，迎头赶上新的科技革命，并在一些领域达到世界先进水平，这样才能在综合国力的竞争中，特别是在两种社会制度的竞争中占据有利地位。苏联解体的重要原因就是在经济、科技方面落后于西方大国，这样的教训我们必须认真吸取。马克思主义是伴随着科技革命的发展而产生的，没有蒸汽机的发明，就没有近代生产力的发展，就没有资产阶级和无产阶级，也就没有马克思主义产生的社会和阶级基础，因此，马克思主义是在第一次科技革命的社会背景下产生的。伴随着第二次科技革命即发电机的广泛应用，人类社会进入了电气化时代，促进了生产力的进一步发展，也把自由资本主义推进到垄断资本主义，正是在这一阶段，产生了两次世界大战，也正是在两次大战中产生了社会主义国家，使马克思主义由理论变成了现实。依据马克思主义与科技革命这种内在的历史联系，以信息技术为核心的第三次科技革命，必定带来马克思主义新的发展。

但从总体上看，我国高校理论工作者及意识形态工作者在把马克思主义与科技革命的结合方面，自觉探索不够，理论创新成果不系统。特别是网络技术对我国政治、经济、文化、社会等方面的影响既缺乏宏观战略研究，又缺乏深入具体的研究，还不能有效地借助网络技术创新丰富我国主流意识形态基本理论，马克思主义与新科技结合方面还有很大的理论创新空间。这也是我国高校理论研究者包括意识形态研究者需要深入研究的新课题。只有把这一课题研究好，创造出新的研究成果，才能使马克思主义永远植根于新科技革命的沃土之中，进而为高校意识形态工作领导权、话语权提供永久性的内生动力。

（五）马克思主义在政治、经济、社会、文化各个具体领域的创新还不深入

我国主流意识形态话语体系不仅包括党和国家的指导思想层面，还渗透到各个领域。改革开放 40 年来，我国主流意识形态实现了在指导思想层面的创新，创立了包括邓小平理论、"三个代表"重要思想、科学发展观、习近平新时代中国特色社会主义思想在内的中国特色社会主义理论体系，这为我们行使高校意识形态工作领导权、话语权提供了最强大的思想武器。但是，高校意识形态工作领导权、话语权实现问题是一项系统复杂的工程，实现了指导思想的创新，只是完成了意识形态领导权、话语权实现的首要任务与核心问题，还有大量的、繁杂的具体任务需要高校意识形态工作者付出艰辛细致的劳动。

目前的情况是，在我国高校意识形态领域，马克思主义的主导地位不断巩固，任何一种社会思潮不可能取代马克思主义的主导地位。但另一方面，多样化社会思潮及思想观点在各个领域的渗透越来越精细，在一些领域的影响呈具体化趋势，如经济领域的新自由主义、对待中国革命的历史虚无主义、在对中国特色社会主义认识上的民主社会主义、民族问题上的民族分裂主义、社会道德问题上的拜金主义、极端个人主义等，这些思潮在我国各个领域的影响越来越体现在我国现实社会中的一些具体问题和具体事件上。正是由于我国在指导

思想上的意识形态实现了巨大的理论创新，我们才有力地抵制了其他社会思潮的影响，因此可以自信地讲，没有哪种社会思潮可以与中国特色社会主义理论体系相抗衡；同时，也正是由于我们在意识形态各个领域的创新不够，在一些具体领域或具体问题上仍沿用传统的理论来应对各种社会思潮及思想观点的挑战，还不能提出一些具体创新性理论来应对多种挑战，好比在战场上用旧式武器来抵御使用新式武器的敌人一样，这就很难守住阵地。我们应清醒认识到这一点：马克思主义意识形态的创新，不仅需要指导思想的创新，更需要意识形态各个领域的创新，不仅要在指导思想领域实现其领导权、话语权，更需要各个思想、文化、理论、宣传、教育等多个具体领域实现自身的话语权。否则马克思主义就有被围攻、被孤立、被架空的危险。失去了各个领域的阵地，即便是指导思想不改变，我国主流意识形态领导权、话语权也难以发挥应有的作用，就会使我们防不胜防，处于被动，疲于应对。

马克思主义理论在各个领域的创新不够，是目前我国高校意识形态工作领导权、话语权实现中一个带有现实性、具体性的问题。高校也必须着力解决好这一问题，这就要"紧紧围绕改革开放和现代化建设中的重大理论和实际问题，组织力量，集体攻关，推出一批有社会影响、有理论深度、有创新价值的理论成果"①。要推进理论创新就要坚持解放思想、实事求是、与时俱进，坚持理论联系实际，以我国改革开放和现代化建设的实际问题，以我们正在做的事情为中心，着眼于马克思主义理论的运用，着眼于对实际问题的理论思考，着眼于新的实践和新的发展。要自觉地把思想认识从那些不合时宜的观念、做法和体制的束缚中解放出来，从对马克思主义的错误的和教条式的理解中解放出来，从主观主义和形而上学的桎梏中解放出来，深刻认识当代中国经济社会发展的规律，积极推进各个领域的马克思主义理论创新，进而为我国高校意识形态工作领导权、话语权的实现创造更加有利的理论条件。

六、我国高校思想政治理论课需要进一步改进和创新

目前，我国高校思想政治理论课主要由四门课构成：毛泽东思想和中国特色社会主义理论体系概论、中国近现代史纲要、马克思主义基本原理、思想品

---

① 中共中央文献研究室．十六大以来重要文献选编：上［M］．北京：中央文献出版社，2005：536.

德修养和法律基础。高校思想政治理论课是高校意识形态的重要阵地，是对大学生进行思想政治教育的主渠道，是帮助大学生树立正确的世界观、人生观、价值观的重要渠道。思想政治理论课的学习，不仅使大学生掌握相关的政治知识，扩大视野，更主要的是培育大学生正确的政治思想、政治品德、政治价值观，把大学生培养成德、智、体、美、劳全面发展的社会主义事业建设者和接班人。习近平指出：高校"要坚持不懈传播马克思主义科学理论，抓好马克思主义理论教育，为学生一生成长奠定科学的思想基础"①。近年来，我国高校十分重视高校思想政治理论课教材建设及课程建设，取得了显著成效，在发挥教书育人功能方面发挥了重要作用。但是，还要看到，思想政治理论课教材体系建设及教学方法等多方面还需要进一步改进和创新。

（一）思想政治理论课教材建设需要进一步完善创新

我国高校思想政治理论课教材建设取得很大成效，组织相关专家编写了高水平、高质量的四门课教材，教材体系进一步稳定、成熟，为教师教学提供了有力保障，并且思想政治理论课的教材还依据我国现实情况的新变化，不断补充新的内容以适应新的教学任务的需要，这样就使教材内容在稳定中还保持不断创新。但是，思想政治理论课的教材建设任务还很繁重，在教材建设方面仍有一些需要改进的方面。

1. 教材内容还需要在宏观知识结构上进一步创新

思想政治理论课的教材内容创新是一个无止境的过程，目前尽管有些课程的教材内容有了很大创新，特别是毛泽东思想和中国特色社会主义理论体系概论课程，几乎教材内容每年都更新，及时补充党和国家最新的方针政策、党的创新理论及我国最新的研究成果。但是，有些课程的内容创新则显得不够及时。更重要的是，这些课程内容的创新一般都是具体知识点的创新，而且是对原来知识的一种补充和完善，因此至多是一种微观层面的创新。这种创新和补充虽然使原来的知识点更具有时代性，如用"社会主义核心价值观"概念替换"社会主义核心价值体系"概念，但是整个教材的知识体系并没有创新，知识结构依然陈旧。目前的教材对拓宽学生的知识结构起的作用还不显著，大学生在上思想政治理论课后，普遍的感觉是这些知识在中学阶段大多已经学过，如在讲授马克思主义基本原理时，所讲授的物质第一性，意识第二性，物质决定意识这些基本观点在中学政治课中都已学过，大学生就感到该课程收获不大。大学

---

① 习近平. 把思想政治工作贯穿教育教学全过程［N］. 人民日报，2016－12－09.

生对一门课产生兴趣有多种因素，如教师的讲课艺术、学生对这门课的兴趣、这门课对学生的实际价值，其中一点就是该课程的知识体系对学生有很大的内在吸引力。如果一门课的知识体系陈旧或过于简单，就很难对大学生产生吸引力，也就难免出现大学生逃课的事情。目前使用的高校思想政治理论课教材从知识体系上讲，主要就是知识体系创新不够，与中学阶段的知识体系阶梯度不明显，其中的很多知识在中学阶段都已学过，仅仅从掌握知识、丰富知识的角度讲，学生感觉收获不大。正因如此，这就出现了这种现象，高校思想政治理论课主要不是靠知识本身吸引学生而是靠教师的讲课艺术、讲课水平吸引学生，教师为讲好一堂课，就需要在很大程度上超越教材，甚至脱离教材。如果一门课程靠摆脱教材吸引学生、受学生的欢迎，那么，这门课的教材质量肯定就存在一些问题。因此，高校思想政治理论课不仅要在一些知识点补充、完善、创新，还要重视整个教材知识体系的宏观创新。在坚持马克思主义基本理论指导下，实现整个教材知识体系的整体性创新，编写一部知识含量大、具有一定理论厚度、耳目一新的教材还需要下很大的功夫。

2. 教材内容需要加强知识性、政治性、实践性相结合

目前的思想政治理论课教材虽然在一定程度上体现了知识性、政治性、实践性的统一，但这三者方面的结合还需要加强和完善。通过思想政治理论课培育大学生的政治思想观念和政治素质，首先就要求大学生学到相应的知识，不是简单地进行思想政治教育，这也是符合大学生自身实际状况的，因此，知识性与思想性的有机结合是思想政治理论课教材内容的必然要求。但是，在教材中有些章节这种结合还有些脱节，没有很好地让学生获得知识的同时，进行思想引导和政治价值判断；教材中有些内容在知识性与思想性结合方面，不是有机地把思想教育与学习知识融合在一起，还显得有些生硬，这实际上就起不到在掌握知识的过程中提高思想觉悟的目的；教材中有些知识在与思想性结合方面缺乏深度，过于表面化、简单化，理论要想说服人，就要彻底，大学生是知识群体，他们具有了相当丰富的知识，也具有了较高的接受能力、判断能力，如果只是一种表面化的、肤浅的思想引导，很难使教材内容深入大学生的头脑，起不到思想教育的目的。

教材内容的实践性主要体现在两个方面。一方面，教材内容要联系实际，分析现实问题，通过该课程的学习，大学生能够对现实问题有一个正确的认识。另一方面，教材内容在一定程度上能指导学生的学习、生活和实践，使学生感到学习这门课"管用"，能给学生带来益处，甚至使学生终身受益。但是，思想政治理论课有些内容与当前国内外实际的结合还不够充实、深刻，有些理论难

以解释、说明现实问题，学生提出的一些现实问题，仅仅依靠教材上的知识难以完全解释清楚。要使高校思想政治理论课能够"管用"，学生能够切实提高自己观察问题、分析问题的能力，从整体上提升自己的素质，使学生学会做人、做事，能够成才，进而使大学生终身受益，在这方面教材内容还有很大的提升空间。从总体上看，思想政治理论课教材对学生学习、生活、实践的指导性还不够强，这其中有教师教学的问题、学生本人的学习态度问题，当然也有教材内容本身的问题，从教材内容本身讲，如何增强教材内容对现实问题的解释力、对学生成长的指导力是一个需要下大功夫解决的问题。

（二）思想政治理论课教学方法、手段需要进一步改进

在做好高校意识形态工作中，"要用好课堂教学这个主渠道，思想政治理论课要坚持在改进中加强"①。随着时代变化，特别是新媒体技术的广泛应用，高校思想政治理论课必须与时俱进，不断创新，这样才能增强该课程的吸引力、感染力，进而提高教学效果，较好地达到教学目的。思想政治理论课作为高校意识形态工作的主渠道只有不断创新，才能为高校意识形态工作领导权、话语权的实现奠定良好的思想基础。近年来，我国高校思想政治理论教师在教学方法创新方面进行了多方面积极的探索，如通过"慕课""微课""翻转课堂"等方式，把多媒体技术广泛、深入地运用到教学中；通过多种形式的社会实践活动，把课堂教学与实践教学有机结合，探索特定形式的"行知课堂"，使大学生既掌握丰富的知识，又有一定的实践体验；通过与学生在网络上的互动交流，增强教学的目的性、针对性；通过各种形式的问卷调查，了解学生的心理和思想状况等。我国高校思想政治理论课的创新是多方面的，也取得了很大成效。但是，思想政治理论课的创新力度、广度还远远不够，对大学生的吸引力不强，教学方式、方法仍存在一些不可忽视的问题。

1. 一些教师在课堂教学中运用多媒体的能力还有待提高

目前我国高校思想政治理论课教学在新媒体技术运用上，大多是以幻灯片的形式制作课件，一些教师制作的课件十分简单，就是把教材上的内容提纲作为教学课件的内容，只是板书的替代者，一些教师为了不在黑板上写板书，而制作课件，这样的课件只是教师讲课便利而已，对学生几乎没有什么感染力。有些教师在制作课件时似乎下了很大功夫，把教材上的内容大部分都制成了课件，每当上课时，教师不用讲稿，就是满屏幕地给学生看课件，学生就是抄课

---

①　习近平．把思想政治工作贯穿教育教学全过程［N］．人民日报，2016－12－09.

件，以备考试用，教师讲课的内容也就是把课件内容重复一遍，这样的课堂难免枯燥乏味，使学生感到疲惫和厌倦，产生抵触情绪，更谈不上通过这样的课程提高思想觉悟了。还有些教师在制作课件时，运用了音频、视频等形式，但是有些音频、视频内容选择不精练、不准确，与教学内容衔接度不高，这样有些教师又走上另一个极端，上课大量放映一些视频资料，主要是一些电影、纪录片等，学生一开始很感兴趣，但是，在课堂上经常放视频，学生感到这样的课学不到知识，提高不了能力，再者说，这些视频也主要是一些旧的电影，学生也就逐渐失去了兴趣。忽视课堂的知识性，一味地追求趣味性，其结果是适得其反。有些教师在课堂上运用课件时，讲课过程不与学生交流，只是机械地按照课件内容讲。课堂教学在传授知识时，需要教师与学生的交流，既有语言的交流，也有眼神的交流，这样学生才能跟着教师的思维听课，教学效果才好。如果运用多媒体，使课堂成为冷冰冰的"人机对话"，那么这样的多媒体教学，只会损害教学效果。因此仅仅就课堂教学而言，如何有效地运用好多媒体，还有很多需要改进的地方，需要进一步提高思想政治理论课教师运用多媒体的能力。

2. 一些教师的教学方法简单、陈旧，有待进一步改进

思想政治理论课需要运用多样化的教学方法，才能把这门课讲活、讲好、讲透，才能使思想政治理论课的内容真正入脑、入心。有些教师在教学过程中教学方法陈旧、简单，十几年如一日，几乎没有改变过，教学方法呆板，最主要的教学方法就是"满堂灌"，学生几乎不能参与课堂，只是被动地听。这样就出现这种现象，如果教师讲得精彩、课件制作精良，就能吸引学生，学生就注意听讲，否则学生有的在课堂上睡觉，有的玩手机，还有的无精打采、似听非听，似醒非醒，难道还能指望这样的课堂提高学生的思想觉悟？相当一部分教师在让学生参与课堂方面做得不够到位，至多是对学生进行提问，如教师布置好题目，让学生课下准备后，利用一定的课堂时间讲一讲，这种方法既锻炼学生能力，又提高学生的学习兴趣，但这种方法有些教师做到了，部分教师做得不好或没有做到；在课堂上开展对某一个问题的讨论，结合所学知识，让学生谈谈自己的看法和观点，这种讨论教学法也能很好地调动学生的积极性，但很多教师整个学期的教学没有一次讨论课；教师为鼓励学生多读书，可以给学生布置读书要求，通过检查学生读书笔记督促学生，并把读书笔记作为期末考试的一部分，但是，相当一部分教师没有结合教学内容给学生布置读书任务。

3. 个别教师对教材运用不充分、不到位，课堂吸引力弱

一些教师对教材内容挖掘不够，课堂上照本宣科，内容简单，课堂信息量

不足，学生缺乏获得感，如果学生上课后，感觉没有学到知识或在思想认识上没有提高，没有收获，没有启迪，那该课程的吸引力必然会减弱。有些教师不能很好地把教材内容与现实问题结合起来，尽管思想政治理论课的教材经常修订，但每年都会出现新的现实问题，这就需要把教材内容与目前的现实问题相结合，把现实资料及时有效地融入课堂内容。如 2018 年是我国改革开放 40 周年，在讲授有关问题时，就必须把改革开放 40 年来的巨大成就融入教材内容，这样才能具有实效性，引起学生兴趣，讲授的内容才具有说服力。但有些教师不善于结合现实问题，不能运用最新的资料，不能及时吸收最新的知识，讲授的内容往往滞后于现实，在很大程度上也就弱化了思想政治理论课的教书育人功能。思想政治理论教学方法和内容的改进是无止境的，这需要思想政治理论课教师不断探索，这方面还有很多工作要做。

（三）思想政治理论课的主渠道作用需要进一步增强

在高校意识形态工作中，各门课程的教学都发挥着重要作用，都承担着教书育人的责任，而思想政治理论课要发挥主渠道作用。但是，就目前来看，这种主渠道作用还没有完全发挥出来。一些专家提出要使思想政治理论课成为大学生终身受益的课，现在距离这样的目标还相距甚远。高校思想政治理论课目前存在的主要问题是对大学生的吸引力不够。该课程是学校规定的必修课，相当一部分大学生是为了考试、取得学分才上课的，这就形成了一种被动的上课模式——上课前教师要点名，学生逃课要处罚，使部分学生有了逆反心理，这种情况也影响了教师教学的热情和积极性，从而使这门课的教学效果大打折扣。此外，一些高校领导对这门课重视程度不够，在相关的教学课题、经费、师资队伍等方面倾斜程度不够，在有些学校该课程处于"边缘化"状态，学校片面地认为，该课程对学校的教学、科研发挥作用不大，特别是一些理科学校，这一问题尤为突出；从事思想政治理论课教学的教师业务素质、政治素质还有待进一步提高，少数思想政治理论课教师知识陈旧，教学内容缺乏新意，不能及时、有效地把党的理论创新成果、学术界有价值的研究成果、自己的研究成果应用于教学之中；有些教师没有很好地把握该课程的特点，充分挖掘思想政治理论课的育人功能，只是机械地完成教学任务；甚至极个别教师政治思想、价值观出现偏差，不能很好地遵守课堂政治纪律，传播错误思想观点，以消极的思想和情绪影响学生；有些教师对工作得过且过，没有工作动力、压力，教学工作缺乏创新意识、责任意识。思想政治理论课教师存在的这些问题，在很大程度上制约了思想政治理论课在高校意识形态工作中发挥主渠道作用。

七、我国高校意识形态领域仍存在一些值得注意的问题

近些年来，我国高校意识形态领域的主流是积极健康向上的，广大高校师生拥护党的改革开放政策，自觉与党中央在政治上、思想上、行动上保持高度一致，坚定道路自信、理论自信、制度自信、文化自信，牢固树立政治意识、大局意识、核心意识、看齐意识，对实现中华民族伟大复兴"中国梦"充满信心，坚持我国高校发展方向为人民服务，为中国共产党治国理政服务，为巩固和发展中国特色社会主义制度服务，为改革开放和社会主义现代化建设服务。但是，也要看到，我国高校意识形态领域出现了一些值得注意的问题，这些问题在很大程度上干扰和制约了高校意识形态工作领导权、话语权的实现，必须引起有关部门的高度重视。

（一）一些高校淡化、剪裁甚至取消马克思主义理论课程

马克思主义基本理论课程主要包括马克思主义哲学、马克思主义政治经济学、科学社会主义、国际共产主义运动史等基础课程，对这些课程很多高校都缩减了课时，甚至取消了一些课程。这种做法不是有意的，更不是恶意的，主要出于学科发展的需要，但这已成为一种趋势性的现象，大家都觉得"理应如此"，这正是一种"无意识"的意识形态。这些课程的缩减或取消不仅对相关专业学生的知识结构带来不利影响，而且对培育大学生正确的政治价值观和政治思想也有多方面不利影响，特别是对思想政治教育、马克思主义基本原理、中国近现代史基本问题研究、马克思主义中国化研究、中共党史、政治学理论等专业的大学生、研究生影响更大。这就不可避免地出现了让人感到担忧的现象，如马克思主义基本原理专业的学生不能系统地掌握科学社会主义原理，只是了解其中一些知识。中国特色社会主义建设要坚持科学社会主义的基本原则，但科学社会主义的基本原则有哪些，很多大学生回答这些问题不全面，因为他们没有学过科学社会主义这门课程。又如，许多思想政治教育专业、中共党史专业的研究生没有学过国际共产主义运动史，他们对马克思恩格斯早期的革命实践活动知之甚少，对国际共产主义发展进程只有一些碎片化的知识，对中国共产党与国际共产主义运动发展的关系没有一个整体性的认识。可见，这些课程的缩减或取消使相关专业的大学生、研究生有很大的知识缺陷。大学生是一个知识群体，在大学生中培育正确的政治价值观和政治思想，很大程度上是在其

掌握相关知识的基础上进行的，是通过真理的力量达到信仰的目的，在使学生掌握丰富知识的过程中完成其思想认识的升华，这是在大学生中开展意识形态教育的一个重要特点，也是大学生不同于其他群体的一个重要体现。如果大学生没有相关的知识，就很难培育相关的信仰。因此，一些高校中马克思主义基本理论课程的缩减或取消，既造成了大学生知识结构的不完善，又对高校的意识形态教育带来了很大的不利影响，是一种"先天不足性的障碍"。目前一些高校对这些课程有所强化，是一种让人欣慰的现象，但总体上看，这种现象没有大的改观，应引起高度重视。

（二）中央马克思主义理论研究和建设工程组织编写的教材进不了个别高校的课堂

马克思主义理论进教材、进课堂、进学生头脑，这是对大学生进行马克思主义理论教育的基本要求。大学教材和课堂是大学生掌握知识的主要载体，大学生在学习相关知识的过程中，首先离不开教材，接受和掌握相关基础知识必须要依托教材，教材不仅对基础知识的掌握有不可替代的作用，而且起着思想引导、价值引领的作用。中小学教材之所以非常重要是因为教材质量直接关系到下一代的培养质量。大学教材同样也很重要，也会关系到大学生知识掌握程度以及对大学生的价值导向问题。因此，我国党和政府十分重视教材建设，2017 年 6 月还专门成立了国家教材委员会，对各类各级学校的教材编写、使用进行指导、管理，这是一项战略性决策，具有远见卓识。

就高校马克思主义理论教材建设方面来看，在实施马克思主义理论研究和建设工程中，我国组织相关专家编写了一批教材，作为我国高校对大学生进行马克思主义理论教育的基本工具。若使这些教材有效发挥作用，首先就要求高校要采用这些教材，让这些教材进入课堂，作为教师讲课、学生学习的基本依据。但是，目前新的问题是，有些高校不采用中央马克思主义理论研究和建设工程组织编写的教材，其中的原因是多方面的。有的高校本校教师编写了大致同样的教材，习惯上采用教师自己编写的教材；有的高校对思想政治理论课不重视，采取放任自流的态度，有些教师就没有给学生定教材，上课时不用教材；有的高校还认为中央马克思主义理论研究和建设工程组织编写的教材质量不高等。诚然，各个高校的情况各不相同，中央马克思主义理论研究和建设工程组织编写的教材可能也不完善，高校中有些课程的教材可以是自己编写的，以适应专业多样化的要求。但有些课程本来就是国家统一规定的课程，全国具有统一性，对这种课程，就应该保证国家统一编写的、规定的教材进入大学课堂，否则，国家有关部门制定规划、组织专家编写、资助出版等也就失去了意义。高校的马克思主义理论课程特别是思想政治理论课，是一门国家统一规定的课程，就应该服从国家意志，不能"各自为政"。无论什么原因，国家统一组织专家编写的马克思主义理论教材，被一些高校挡在门外，不予采用，这也是一种值得深思的现象，从中可以观察到，有些高校对马克思主义理论教学重视程度不高，工作不到位。

（三）一些高校出现盲目引进西方教材的现象

随着我国对外开放的不断扩大以及我国高校对外交流日益频繁，一些高校在某些学科出现了不同程度的"西化"现象。其中一个突出表现就是无原则地采用西方教材。一些高校在经济学、管理学等学科的本科生、研究生教学中，取消了马克思主义政治经济学课程，只要求学生学习、掌握西方经济学的原版教材；还有些学校规定，经济学专业、管理学专业等研究生的入学考试，不考马克思主义政治经济学，只考西方经济学；还有的学校把考西方经济学的成绩作为学生入学考试是否合格的重要标准；有些高校采用的经济学、法学等西方教材存在不少意识形态方面的问题，其中一些西方原版教材的意识形态与我国主流意识形态是相悖的，甚至有的还贬低、歪曲我国的主流意识形态。如前所述，教材是学生掌握某个学科知识的最基本的依据，尤其是新开设的课程，学生采用的教材基本就奠定了学生在该学科的知识基础和结构。在经济学领域，大学生一开始就学习的是西方经济学理论，对马克思主义政治学一知半解，那么学生将来在工作后，很容易受新自由主义影响，可以试想，这些学生参加工作后，满脑子都是西方经济学知识，那在从事我国改革开放事业中，也就很容易以西方的理论指导我国的改革事业。因此，经济学、管理学、法学等专业的学生一开始就不学习马克思主义基本理论，而是采用原版西方教材，不仅会对学生知识掌握造成不利影响，更主要的是会把将来学生的政治价值观也引向亲西方的方向。当今西方国家，特别是2008年美国金融危机爆发后，掀起了《资本论》热，试图从马克思主义政治经济学中寻求解决西方经济问题的答案，一些西方学者很重视马克思主义政治经济学，而在我国一些高校却把马克思主义政治经济学"边缘化"，这种现象应及时改正。

（四）个别高校存在"崇洋"的政策和价值导向

一些高校为追求某种发展目标，在政策导向上出现了一些令人不解的现象，带有很强的"崇洋"色彩，引起高校教师的多种意见。如有的高校规定，教师晋升职称必须有留学背景，包括马克思主义理论课、思想政治理论课的教师，甚至还要求到西方发达国家进行培训，这种错误做法造成了较为严重的负面影响。一些高校在人才引进、职称评定方面过分向西方倾斜，把是否具有国外大学学历作为重要衡量标准，高校中有西方国家学历背景的教师在职称评定、课题、科研经费方面得到很大倾斜。一些高校引进人才也过分偏重有海外学历背景的人，有些系统学习西方一些学科知识的"海归"人士，没有经过任何马克思主义教育，就直接高薪、高位聘进高校教师队伍、领导队伍，这种现象非常令人担忧且值得深思。在很大程度上，西方意识形态就是通过这些人渗透到大学生中的。有些高校只注重引导教师讲与国际接轨，不讲中国自己的发展道路、不讲中国的实际国情；在教学科研中，西方承认不承认、赞成不赞成不知不觉成为一些高校教学、科研的重要标准，严重缺乏民族自信的"洋八股"之风愈演愈烈。

在对外开放的大背景下，我国高校不是封闭的，应该学习国外高校先进的管理经验，引进一些国外高水平人才，促进我国高校更快地发展，这是无可厚非的。但是，在这个过程中，如果不顾实际情况、不考虑学科特色、不做政治价值判断、完全没有政治意识，这种做法就有些偏激了。大学保守封闭是不行的，但无原则的"崇洋"也是错误的。

（五）个别高校教师不能很好地遵守课堂政治纪律

"教师是人类灵魂的工程师，承担着神圣使命。传道者自己首先要明道、信道。高校教师要坚持教育者先受教育，努力成为先进思想文化的传播者、党执政的坚定支持者，更好地担起学生健康成长指引者和引路人的责任。"[①] 作为高校教师既要有渊博的专业知识，又要有高尚的品德和很高的政治思想觉悟，业务素质和政治素质都要过硬。我国高校广大教师绝大多数做到了坚持教书和育人相统一，坚持言传和身教相统一，坚持潜心问道和关注社会相统一，坚持学术自由和学术规范相统一。学术研究无禁区，课堂讲授有纪律，这是高校教师必须遵守的一条基本原则和要求。任何课堂既有传播知识的功能，又有意识形态功能，但高校个别教师没有充分认识到自己所任课程意识形态属性和思想品德教育功能。有的教师在学生中宣扬淡化政治、淡化意识形态的观点，偏离政治方向，哗众取宠，轻视理想信念教育；有的教师为活跃课堂气氛、吸引学生注意力，一味地渲染负面事例，价值导向出现偏差；少数教师在课堂上讲一些

---

①　习近平. 把思想政治工作贯穿教育教学全过程［N］. 人民日报，2016 - 12 - 09.

不负责任的话，在学生中产生消极影响；个别高校教师没能很好地坚持政治底线和法律底线，在课堂和其他一些场合借机发泄对党和政府的不满情绪；极个别教师散布一些有悖于中央政策的言论；少数教师在学术讲座、报告中，散布违反四项基本原则的言论，宣扬一些自由化的观点，传播西方政治价值观；有的教师在课堂上发牢骚、泄怨气，把生活中的不如意，变成课堂上的牢骚，让学生做无聊的"仲裁"，把各种不良情绪传递给学生；还有的教师将社会上的顺口溜、花边新闻、网络段子当成讲课的亮点，以吸引学生，甚至当成讲授一些观点的"论据"；少数教师用戏谑的方式讲授思想政治理论课；还有的教师对党的创新理论不屑一顾，动辄把现实中的具体问题，归结于党的理论的失败，甚至质疑中央出台的重大决策部署等。课堂上存在的各种各样违背政治纪律、课堂纪律的现象，对高校意识形态工作领导权、话语权造成很大的负面影响。

第五章

我国高校意识形态工作领导权、话语权实现的基本途径

我国高校意识形态工作领导权、话语权实现的基本途径是多方面的，主要包括思想教育、舆论宣传、制度保障、文化建设、队伍建设等。我国高校意识形态工作领导权、话语权的实现是一项系统工程，这项工程的实现是多种因素合力的结果，仅仅依靠某一种力量和因素是难以实现其目的。在实现高校意识形态工作领导权、话语权的多种因素中，各个因素所起的作用是不同的，各有侧重，制度性因素主要是保障作用，思想、文化因素主要是教育引领作用，人才队伍主要是支撑作用等，当然还有其他因素的作用。我国高校意识形态工作领导权、话语权的实现既是一个理论问题，也是一个实践问题，需要把理论创新和实践探索有机地结合起来，把真理的力量与实践推动力统一起来。

一、我国高校意识形态工作领导权、话语权实现的思想政治教育途径

意识形态工作领导权、话语权的实现不能靠行政命令的方式，而要通过思想政治教育途径，这是符合意识形态自身发展特点和规律的。我国高校意识形态工作领导权、话语权实现的思想政治教育途径，主要是通过对高校师生进行马克思主义和中国特色社会主义理论体系、社会主义核心价值观、党的路线方针政策等方面的教育，加强主流意识形态指导力，进而实现高校意识形态工作领导权、话语权。高校是教书育人的重要场所，肩负着学习研究宣传马克思主义，培育和弘扬社会主义核心价值观，为实现中华民族伟大复兴的"中国梦"提供人才保障和智力支持的重要任务，这就决定了思想政治教育途径在高校意识形态工作领导权、话语权实现中的地位和作用。

思想政治教育工作是中国共产党的传家宝，是中国共产党的重要政治优势。中国共产党历史上就非常重视意识形态工作的作用，把意识形态工作看成经济工作和其他一切工作的生命线。在新民主主义革命时期，正是由于中国共产

极地开展了思想政治教育工作，才启发了广大人民群众的思想觉悟，激发了人民群众的革命斗志，形成了中国共产党战胜一切困难、战胜一切敌人的强大精神力量，取得了新民主主义革命的胜利。在社会主义改造和社会主义建设时期，面对新的环境和历史任务，意识形态工作对于动员各阶层人民群众积极投入轰轰烈烈的社会主义建设事业，发挥了巨大作用。在改革开放新的历史条件下，特别是在发展社会主义市场经济以来，我国的政治生活、经济生活、社会生活、文化生活等方面都发生了深刻变化，各种思想文化相互激荡、相互碰撞、相互交锋日趋激烈，人们的思想观念多元、多变的趋势更加明显，西方多样化社会思潮对我国的影响日益加深，在这种新的环境下，通过思想政治教育途径实现高校意识形态工作领导权、话语权显得尤为必要。

（一）思想政治教育在我国高校意识形态工作领导权、话语权实现中的具体作用

习近平同志指出："宣传思想工作就是要巩固马克思主义在意识形态领域的指导地位，巩固全党全国人民团结奋斗的共同思想基础。"① 他进一步强调："思想政治工作是学校各项工作的生命线。"② 思想政治教育的直接作用就是解决高校师生的思想问题，培育良好的精神风貌，保障高校师生的思想积极健康地发展。思想政治教育从来就是一项意识形态性很强的社会实践活动，思想政治教育的要求就是以马克思主义意识形态作为整合社会各种不同思想意识观念、不同精神状态的基本观念，并以此确定国家和社会的内在精神秩序。由于这一特殊的规定性和要求，思想政治教育途径在我国高校意识形态工作领导权、话语权实现过程中必定发挥着独特作用。

1. 为高校意识形态工作领导权、话语权的实现提供有力保证

我国高校意识形态工作领导权、话语权的本质就是马克思主义指导地位在高校的实现。这既是一个政治问题，也是一个思想问题，其中政治是根本，思想是保证。如果在思想领域出了问题，马克思主义指导地位也必定会受到损害。因此，要坚持和巩固马克思主义的指导地位，实现我国高校意识形态工作领导权、话语权，必须高度重视思想政治教育工作。

---

① 习近平. 胸怀大局把握大势着眼大事 努力把宣传思想工作做得更好［N］. 人民日报，2013－08－21.

② 习近平. 坚持中国特色社会主义教育发展道路，培养德智体美劳全面发展的社会主义建设者和接班人［N］. 人民日报，2018－09－01

改革开放以来，马克思主义的指导地位在我国高校意识形态领域得到了进一步巩固，高校师生团结奋斗的思想基础进一步加强，高校师生对党的领导衷心拥护，对中国特色社会主义事业充满信心，但我们要看到，我国高校意识形态工作仍面临着错综复杂的环境，这种复杂的思想文化环境对我国高校意识形态工作领导权、话语权的实现产生了极为不利的影响。从国际思想文化环境看，冷战结束后，西方敌对势力把我国作为意识形态的主要对手，我国与西方国家在意识形态领域的斗争和较量是长期的、复杂的，有时甚至是非常尖锐的。其中，高校是我国主流意识形态与西方意识形态交锋的一个前沿阵地，他们利用一切机会、通过各种途径、采取多种手段加紧对我国高校进行思想文化渗透，极力用西方的政治价值观、道德观、生活方式、社会制度来影响我国高校师生。近年来，西方敌对势力对我国高校的思想文化渗透日益呈现出日常化、具体化、科技化、学术化等新特征，这对部分高校师生的思想观念影响很大；从国内思想文化环境看，随着改革开放的不断深化，我国改革进入攻坚期和深水区，各种社会矛盾叠加呈现，在这个过程中，社会成员思想活动的独立性、选择性、多变性、差异性日益增强，社会思想空前活跃，"各种思想观念相互交织、各种文化相互激荡，社会意识出现多样化趋势，错误思想的影响难以避免"①。这种现实状况对高校师生不可避免地产生重大影响，随着高校师生思想观念多样化趋势日益增强，我国主流意识形态统一高校师生思想认识的任务加重。同时，多样化思想观念的存在对马克思主义的指导地位产生一种离散作用，直接损害着我国高校意识形态工作领导权、话语权。因此，针对当前我国高校意识形态工作面临的复杂思想文化环境，要有效实现高校意识形态工作领导权、话语权，就是要不断加强对高校师生的思想政治教育工作。

在这种复杂多样的国内外思想文化环境下，加强高校思想政治教育工作，对于有效实现高校意识形态工作领导权、话语权有直接的意义。通过对高校师生加强思想政治教育，有助于帮助广大师生进一步认识西方国家推行的西化、分化图谋的实质，提高政治鉴别力，增强政治敏锐性，在西方腐朽思想文化对我国高校加紧渗透的环境下，能够做到始终保持头脑清醒、立场坚定、旗帜鲜明，自觉在我国高校意识形态领域构建起防止西化、分化战略的思想长城。有针对性地在高校开展意识形态工作，有助于及时解决高校师生中存在的思想问题，澄清一些模糊认识、批驳错误观点，排除杂音、噪音的干扰，适时消除多

---

① 中共中央文献研究室. 十六大以来重要文献选编：上［M］. 北京：中央文献出版社，2005：530.

元化思想观念对我国高校师生的消极影响。全方位地在高校师生中开展思想政治教育工作，既要大力宣传中国特色社会主义建设取得的巨大成就，又要引导高校师生全面认识改革开放过程中出现的一些新情况、新问题，这有助于坚定高校师生对马克思主义的信念、中国特色社会主义的信心、对党和政府的信任。在高校师生中开展经常性的意识形态工作，通过思想灌输、精神激励、人文关怀、行为规范来培育和践行社会主义核心价值观念，有助于高校师生深入认识和掌握马克思主义的科学品质和内在本质，防止非马克思主义乘虚而入，增强我国主流意识形态的指导力。

因此，加强和改进高校思想政治教育工作是巩固和加强马克思主义在高校意识形态领域指导地位的迫切需要，为高校意识形态工作领导权、话语权的实现提供有力的思想保证。

2. 为高校意识形态工作领导权、话语权的实现打下坚实思想基础

要全面、有效地实现高校意识形态工作领导权、话语权，首先就要求马克思主义占领高校意识形态阵地。对于意识形态阵地正确的东西不去占领，错误的东西必定会去占领，这是一条基本规律。马克思主义要占领高校意识形态阵地，不是自发实现的，而是一个自觉能动的过程，在这个过程中就要求广大高校意识形态工作者对高校师生开展积极的思想政治教育工作，把马克思主义基本理论、我国主流意识形态灌输到高校师生中去，这样，才能有效抵御各种社会思潮对高校师生的侵蚀，为高校意识形态工作领导权、话语权的实现打下坚实的群众基础。高校意识形态工作领导权、话语权的实现需有一定的群众基础，广大师生只有具备了较高的思想觉悟和道德素养，才能使马克思主义真正植根于高校师生之中，使高校师生真信、真学、真用马克思主义，进而保证高校意识形态工作领导权、话语权的实现。

通过在高校师生中持之以恒地开展思想政治教育，提高师生辨别是非、善恶、美丑的能力，进一步增强理论认同、政治认同、情感认同，不断激发广大高校师生投身改革开放的巨大热情，凝心聚力共筑"中国梦"，立志肩负起民族复兴的时代重任。及时有效的思想政治教育还会起到解疑释惑、统一思想的作用，增强高校师生贯彻党的路线方针政策的自觉性和走中国特色社会主义道路的坚定性，教育引导学生树立共产主义远大理想和中国特色社会主义共同理想，坚定道路自信、理论自信、制度自信、文化自信。通过开展思想政治教育，让爱国主义精神在学生心中牢牢扎根，教育引导学生热爱和拥护中国共产党，立志听党话、跟党走，立志扎根人民、奉献国家；教育引导学生培育和践行社会主义核心价值观，踏踏实实地修好品德，成为有大爱大德大情怀的人；教育引

导学生珍惜学习时光，增长见识、丰富学识，沿着求真理、悟道理、明事理的方向前进；教育引导学生树立高远志向，历练敢于担当、不懈奋斗的精神，具有勇于奋斗的精神状态、乐观向上的人生态度。高校师生具有了较高的政治素质和良好的精神状态，增强了自身的免疫力，也就增强了抵御各种腐朽思想文化侵蚀的能力，这必定有利于防止多样化社会思潮的渗透，巩固高校马克思主义意识形态阵地。

高校意识形态工作领导权、话语权的实现也是扩大马克思主义指导力、影响力的问题，开展积极有效的思想政治教育工作，为高校意识形态工作领导权、话语权的实现奠定了良好的思想基础和群众基础。

3. 为高校意识形态工作领导权、话语权的实现营造良好环境

高校意识形态工作领导权、话语权的实现，需要营造积极、健康、向上的良好的社会环境和良好的思想道德环境，而良好社会环境、思想道德环境的营造离不开思想政治教育工作发挥的引导教育作用。思想政治教育工作能为高校意识形态工作领导权、话语权的实现营造良好环境，主要体现在三个方面。

第一，为高校意识形态工作领导权、话语权的实现构建良好的思想道德环境。高校意识形态工作的目的就是提高高校师生的思想道德水平，广大师生具有了较高的思想觉悟和道德水平，也就为高校意识形态工作领导权、话语权实现创造了有利的思想条件。一些错误社会思潮和思想观点在高校的传播，在一定程度上与部分师生思想道德水准下降存在密切联系，如拜金主义、享乐主义、极端个人主义、伪科学、虚无主义等，这些思潮往往利用思想政治教育出现薄弱环节时，加速自身的传播。思想政治教育能够培育和引导高校师生形成良好的道德情操、心理品质和政治素质，具有一种"化人"的功能，通过强有力的思想政治教育工作，帮助人们树立正确的信念，激发奋发向上的民族精神，化解人民内部的各种矛盾，抵制腐朽思想文化的影响，培育良好的社会主义道德风尚。通过思想政治教育工作，提高高校师生的思想道德觉悟，在大学校园里形成爱国守法、明理诚信、团结友善、勤俭自强、敬业奉献的基本道德风尚，就会减弱社会思潮的影响力；通过在大学生中开展集思想性、知识性、娱乐性于一体的政治思想教育活动，引导大学生树立高尚的道德情操，树立体现中华民族优秀传统和时代精神的价值标准和行为规范；通过加强思想政治教育工作，弘扬以爱国主义为核心的民族精神和以改革创新为核心的时代精神，弘扬集体主义、社会主义思想，形成与社会主义市场经济相适应、与社会主义法律规范相协调、与中华民族传统美德向承接的社会主义道德体系，进而构建起抵御腐朽思想文化渗透的道德防线。

第二，为高校意识形态工作领导权、话语权的实现营造良好的社会环境。改革开放以来，在经济发展过程中，我国出现了一些不良的社会现象，如腐败现象、弄虚作假现象、黄赌毒现象、封建迷信现象、崇洋媚外现象等，不良的社会现象必定会对我国高校师生的思想状况产生不利影响。要消除社会上存在的一些不良现象、改善社会风气，就必须加强和改进意识形态工作，邓小平指出："改善社会风气要从教育入手。"① "思想政治工作和思想政治工作队伍都必须大大加强，决不能削弱。"② 胡锦涛强调："需要我们切实加强思想道德建设，提高全民族的思想道德素质，改善社会风气，在全社会形成团结互助、平等友爱、共同前进的良好社会氛围和人际关系。"③ 通过开展意识形态工作，有助于形成知荣辱、讲正气、促和谐的社会风尚；有助于弘扬科学精神，养成健康文明的社会生活方式；有助于遏制社会上的一些不正之风，扶正祛恶，扬善惩恶，净化社会风气，构建良好的社会环境。健康、文明、和谐、稳定、清廉的社会风气不仅体现了我国主流意识形态的价值要求，也有助于我国主流意识形态得以顺畅地传播和扩大自身的影响力，进而为高校意识形态工作领导权、话语权实现营造良好社会环境。

第三，为高校意识形态工作领导权、话语权的实现创造稳定的政治环境。高校意识形态工作领导权、话语权的实现离不开稳定的政治环境。稳定的政治环境一方面需要制度、法律来规范和制约，通过制度和法律约束人们的行为，惩治一些违纪、违法行为，通过"硬性"的强制保障社会秩序的正常运转；另一方面也需要思想政治教育工作为条件。持之以恒的思想政治教育工作，是化解人民内部矛盾的有效手段。人民内部矛盾是在人民根本利益基础上的非对抗性矛盾，解决人民内部矛盾的基本方法是民主的方法、说服教育的方法，通过开展意识形态工作，摆事实、讲道理，化解人民内部矛盾，防止矛盾激化，减少危害性，把矛盾协调在可控范围，营造和谐的人际关系，从而营造和谐稳定的政治环境。此外，开展有针对性的意识形态工作也是防止群体性事件发生的有效方法，群体性事件对社会和谐、稳定危害较大，这类事件的发生在很大程度上是由于个别部门和工作人员缺乏对群众进行耐心、细致的说服引导，导致矛盾越积越深。通过深入细致的意识形态工作，摆事实、讲道理，得到群众的

---

① 邓小平：邓小平文选：第3卷［M］．北京：人民出版社，1993：144.
② 邓小平：邓小平文选：第3卷［M］．北京：人民出版社，1993：145.
③ 中共中央文献研究室．十六大以来重要文献选编：下［M］．北京：中央文献出版社，2008：373－374.

理解，就能防止矛盾激化，在很大程度上避免群体性事件的发生。因此，开展积极的思想政治教育工作有助于保持民主团结、安定和谐的政治局面。高校是社会的一部分，高校工作要受到整个社会发展状况的影响，稳定的政治环境为高校意识形态工作领导权、话语权的实现提供了前提条件，反之，社会动荡、社会秩序混乱、人心惶惶，就会冲击高校正常的教学科研工作，高校各项工作不可能正常开展，在混乱、动荡的社会环境下，高校意识形态工作领导权、话语权不可能得到正确实现。

4. 为高校意识形态工作领导权、话语权的实现凝聚强大力量

高校意识形态工作领导权、话语权的实现不仅需要良好的环境而且还需要一定的推动力，这种推动力的孕育和形成与思想政治教育工作存在密切的关联性。

第一，加强和改善思想政治教育工作能够为高校意识形态工作领导权、话语权的实现提供精神动力。习近平指出："中国特色社会主义进入新时代，必须把统一思想、凝聚力量作为宣传思想工作的中心环节。"① 思想政治教育本身具有一种激励属性和功能，思想政治教育按照某种政治理想、道德行为标准去培养和塑造人，促使人们接受和追求这种理想和标准，使人们为之努力和奋斗，在这个过程中，对人们的成长形成一种内在的精神动力，使人们具有一种坚忍不拔、勇于向上的拼搏精神，这种激励作用往往转化为一种勇于开拓、不断创新的动力；在意识形态工作中通过宣传党的路线方针政策，"用共同理想凝聚人心，用奋斗目标激励人心，用发展成就鼓舞人心，用良好氛围稳定人心"②。通过大力加强社会主义核心价值观教育，把培育和弘扬社会主义核心价值观作为凝魂聚气、强基固本的基础工程，使社会主义核心价值观内化于心、外化于行，成为高校师生的价值追求和自觉行动。积极有效的意识形态工作，拓展了高校师生的视野，提升了高校师生的精神境界，促使高校师生更新观念、解放思想、与时俱进，有助于培育创新意识、倡导创新精神、营造创新氛围，这种创新增强了我国主流意识形态的活力，从而内化为高校意识形态工作领导权、话语权实现的动力源泉。

第二，开展丰富多彩的思想政治教育工作为高校意识形态工作领导权、话语权的实现提供实践动力。高校意识形态工作是一项重要的实践工作，开展高

---

① 习近平. 在全国宣传思想工作会议上的讲话［N］. 人民日报，2018 – 08 – 23.
② 中共中央文献研究室. 十六大以来重要文献选编：上［M］. 北京：中央文献出版社，2005：535.

校意识形态工作的过程也是践行马克思主义的过程，是一种主观见之客观的行为，是一种马克思主义与高校师生的实际情况相结合的行为，这种特定的意识形态工作实践既为马克思主义理论研究和创新提供了一定的实践材料，又为高校意识形态工作领导权、话语权的实现提供了广阔的舞台。高校意识形态工作实践提出的新问题、新要求，推动着马克思主义理论不断完善和创新，成为一种高校意识形态工作领导权、话语权实现的实践动力。丰富多彩的高校意识形态工作实践活动为高校意识形态工作领导权、话语权的实现提供了一些新思路、新方式、新路径，这就大大增强了高校意识形态工作领导权、话语权实现的活力。

第三，经常性的思想政治教育工作也为高校意识形态工作领导权、话语权的实现提供群众动力。高校意识形态工作领导权、话语权的实现不仅需要思想、理论、宣传部门及有关人员的直接实施，还需要广大高校师生的参与和支持，这样才能形成实现高校意识形态工作领导权、话语权的强大力量。积极有效的思想政治教育工作能够充分发挥高校师生的积极性、主动性和创造性，激发和释放全体师生的活力，使高校师生充分认识到坚持马克思主义指导地位的必然性，并站在马克思主义的立场上自觉抵制、反对一些危害国家和人民利益的社会思潮，这就会形成高校意识形态工作领导权、话语权实现的强大的力量源泉。

（二）思想政治教育途径在我国高校意识形态工作领导权、话语权实现中的基本要求

高校意识形态工作领导权、话语权实现的任何一种途径都有其内在的规定性，要充分发挥一种途径的作用，就必须科学认识这种途径所具有的内在规定性，充分认识其发展规律，这样才能使高校意识形态工作领导权、话语权得到有效实现。思想政治教育工作的内在规定性和自身遵循的基本规律构成了思想政治教育途径的基本要求。

1. 坚持围绕中心、服务大局是思想政治教育途径实现高校意识形态工作领导权、话语权的基本职责

思想政治教育工作历来是围绕着党的中心任务进行的，为实现党的中心任务服务，保证党的中心任务的顺利完成，这既是我党思想政治教育工作的优良传统，也是我党思想政治教育工作的主旋律。党在一定时期的中心任务，是全党和全国工作的大局，党的中心任务决定着意识形态工作的基本方向。以经济建设为中心，大力发展生产力成为党和国家的根本任务，因此，当前的意识形态工作必须保障社会主义现代化建设和改革开放的顺利进行，保障社会主义市

场经济健康有序发展，保障构建和谐社会目标的全面实现。意识形态工作要大力营造聚精会神搞建设、一心一意谋发展的良好氛围，大力营造倍加顾全大局、倍加珍惜团结、倍加维护稳定的良好氛围。"只有始终围绕经济建设这个中心，一切在大局下思考，一切在大局下行动，为改革开放和社会主义现代化建设创造良好的社会环境和舆论氛围，宣传思想工作才能找准自身位置，发挥积极作用。"① 江泽民强调："党的思想政治工作，是经济工作和其他一切工作的生命线，是团结全党全国各族人民实现党和国家各项任务的中心环节，是我们党和社会主义国家的重要政治优势。"②

高校思想政治工作是整个意识形态工作的有机组成部分，高校思想政治教育工作必须为党和国家的方针政策服务，坚持围绕经济建设这一中心不动摇，服务于改革发展稳定的大局。目前就是要为全面建成小康社会、全面深化改革、全面依法治国、全面从严治党服务，为积极推进经济建设、政治建设、文化建设、社会建设、生态文明建设五位一体的总体布局服务，习近平特别强调，高校意识形态工作要"为人民服务，为中国共产党治国理政服务，为巩固和发展中国特色社会主义制度服务，为改革开放和社会主义现代化建设服务"③。高校意识形态工作领导权、话语权实现的目的说到底是为党和国家的中心任务服务的，弘扬了思想政治教育工作的主旋律，就确立了高校意识形态工作领导权、话语权实现的方向。在高校意识形态工作领导权、话语权实现的过程中，坚持做到一切有利于党和国家的中心任务的思想观点都要予以支持、保护，一切不利于党和国家中心任务实行的思潮、观点都要积极地批驳和抵制，一切危害党和人民根本利益的思潮都要进行批判和斗争。这就使高校意识形态工作领导权、话语权的实现与实现党和国家根本任务紧密联系起来，这也是高校思想政治教育工作义不容辞的职责。

2. 坚持以人为本是思想政治教育途径实现高校意识形态工作领导权、话语权的基本价值取向

习近平指出宣传思想工作"坚持人民性，就是要把实现好、维护好、发展好最广大人民根本利益作为出发点和落脚点，坚持以民为本、以人为本"④。在

---

① 中共中央文献研究室. 十六大以来重要文献选编：上［M］. 北京：中央文献出版社，2005：525.
② 江泽民. 江泽民文选：第3卷［M］. 北京：人民出版社，2006：74.
③ 习近平. 把思想政治工作贯穿教育教学全过程［N］. 人民日报，2016－12－08.
④ 习近平. 胸怀大局把握大势着眼大事 努力把宣传思想工作做得更好［N］. 人民日报，2013－08－21.

思想政治教育工作中要坚持以人为本，就要求牢固树立群众观点，自觉站稳群众立场，始终坚持群众路线，想问题、办事情、做决策都要从最广大人民群众根本利益出发，要把意识形态工作与解决人民群众的实际问题结合起来，把坚持正确导向与通达社情民意结合起来；多做有利于维护人民群众利益的事情，多帮助解决人民群众反映强烈的现实问题，意识形态工作一定要善于贴近群众，善于从群众最关心、与群众切身利益最密切的问题入手，把工作做到群众的心坎上。在意识形态工作中坚持以人为本，就要在感情上贴近群众，工作上依靠群众，回答群众关心的问题，解答群众思想上的困惑，办好顺民意、解民忧、惠民生的实事，时刻关心人民群众的安危冷暖，从人民群众最希望做的事情做起，认真倾听群众意见，积极反映群众呼声，大力讴歌人民群众的英雄业绩，努力满足人民群众的精神文化需求，使精神文明建设的成果惠及人民群众。"要树立以人民为中心的工作导向，把服务群众同教育引导群众结合起来，把满足需求同提高素养结合起来，多宣传报道人民群众的伟大奋斗和火热生活，多宣传报道人民群众中涌现出来的先进典型和感人事迹，丰富人民精神世界，增强人民精神力量，满足人民精神需求。"① 做到以人为本，就要面向基层，服务群众，深入实际，多反映人民群众的利益要求，多宣传人民群众中的先进典型。"宣传思想文化工作说到底是做人的工作，必须把以人为本、服务群众融入工作全过程。"② 多做有利于维护人民群众切身利益的事情，多帮助解决人民群众反映强烈的突出问题，多提供有利于保障人民文化权益的文化产品和服务，注重人文关怀是现代思想政治教育的基本要求，同时也是创新思想政治教育的着力点。

习近平指出："思想政治工作从根本上说是做人的工作，必须围绕学生、关照学生、服务学生，不断提高学生思想水平、政治觉悟、道德品质、文化素养，让学生成为德才兼备、全面发展的人才。"③ 高校意识形态工作中要贯彻以人为本的原则，就要做到尊重师生、理解师生、关心师生、帮助师生；通过人文关怀，注重情感，最大限度地调动广大高校师生参与教育、融入教育、自我教育的热情；要尊重师生在高校思想政治工作中的主体地位，把意识形态工作与实现高校师生的利益有机结合起来，使高校师生深切感到意识形态工作给他们带

---

① 习近平. 胸怀大局把握大势着眼大事 努力把宣传思想工作做得更好［N］. 人民日报，2013－08－21.

② 中共中央文献研究室. 十七大以来重要文献选编：上［M］. 北京：中央文献出版社，2009：182.

③ 习近平. 把思想政治工作贯穿教育教学全过程［N］. 人民日报，2016－12－09.

来的实际利益，感到意识形态工作给他们带来的温暖。要围绕大学生生活、学习、就业中的现实问题，加强对大学生的心理健康辅导，增强他们战胜困难、适应社会的能力。高校意识形态工作领导权、话语权实现过程中，坚持以人为本，就会赢得高校师生的拥护和信任，增强我国主流意识形态在高校师生中的吸引力、感召力。坚持以师生为本，实现好、维护好、发展好广大高校师生的根本利益，这就确立了高校意识形态工作领导权、话语权实现的基本价值导向。

3. 坚持党对思想政治教育工作的领导是思想政治教育途径实现高校意识形态工作领导权、话语权的根本政治保证

"党的领导是做好宣传思想工作的关键，任何时候、任何情况下都不能动摇。"① 要始终坚持"两手抓、两手都要硬"的战略方针。切实加强党对宣传思想工作的领导。宣传思想战线要坚定自觉地在思想上、政治上、行动上同党中央保持一致。为更好地保障党对思想政治工作的领导，各级党委，特别是"一把手"，要高度重视思想政治教育，把思想政治教育工作纳入党的工作全局来考虑，"各级党委要负起政治责任和领导责任，加强对宣传思想领域重大问题的分析研判和重大战略性任务的统筹指导，不断提高领导宣传思想工作能力和水平"②。各级党委和领导干部要及时了解人民群众的思想动态，认真研究和解决思想政治教育工作中存在的新问题；要从政治上、工作上、生活上关心宣传思想工作者，充分调动和保护他们的积极性和创造精神；思想教育战线要坚定地自觉地在思想上、政治上、行动上同党中央保持一致，维护中央权威，保证政令畅通；为保障党对思想政治教育工作的组织领导，必须使思想宣传机构的领导权牢牢掌握在忠于马克思主义、忠于党和人民的人手里，同时还要构建起保障思想宣传工作有效开展的组织制度和机制，以实现宣传思想工作的制度化、规范化；党通过制定宣传思想工作方面的政策，为宣传思想工作指明方向、部署任务、制定措施实施对宣传思想工作的政治领导。"切实加强和改善党对宣传思想工作的领导，是加强宣传思想工作的根本保证。"③

习近平指出："我们的高校是党领导下的高校，是中国特色社会主义高

---

① 中共中央文献研究室. 十六大以来重要文献选编：上 ［M］. 北京：中央文献出版社，2005：527.

② 习近平. 胸怀大局把握大势着眼大事 努力把宣传思想工作做得更好 ［N］. 人民日报，2013－08－21.

③ 中共中央文献研究室. 十六大以来重要文献选编：上 ［M］. 北京：中央文献出版社，2005：528.

校。"① "办好我国高等教育，必须坚持党的领导，牢牢掌握党对高校工作的领导权，使高校成为坚持党的领导的坚强阵地。"② 各级党委要把思想政治工作摆在重要位置，加强领导和指导，形成党委统一领导、各部门各方面齐抓共管的格局。习近平要求，各地党委书记和有关部门党组书记多到高校走走，多同师生接触，多去高校做报告，回答师生关注的理论和现实问题。要加强同高校知识分子的联系，多关心、多交流、多鼓励，善交朋友、广交朋友、深交朋友，多听他们的意见，真听他们的意见。实现高校意识形态工作领导权、话语权的本质也是实现党对高校工作的领导问题，党对高校领导的一个主要方面就是意识形态工作的领导。我国高校的这种性质和要求就决定了在意识形态工作中必须坚持党的领导。只有坚持党对高校意识形态工作的全面的领导，才能保证高校正确办学方向，掌握意识形态工作主导权，保证高校始终成为培养社会主义事业建设者和接班人的坚强阵地，进而保证高校意识形态工作领导权、话语权的充分实现。

4. 坚持不断创新是思想政治教育途径实现马克思主义意识形态话语权的动力源泉

"创新是民族进步的灵魂，是国家兴旺发达的不竭动力，也是做好宣传思想工作的内在要求。"③ 思想政治教育工作的直接目的就是解决人的思想问题，而人的思想意识是随着现实情况的变化而变化的，因此，这就要求在思想政治教育工作中必须适应形势的变化，认真研究新时期意识形态工作的特点和规律，不断开拓创新。"我们的思想政治工作在继承和发扬优良传统的基础上，必须在内容、形式、方法、手段、机制等方面努力进行创新和改进。"④ 只有在继承中努力创新，不断进取，才能打开思想政治教育工作的新局面，开创意识形态工作的新境界，把意识形态工作推进到新阶段。在我党的历史上，意识形态工作每向前发展一步，都是在创新过程中实现的，这是思想政治教育工作发展的一条基本规律。

习近平十分重视思想政治教育工作创新问题，他强调："宣传思想工作创新，重点要抓好理念创新、手段创新、基层工作创新，努力以思想认识新飞跃打开工作新局面，积极探索有利于破解工作难题的新举措新办法，把创新的重

心放在基层一线。"① 在思想政治教育工作内容创新上，要紧紧围绕社会主义现代化建设的实际现实问题，紧紧围绕干部群众的思想实际解疑释惑，更好地做到用科学的理论武装人。通过思想政治教育工作内容的创新，把一些符合时代发展要求的新理念、新思想、新观点应用于思想政治教育工作实践，武装人民的头脑，增强了马克思主义意识形态的吸引力，增强了对错误思潮的抵御能力、斗争能力；借助思想政治教育工作形式的创新，通过寓教于乐、生动活泼的形式开展思想政治工作，使思想政治工作充满着生活气息、时代气息，这必定会增强马克思主义意识形态的感染力；利用思想政治教育工作的方法创新，更多地运用民主讨论、平等交流、互动沟通、个别谈心、耐心疏导、榜样引领、因人施教、言传身教等方法，使思想政治教育贴近教育对象，适应群众承受力，深入浅出，循序渐进，润物无声，可亲可信，增强马克思主义意识形态的亲和力；实现思想政治教育工作手段创新，善于利用大众媒体开展思想政治教育工作，特别是要高度重视和积极运用互联网、手机等新兴媒体，建设开展思想政治教育工作的新平台，增强马克思主义意识形态的吸引力；实现思想政治教育工作的机制创新，不断加强和完善一系列能够保障思想政治教育工作顺利开展的运行机制，如管理机制、监督检查机制、评估机制、奖惩机制等，通过机制创新，增强马克思主义意识形态的发展动力。

关于高校思想政治工作的创新，习近平特别指出："做好高校思想政治工作，要因事而化、因时而进、因势而新。"② 党的十八大以来，以习近平同志为核心的党中央把高校思想政治工作摆在更加突出的地位，做出了一系列重大决策部署，各地高校积极主动地开展思想政治工作，不断取得新成效，高校思想政治工作者把握大局的能力及政治敏锐性、政治鉴别力、政治判断力普遍提高。高校广大师生对以习近平同志为核心的党中央充分信任和拥护，对坚持中国共产党的领导和中国特色社会主义理想高度认同，对实现中华民族伟大复兴的"中国梦"充满信心，这种新成效、新形势是我们做好高校思想政治工作的底气所在、自信所在。同时要清醒认识到，随着国内外形势的深刻变化，不同思想文化的交流、交融、交锋更加频繁，社会思潮多元、多样、多变的趋势更加明显，外部环境对高校思想政治工作的影响更加复杂，高校抵御不同思想文化渗透的任务更加繁重，高校思想政治工作的任务更加艰巨。面对这种新形势，我

---

① 习近平. 胸怀大局把握大势着眼大事 努力把宣传思想工作做得更好 ［N］. 人民日报，2013 - 08 - 21.

② 习近平. 把思想政治工作贯穿教育教学全过程 ［N］. 人民日报，2016 - 12 - 09.

们必须充分认识到高校思想政治工作关系高校培养什么样的人、如何培养人以及为谁培养人这个根本问题。这种新问题、新形势迫切要求我们不断推进高校思想政治工作创新。

要使高校思想政治工作不断创新，就要不断增强高校思想政治工作内生动力。就要遵循思想政治工作规律，遵循教书育人规律，遵循学生成长规律，不断实现高校思想政治工作内容创新、思想政治理论课建设体系创新、话语方式创新、工作手段创新等。在教育内容方面，要着力增强思想政治教育内容的时效性，使教育内容紧跟时代步伐，增强高校思想政治工作的影响力，要教育引导学生正确认识世界和中国发展大趋势，从我们党探索中国特色社会主义历史发展和伟大实践中，认识和把握人类社会发展的历史必然性，认识和把握中国特色社会主义的历史必然性，不断树立为共产主义远大理想和中国特色社会主义共同理想而奋斗的信念和信心；正确认识中国特色和国际比较，全面客观认识当代中国、看待外部世界；正确认识时代责任和历史使命，用"中国梦"激扬青春梦，为学生点亮理想的灯、照亮前进的路，激励学生自觉把个人的理想追求融入国家和民族的事业中，勇做走在时代前列的奋进者、开拓者。在思想政治理论课建设体系方面，做到全面深化课程建设综合改革，充分反映党的理论创新成果和中国特色社会主义实践经验，并注重教学方式的改进，增强高校思想政治工作的感召力。在话语方式方面，要努力构建具有中国特色、中国风格、中国气派的主流话语体系，创造贴近校园、贴近师生、贴近生活的话语方式，增强高校思想政治工作的感染力。在思想政治工作手段方面，要积极探索有利于破解难题的新办法，特别是要适应信息化社会的新要求，习近平总书记在全国高校思想政治工作会议上强调："要运用新媒体新技术使工作活起来，推动思想政治工作传统优势同信息技术高度融合，增强时代感和吸引力。"① 只有保持不断创新的态势，才能使高校思想政治工作呈现出勃勃生机。

思想政治教育工作途径的创新为高校意识形态工作领导权、话语权的实现提供持久的动力源泉，使高校意识形态工作领导权、话语权在实现过程中充满了生机与活力。

5. 坚持齐抓共管是思想政治教育途径实现高校意识形态工作领导权、话语权的有力保障

思想政治教育工作是一项系统工程，要全面完成意识形态工作的任务，必须形成合力，把社会各方面的力量动员起来，把社会各方面的资源整合起来，

---

① 习近平. 把思想政治工作贯穿教育教学全过程［N］. 人民日报, 2016 - 12 - 09.

使它们充分发挥作用、密切配合。实行社会主义市场经济以来，我国思想政治教育工作的任务加重，难度加大，仅仅靠个别部门很难保障思想政治教育工作的有效开展，因此，我党十分重视各个部门通力协作搞好意识形态工作。胡锦涛明确指出："要建立健全党委统一领导、党政群齐抓共管、文明委组织协调、有关部门各负其责、全社会积极参与的领导体制和工作机制。"① 并具体指出，各级宣传、教育等党政有关职能部门，共青团、妇联、工会等组织，在加强和改进思想政治工作中都肩负着重要责任，要发挥各自优势，明确职责，密切配合，形成合力。江泽民指出，党的思想政治工作，面向全社会，面向广大干部群众，靠一部分人来做是远远不够的，必须全党动手，落实到基层发动各方面力量共同来做。"要建立党委统一领导，党政各部门和工会、共青团、妇联等人民团体齐抓共管、各负其责的思想政治体制，建立健全思想政治工作责任制。"② 习近平也强调："要树立大宣传的工作理念，动员各条战线各个部门一起来做，把宣传思想工作同各个领域的行政管理、行业管理、社会管理更加紧密地结合起来。"③ 为形成思想政治教育工作的合力，我党强调各级宣传、教育部门、共青团、少年队、妇联、工会等在意识形态工作中都要担负起重要责任；为加强对思想政治教育工作的管理，我党还进一步强调建立健全党委统一领导、党委宣传部门指导协调、党政各部门各负其责、社会各个方面齐抓共管的管理新格局。④ 要按照谁主管谁负责和属地管理的原则，认真落实管理责任，履行好管理职能。同时还需要构建全员育人、全方位育人、全过程育人、全社会关心支持的工作机制。在我国，共产党作为执政党不仅要对国家实施政治领导，而且每个党员、干部及党组织都要积极主动地做好思想政治教育工作，并在思想政治教育工作中肩负起领导作用的责任；青年团在意识形态工作中具有直接的责任，特别是针对青年学生和知识分子中意识形态工作减弱的现象，青年团在思想政治教育工作中的职责显得尤为必要；政府主管思想教育的部门也要针对思想政治教育工作的现实要求，不断采取有效的措施，保障思想政治教育工作的有效开展。

---

① 中共中央文献研究室. 十六大以来重要文献选编：中 [M]. 北京：中央文献出版社，2006：85.

② 江泽民. 江泽民文选：第3卷 [M]. 北京：人民出版社，2006：86.

③ 习近平. 胸怀大局把握大势着眼大事 努力把宣传思想工作做得更好 [N]. 人民日报，2013 - 08 - 21.

④ 中共中央文献研究室. 十七大以来重要文献选编：上 [M]. 北京：中央文献出版社，2009：192.

在高校意识形态工作中同样也需要坚持齐抓共管的原则，高校意识形态工作涉及面广，不仅是学生工作部门和思想政治理论课教学科研部门的责任，不仅是辅导员和思想政治理论课教师的工作，而且是全体教职员工的责任。"各级党委要把高校思想政治工作摆在重要位置，加强领导和指导，形成党委统一领导、各部门各方面齐抓共管的工作格局。"① 健全党委统一领导、党政分工负责、协调配合运行的工作机制。一方面，高校内部各个部门主要是学校党委、行政、团委、工会，各个院系、班级构成一个有机的思政工作体系，做到高校党委统一领导、各级党组织上下联动、党政工团齐抓共管，教育部门、教学部门形成合力的思政工作格局，通过构建全过程、全方位育人体系，形成教书育人、科研育人、实践育人、管理育人、服务育人、文化育人组织育人长效机制；另一方面，高校要加强与地方党政部门、企事业单位、家庭、社会团体、爱国主义教育基地等方面的联系，在高校之外，争取得到各方面的配合、借助各方面的力量、利用各方面的资源，形成做好高校意识形态工作的强大合力。做好高校意识形态工作需要各条战线、各个部门、社会各方面力量的支持配合，真正汇聚起全社会关心支持、共同推进高校意识形态工作的磅礴力量，共同构建起高校意识形态工作大格局。在高校意识形态工作中实现齐抓共管，各部门应发挥各自优势、担负起各自应尽的责任、相互协作、密切配合，使各方面的力量和责任有机地结合起来，这就为高校意识形态工作领导权、话语权的实现提供了有力的组织保障。

6. 深化理论武装是思想政治教育途径实现高校意识形态工作领导权、话语权的引导力量

"理论一经掌握群众，也会变成物质力量。理论只要说服人，就能掌握群众；而理论只要彻底，就能说服人。"② 要做好高校意识形态工作，全面落实立德树人根本任务，必须用中国特色社会主义体系武装高校师生头脑，用社会主义核心价值观凝聚人心。要不断推进中国特色社会主义理论体系进教材、进课堂、进头脑。目前，我国高校要充分发挥学科优势、人才优势、智力优势，着力回答中国特色社会主义重大理论和实践问题，不断深化用马克思主义中国化最新成果，特别是习近平新时代中国特色社会主义思想武装师生头脑，进教材、进课堂、进头脑。要深入实施马克思主义理论研究和建设工程，建立以马克思主义为指导，充分反映党的理论创新成果，充分体现中国特色社会主义的实践

---

① 习近平. 把思想政治工作贯穿教育教学全过程［N］. 人民日报，2016 – 12 – 08.

② 马克思，恩格斯. 马克思恩格斯选集：第 1 卷［M］. 北京：人民出版社，1995：9.

经验和生动案例，具有中国特色、中国风格、中国气派的哲学社会科学体系。要实施好高校思想政治理论课建设体系创新计划，发挥好高校思想政治理论课的主渠道作用，把中国特色社会主义理想信念讲深讲透，不断增强大学生的道路自信、理论自信、制度自信、文化自信。

高校师生是一个知识群体，在意识形态工作中他们更加注重理论的作用，理论只要彻底就能说服人，只有用正确的理论武装师生头脑，才能使高校师生更能科学、深刻地分析问题，在一些大是大非问题上保持清醒头脑，具有更高的政治判断力，站稳政治立场。高校意识形态工作领导权、话语权的实现不是自发的过程，而是一个自觉的过程，在这个自觉的过程中必须有科学理论的指导，这样，高校意识形态工作领导权、话语权的实现就有了一种引导力。

7. 增强思想政治工作亲和力是思想政治教育途径实现高校意识形态工作领导权、话语权的内在要求

习近平总书记在全国高校思想政治工作会议上指出，提升思想政治教育亲和力和针对性，满足学生成长发展需求和期待，是新形势下提高思想政治工作实效性的关键。如何贯彻落实总书记指示要求，着力提升思想政治教育的亲和力，是广大思想政治教育工作者需要认真思考和深入探索的重要问题。

高校思想政治工作亲和力就是高校思想政治教育所具有的亲近感和影响力。这种亲和力不是靠行政命令可以完成的，也不是靠奖惩能够达到目的的，它是让学生感到亲近并且为之吸引的力量。提升高校思想政治教育亲和力，当然需要采取学生易于接受的思想政治教育工作方法，但最为关键的应是以学生的本质需求为出发点和落脚点，概括来说就是从有利于学生生存和发展、有利于学生身心健康的角度来考虑问题、做好工作。

第一，关心学生前途，引导学生寻找自身理想与国家目标的契合点。我们知道，古往今来，凡是能够有所成就的人，他们的作为一定是和国家的前途和命运紧紧联系起来的。学生们受阅历所限，不少人的理想还停留在找个好工作、能挣大钱上，此时就需要我们思想政治工作者在帮助同学们找到自身理想与国家目标的契合点上下功夫，通过分析实现他们目前理想的路径来引导同学们将自身事业融入国家的发展，这样思想政治工作更容易被学生们理解和认可，自然也就增加了亲和力。

第二，关注学生发展，挖掘学生天赋，激发事业动力。天赋是自身异于别人的地方，是那些让你投入其中、忘记时间流逝的事情，是那些让你感到自己很强大的事情。每个人的天赋有所不同，如果大学生能够找到自己的天赋，并将天赋和所从事的工作一致起来，既可以促使他们找到将来为社会做贡献的能

力和方向，同时也为他们的幸福人生奠定了基础。天赋是需要寻找的，思想政治工作应改变以往的总体漫灌为针对性的滴灌，在日常的教育管理中发现引导各个学生找到自己的天赋，为他们的理想插上翅膀，激发大学生的信心和动力。

第三，回应学生思想困惑，在服务学生中教育学生。思想政治工作只有接地气才能具有亲和力。接地气就是接近大学生的实际生活，接触大学生的所思所想，解决大学生的实际困难。如果你在课堂上给学生讲否定之否定规律，讲波浪式前进、螺旋式上升他们可能不感兴趣，但是如果你在他遭遇低谷时用这些理论疏解了他的思想疙瘩，他将会记住一辈子。如果你给学生讲我国的扶贫攻坚计划，讲新农村建设他可能不感兴趣，可是你带他到农村进行社会实践，亲自考察农村的变化，他就都明白了。所以，思想政治工作应给学生多讲讲身边的事，用小事解释大道理；多讲讲实际的事，用国内外实际发生的事阐述国家的发展、国际的风云变幻；多讲讲与学生联系密切的事，讲讲个人和群体的关系，讲讲个性和共性的融合，讲讲自由发展和团队合作的关系，以此影响和带动学生具备完善的思维和处事能力，辩证地看待人和事，正确地对待一切困难和挑战。

第四，关爱学生心理健康，注重对学生的人文关怀和心理疏导。随着转型期的社会压力，加之独生子女普遍以自我为中心，目前在高校大学生中的心理困扰呈多发趋势。这其中有个性的问题，但很多还是共性的问题，需要包括大学生心理健康专门机构在内的各项思想政治工作参与其中。目前困扰大学生的心理问题主要集中在以下几个方面：一是，感到焦虑和迷茫，表现出选择困难，不知道该怎么规划自己的人生；二是，不能够悦纳自己，表现在自我不认同，感觉自己什么都不行；三是，处理不好和家人、同学的关系，表现是怨天尤人，哪儿都看不惯，感觉谁都对不起自己等。应该说这些问题也是思想政治工作的重点，如果我们的思想政治工作能够贴近学生的心理需求，能够有针对性地设置教学任务和学生管理服务工作，高校的思想政治工作亲和力必将大大增强。

第五，统筹整体育人，思政工作应贯穿办学育人全过程。思想政治工作不仅体现在思政课上，也体现在其他课上；不仅体现在课堂上，还体现在课堂外；不仅体现在学习过程中，也体现在日常生活中。只有在校园营造一个整体的亲和环境，才能够实现思想政治工作润物无声和潜移默化的效能，所以学生的需求在哪里，高校的思想政治工作就应该能够覆盖到哪里，亲和力就应该体现在哪里。实现全过程的思想政治工作，应在学校办学理念、办学方向的优化上用力，应在校风学风、学校文化建设上用力，还应在上至校长、下至一般职工的职业操守上用力，真正实现围绕学生、关照学生、服务学生。

二、我国高校意识形态工作领导权、话语权实现的宣传舆论途径

我国高校意识形态工作领导权、话语权的实现离不开舆论宣传工作，要有效实现高校意识形态工作领导权、话语权就需要高校师生认同主流意识形态，要达到这种认同既需要教育，也需要宣传。通过高校舆论宣传工作，使马克思主义、毛泽东思想、中国特色社会主义理论体系以及党的路线方针政策为广大高校师生所熟知、所掌握，达到真学、真会、真用。高校舆论宣传工作是我国舆论宣传工作的一部分，做好高校舆论宣传工作既要遵循舆论宣传工作的一般规律和原则，又要从高校具体情况出发，创造出具有高校特色的舆论宣传工作新思路、新方式。

（一）宣传舆论在我国高校意识形态工作领导权、话语权实现过程中的基本作用

"舆论作为一种公开表达的社会评价，作为社会公众共同的意见和态度，传达着多数人的信念、意志和要求。"① "舆论是社会上相当数量的公众对他们共同关心的某个问题所表示个人意见、态度的汇集，它反映了一个社会各个群体的要求。"② 新闻媒介与舆论之间存在一种天然的密切的联系，在舆论从产生到形成并作用于社会的每个环节中，几乎都能看到新闻媒介的影子。宣传舆论就是指以新闻媒介为载体所形成的舆论环境。在不同时期有不同的新闻媒介，当今的新闻媒介主要包括报纸、广播、电视、网络、手机等，在此所分析的宣传舆论的功能，主要是以这些媒介为载体的舆论的基本功能。胡锦涛强调："现代社会，宣传舆论的社会影响力越来越大，能不能把宣传舆论工作抓在手上，关系人心向背，关系事业兴衰，关系党的执政地位。"③ 习近平明确指出："宣传思想工作就是要巩固马克思主义在意识形态领域的指导地位，巩固全党全国人民团结奋斗的共同思想基础。"④ 他在 2018 年 8 月 23 日召开的全国宣传思想工

---

① 李良荣. 新闻学导论［M］. 北京：高等教育出版社，2006：46.
② 杨光斌. 政治学导论：第三版［M］. 北京：中国人民大学出版社，2007：223.
③ 中共中央文献研究室. 十六大以来重要文献选编：上［M］. 北京：中央文献出版社，2005：535.
④ 习近平. 胸怀大局把握大势着眼大事 努力把宣传思想工作做得更好［N］. 人民日报，2013－08－21.

作会议上进一步指出："做好新形势下宣传思想工作，必须自觉承担起举旗帜、聚民心、育新人、兴文化、展形象的使命任务。"① 宣传舆论工作的这种重要性决定其在高校意识形态工作领导权、话语权实现过程中具有重要作用。

1. 宣传舆论通过用科学的理论武装人，有力促进了高校意识形态工作领导权、话语权的实现

高校宣传舆论工作所宣传的内容是多方面、多层次的，并且在不同时期宣传的重点也有所变化，但是对于科学理论的宣传是宣传舆论工作一项基本的、持续不断的工作，这是因为科学理论具有稳定性，发挥的作用具有持续性，同时，科学理论作为实践经验的高度概括，具有一定的抽象性，它不是师生自发形成的，理论的掌握需要学习和宣传，接受和掌握一定的理论比起接受一定的观念更需要一个过程。从科学理论的地位来看，科学理论在政治文化结构中处于核心地位，科学理论对国家政治生活的基本看法和价值界定，"直接地反映了社会经济关系和生产方式的状况，体现了社会阶级关系中不同阶级的地位与利益"②。社会各阶级都有自己一系列基本看法和政治要求，通过本阶级的思想家加以系统化、理论化，从而形成本阶级的政治理论，用以指导本阶级的政治实践。政治理论之所以居于政治文化结构的核心地位，是因为它代表着政治文化的阶级属性，规定了政治文化的本质，在社会意识形态中占据主导地位，影响制约着社会意识形态的变化。

在我国宣传舆论中坚持用科学的理论武装人，"武装全党，教育人民，推动全党用发展着的马克思主义指导新的实践"③。虽然高校师生是知识群体，掌握的理论比较丰富，在这个过程中难免也会受到一些错误理论的影响，如新自由主义、民主社会主义、历史虚无主义、意识形态终结论等错误理论，在高校师生中有不同程度的影响，正是由于高校是多种理论的集散地，高校师生也是各种理论争夺的重点群体，因此，在高校意识形态工作中更需要加强科学理论的宣传，以科学理论武装高校师生。只有坚持用科学理论武装高校师生，才能使高校师生，特别是大学生能够正确地观察形势、分析问题，增强高校师生贯彻党的路线方针政策的自觉性和走中国特色社会主义道路的坚定性；才能增强高校师生道路自信、理论自信、制度自信和文化自信；才能不断坚持和巩固马克

---

① 习近平. 在全国宣传思想工作会议上的讲话［N］. 人民日报，2018－08－23.
② 王惠岩. 政治学概论［M］. 北京：高等教育出版社，1999：315.
③ 中共中央文献研究室. 十六大以来重要文献选编：上［M］. 北京：中央文献出版社，2005：525.

思主义在高校意识形态领域的指导地位，巩固和发展高校师生团结奋斗的思想基础；才能保障高校理论战线及理论研究者在引领社会思潮过程中，始终坚持正确的政治方向；才能使高校党委及意识形态工作部门科学地判断和把握形势的变化，制定正确的高校意识形态工作政策，更加自觉地做好高校意识形态工作，牢牢掌握高校意识形态工作领导权、话语权。

我国高校宣传舆论工作所宣传的科学理论就是马克思列宁主义、毛泽东思想和中国特色社会主义理论体系。习近平新时代中国特色社会主义思想是马克思主义中国化的最新成果，是 21 世纪的马克思主义，是实现中华民族伟大复兴"中国梦"的行动指南，是党和国家必须长期坚持的指导思想，在高校舆论宣传中要把宣传贯彻习近平新时代中国特色社会主义思想作为一项重要任务，进教材、进课堂、进学生头脑。习近平指出，做好新形势下宣传思想工作，"就要高举马克思主义、中国特色社会主义的旗帜，坚持不懈用新时代中国特色社会主义思想武装全党、教育人民、推动工作，在学懂弄通做实上下功夫，推动当代马克思主义、21 世纪马克思主义深入人心、落地生根"①。在高校师生中还要大力宣传"中国梦"，"中国梦"的本质就是国家富强、民族振兴和人民幸福，它反映了历史与现实的统一、集体与个人的统一、中国与世界的统一，凝结着中国特色社会主义的精华，赋予中国特色社会主义道路、理论和制度以新的内容，升华了我们党的执政理念，是当今中国的高昂旋律。在高校师生中要大力宣传社会主义核心价值观，社会主义核心价值观体现了社会主义意识形态的本质，体现了社会主义制度在思想和精神层面的质的规定性，凝结着先进文化的精髓，是中国特色社会主义道路、理论、制度和文化的价值表达。这些科学理论是当前我国主流意识形态的核心内容。高校在宣传舆论中坚持用科学理论武装人，实质上就是用当前我国主流意识形态武装高校师生。

高校意识形态工作领导权、话语权的实现，离不开宣传舆论，只有通过宣传舆论，我国主流意识形态才能为广大高校师生所熟知、所掌握、所运用，才能付诸实践，进而有效实现高校意识形态工作领导权、话语权。

2. 宣传舆论发挥的引导作用有助于高校意识形态工作领导权、话语权的全面实现

从一般意义上看，宣传舆论媒体的一个重要功能在于向广大受众提供大量准确、及时的信息，供人们了解外部世界、了解社会现实，但这并不意味着宣传舆论工作只是信息提供者，事实上还是人们思想的引导者。宣传舆论媒体通

---

① 习近平. 在全国宣传思想工作会议上的讲话［N］. 人民日报，2018-08-23.

过持续不断的信息流，构筑现代信息环境，作用于人们的认识，引导舆论。信息是舆论和思想观念形成的建筑材料，它决定着人们对事实的掌握程度和对外界的感知，是思想认识形成的基础，是人们判断的依据，民众在形成一定的意见态度的过程中，实际上已经受到了信息环境的制约，信息的这种制约性潜移默化，作用持久。另外，宣传舆论媒体通过直接或间接的意见表达可以引导人们的思想倾向。宣传舆论媒体常常以公众代言人的姿态出现，它的意见传播具有公开、广泛、持续时间长，声势大的特点，在社会意见中具有独特的权威性，这是媒体意见独有的、很难被超越的优势，也因此很容易成为主流意见，民众对媒体意见的遵从、附和，往往也就是宣传舆论媒体有意识引导民众思想认识的过程。

我国宣传舆论具有鲜明的"以正确的舆论引导人"的政治导向功能。宣传舆论历来是我们党意识形态工作的重要组成部分，处于意识形态领域的第一线。能不能掌握宣传舆论的主动权，关系党对意识形态的影响力和控制力，关系党的执政地位，关系党和国家事业的兴衰成败。我党十分重视正确的舆论导向，强调唱响主旋律，为改革、发展、稳定营造良好的思想舆论氛围。认为"正确的思想舆论导向是促进社会和谐的重要因素"[1]。宣传舆论工作在"引导人民思想、培育社会风尚、促进社会和谐方面发挥重要作用"。"新闻媒体肩负着引导社会、影响舆论、弘扬正气、凝聚人心的重要职责。"[2] 通过宣传舆论工作使人民群众树立体现时代精神、体现社会进步的思想道德和价值观念，建设和谐文化，培育文明风尚；使人民群众能够全面了解和掌握党和国家的方针政策，科学判断国际、国内形势的变化，形成正确的认识，保持积极的精神状态；积极健康的舆论宣传，能够弘扬社会正气，抑制歪风邪气，"把党中央的声音传下去，把人民群众的伟大实践和新鲜经验传播开，把腐朽没落的思想文化和敌对势力的思想渗透压下去"[3]。习近平指出，我们正在进行具有许多新的历史特点的伟大斗争，面临的挑战和困难前所未有，必须坚持巩固壮大主流思想舆论，弘扬主旋律，传播正能量。他还强调要把握正确舆论导向，提高新闻舆论传播力、引导力、影响力、公信力，巩固壮大主流思想舆论。

---

① 中共中央文献研究室．十六大以来重要文献选编：下［M］．北京：中央文献出版社，2008：661．

② 中共中央文献研究室．十六大以来重要文献选编：中［M］．北京：中央文献出版社，2006：495．

③ 中共中央文献研究室．十六大以来重要文献选编：中［M］．北京：中央文献出版社，2006：495．

在我国高校宣传舆论工作中，只有坚持正确的舆论导向，才能正确地引导广大高校师生正确地认识国内外形势，特别是我国改革开放的新形势、新机遇，增强对改革开放的信心；及时有效的宣传舆论工作，能够实施对社会热点问题的引导，使高校师生能够全面正确地认识社会热点，引导学生形成向上、向善的精神力量；正确的舆论引导，有助于高校师生不为一些杂音、噪音所迷惑、干扰，减少各种社会思潮对高校师生的侵蚀；只有坚持正确舆论导向，才能有效地管好高校意识形态好阵地，不断巩固马克思主义在高校意识形态领域的指导地位。总之，正确的舆论引导，为高校意识形态工作领导权、话语权的实现创造良好的思想环境。

3. 宣传舆论工作的政治社会化作用强化了我国高校意识形态工作领导权、话语权的实现

宣传舆论工作具有"以高尚的精神塑造人"的政治教化功能，宣传舆论是实现政治社会化的重要途径。政治社会化是人们习得其政治取向和行为模式的发展过程，是社会塑造其成员的政治心理和政治意识的过程，是社会成员学习政治知识和技能的过程。阿尔蒙德认为政治社会化是政治文化形成、维持和改变的过程。王沪宁认为："从高度抽象的视觉来看，政治社会化指的是一个政治共同体内部传播政治文化的过程。"① 概括起来讲，"政治社会化作为政治文化的维持、延续、变革的过程，是一个社会成员与政治体系的双向互动过程，是政治体系的社会教化和社会成员个人内化的统一"②。一方面，对于社会成员来讲，政治社会化是社会成员通过多种途径获得政治知识，形成和改变自己的政治心理和政治思想的过程；对于政治体系来讲，政治社会化是政治体系通过各种途径塑造其成员的政治认知、政治信仰、政治态度、政治观点的过程。经历了这种双向互动过程，社会成员就完成了由"社会人"向"政治人"的转变。从政治体系的角度来看，政治社会化过程始终处于政治体系的影响之下，政治社会化的途径、方式和内容在一定程度上直接受政治体系所提供的内容、途径、方式等条件的制约，社会成员在长期的政治生活中，会自觉不自觉地熟悉和接受政治体系的特定规范，将政治体系所宣传、倡导的政治文化内化为自己的思想、动机、意识、习惯及行为倾向等，最终形成政治体系所要求的政治心理和政治思想。从这个意义上讲，政治社会化是政治体系对社会成员的一种有意识的教化行为。

---

① 王沪宁. 比较政治分析［M］. 上海：上海人民出版社，1987：181.
② 申文杰. 政治学概论新编［M］. 石家庄：河北人民出版社，2001：304.

宣传舆论媒体在高校师生中实现政治社会化主要通过两个具体途径。一是，"使政治事件引人注目"，通过新闻报道、舆论渲染等方式，吸引高校师生对政治事件的注意力，增加高校师生的关心程度和了解程度，从而引导高校师生政治心理变化趋向。二是，高校宣传舆论工作通过向师生宣传一定的政治价值观念、政治态度和政治情感，使高校师生接受、领会这些主流意识形态。我国高校宣传舆论坚持以正面宣传为主，注重培育高校师生积极健康的思想观念和道德风尚，坚持党性原则，弘扬和培育民族精神，"大力倡导一切有利于国家富强、社会进步、民族团结、人民幸福的思想和精神，唱响爱党、爱国、爱社会主义的主旋律"[1]。高校宣传舆论通过坚持不懈地对高校师生深入进行党的基本理论、基本路线、基本纲领、基本经验教育，深入进行爱国主义、集体主义、社会主义教育，深入进行社会主义核心价值观和"中国梦"的宣传教育，引导高校师生牢固树立共产主义远大理想和中国特色社会主义共同理想，树立正确的世界观、人生观和价值观。

高校宣传舆论工作在塑造广大高校师生的政治心理和政治思想观念的过程中，发挥着越来越重要的作用，高校宣传舆论工作的作用与高校意识形态工作领导权、话语权的基本要求是一致的，在这个意义上讲，高校宣传舆论工作的增强，也就意味着高校意识形态工作领导权、话语权的强化。

4. 宣传舆论工作通过发挥政治激励功能，直接推动了我国高校意识形态工作领导权、话语权的实现

宣传舆论工作具有"以优秀的作品鼓舞人"的特定激励功能。习近平指出宣传思想工作要增强吸引力和感染力，让群众爱听爱看、产生共鸣，就要充分发挥正面宣传鼓舞人、激励人的作用。习近平明确指出："坚持团结稳定鼓劲、正面宣传为主，是宣传思想工作必须遵循的重要方针。我们正在进行具有许多新的历史特点的伟大斗争，面临的挑战和困难前所未有，必须坚持巩固壮大主流思想舆论，弘扬主旋律，传播正能量，激发全社会团结奋进的强大力量。"[2]高校宣传舆论工作的激励功能是由其所肩负的职责决定的，这种激励功能表现在宣传舆论工作的各个方面。

一是，通过对一些重大事件的宣传报道，营造浓厚的氛围，振奋精神，形

---

① 中共中央文献研究室. 十六大以来重要文献选编：上［M］. 北京：中央文献出版社，2005：526.

② 习近平. 胸怀大局把握大势着眼大事 努力把宣传思想工作做得更好［N］. 人民日报，2013－08－21.

成强大态势，激发广大高校师生的热情，提高高校师生对国内外政治形势的关注程度。二是，通过大力培育和弘扬民族精神，通过深入的宣传教育，不断激发民族志气，鼓舞群众士气，弘扬社会正气，用民族精神和时代精神凝聚高校师生的力量、激发活力。高校宣传舆论工作通过抓住有利于振奋民族精神的重大事件、重大节庆日，在高校形成宣传热潮，进而发挥强大的激励作用，激发高校师生的爱国精神；三是，通过宣传改革开放以来的巨大成就，用发展成就鼓舞高校师生。改革开放以来，我国社会主义建设取得巨大成就，国家经济实力大大增强，国际地位进一步提高，目前已成为世界第二大经济体。这对坚定高校师生中国特色社会主义道路自信、理论自信、制度自信、文化自信起到了极大的鼓舞作用；四是，通过宣传全面建设小康社会的目标及实现中华民族伟大复兴的"中国梦"，用奋斗目标激励高校师生。明确了奋斗目标，就会增强高校师生参加社会主义建设的热情，激励高校师生不断奋斗；五是，在宣传舆论工作中，通过加强理想信念教育，增添高校师生奋发向上的动力。"理想信念，是一个政党治国理政的旗帜，是一个民族奋力前行的向导，也是有志青年奋发向上的动力。"[①] 习近平指出："宣传思想工作是做人的工作的，要把培养担当民族复兴大任的时代新人作为重要职责。重中之重是要以坚定的理想信念筑牢精神之基，坚定对马克思主义的信仰，对社会主义和共产主义的信念，对中国特色社会主义道路、理论、制度、文化的自信。"[②] 有了理想信念，就会形成强大的精神支柱。激励高校师生在日益复杂的环境中充满进取精神，焕发创造热情，不断探索、不断前进。可见，高校宣传舆论通过发挥其激励作用，大大增强了我国主流意识形态的影响力，对于高校意识形态工作领导权、话语权的实现就会产生直接的推动作用。

5. 宣传舆论工作发挥的凝聚人心的作用，有力促进了我国高校意识形态工作领导权、话语权的实现

宣传舆论工作具有统一思想、凝神聚气的功能。习近平指出："聚民心，就是要牢牢正确把握舆论导向，唱响主旋律，壮大正能量，做大做强主流思想舆论，把全党全国人民士气鼓舞起来、精神振奋起来，朝着党中央确定的宏伟目标团结一心向前进。"[③] 我国宣传舆论工作高举中国特色社会主义理论体系伟大

---

① 中共中央文献研究室. 十六大以来重要文献选编：中［M］. 北京：中央文献出版社，2006：636.

② 习近平. 在全国宣传思想工作会议上的讲话［N］. 人民日报，2018 - 08 - 23.

③ 习近平. 在全国宣传思想工作会议上的讲话［N］. 人民日报，2018 - 08 - 23.

旗帜，在解放思想中统一思想，不断坚持和巩固马克思主义意识形态的指导地位，巩固和发展全党和全国人民团结奋斗的思想基础。

在我国高校宣传舆论工作中，坚持党性原则，牢牢树立政治意识、大局意识、核心意识、看齐意识，注意区分思想认识问题、学术问题与政治问题的界限，具体问题具体分析，注意调动一切积极因素，团结一切可以团结的力量；在高校宣传舆论工作中，坚持为人民服务、为社会主义服务的方向，弘扬主旋律，提倡多样化，从而调动各方面的力量为改革开放和社会主义现代化建设服务；积极有效的宣传舆论工作能够提高党和政府的威信、改善干群关系，增强马克思主义意识形态的感召力；开展积极的宣传舆论工作，深入宣传党的重大决策和方针政策，生动地反映人民群众的伟大实践，用共同理想凝聚人心，用良好氛围稳定人心，有利于引导广大干部群众把思想和行动统一到中央精神上来，把智慧凝聚到全面建设小康社会上来，更好地把全国人民的力量凝聚起来，万众一心为实现全面建设小康社会的宏伟目标而奋斗。舆论宣传工作能够最大限度地形成思想共识，凝聚推动社会发展的强大力量。

在多样化社会思潮大量存在和人们思想观念多元化的现实情况下，为统一高校师生的思想，就必须发挥马克思主义意识形态的政治整合功能，这种整合功能就是规范、引领多样化的思想观点，使之朝着正确的方向发展，这实际上就是实现高校意识形态工作领导权、话语权，因此，高校宣传舆论工作对于统一高校师生的思想，增强凝聚力发挥的重要作用与高校意识形态工作领导权、话语权的实现是一致的，高校宣传舆论工作的加强和完善必定能促进高校意识形态工作领导权、话语权的实现。

6. 宣传舆论工作发挥的监督作用，保障了高校意识形态工作领导权、话语权的实现

宣传舆论本身就具有一种监督功能，这种监督功能在我国高校意识形态工作中的作用具体表现在四个方面。

一是，保障高校相关意识形态政策在制定过程中的科学化、民主化。高校宣传舆论媒体除了用于宣传党和政府的政策、教育高校师生之外，广大高校师生可以充分利用这些媒体，参与政治，表达自己的意志和愿望。在制定高校意识形态政策时，通过宣传舆论工作，使广大高校师生了解这项政策制定的必要性，得到高校师生的拥护和支持，动员高校师生广泛参与政策的制定，发挥民智、体现民意，保障政策的制定符合客观现实，符合高校师生的利益和要求。宣传舆论工作还可通过对特定事件作广泛而深入的报道以及有倾向性的评论，引起高校师生对该事件的关注，并发表一些建设性意见，从而实现对制定高校

意识形态政策的参与和监督，进而实现政治决策的科学化、民主化。二是，对高校思想文化建设政策实施过程进行监控，保障思想文化政策实施的质量和进度。"加强和改进舆论监督工作，使舆论监督有利于问题的解决，有利于党和政府改进工作，有利于社会稳定。"① 在政策执行过程中，符合民众利益，促进了社会发展，事实证明是正确的思想文化政策，高校宣传舆论工作就要给予大宣传和支持；如果一项政策在实施过程中背离了政策的初衷，出现了偏差，与实际期望存在一定距离，不利于高校的和谐稳定，宣传舆论就应及时发出警告和呼吁，引起决策部门和执行部门的重视，促使其修订完善相应政策，或终止政策的执行，或重新制定政策，弥补错误政策造成的损失。因此，在政策执行环节同样需要舆论监督，防止思想文化政策在实施过程中出现混乱状态，甚至导致一些政策半途而废。当某种政策在实践中出现问题时，就要根据正确的舆论来修正自己的政策，有效的监督是思想文化政策能够贯彻执行、顺利实施的重要环节。三是，对高校意识形态领域工作人员的行为进行监督。通过宣传舆论的监督，促使我国高校意识形态领域的工作人员遵守党纪国法，培育良好的工作作风，恪尽职守，真正成为一支政治强、纪律严、作风正、业务硬的思想文化队伍。四是，对高校意识形态领域出现的错误思想倾向进行监督，防止其泛滥。随着社会主义市场经济的深入发展及我国对外开放的不断扩大，我国高校意识形态领域出现了多样化的社会思潮和多元化的思想观点，并且还时常有各种各样的杂音、噪声出现，这些都对高校意识形态工作领导权、话语权形成了不同程度的冲击。通过对意识形态领域的监督，可及时发现一些苗头性问题，及时采取措施，全面掌握一些社会思潮的传播状况，以采取有针对性的措施有效遏制一些腐朽思想文化在高校的蔓延。通过必要的监督，可为高校意识形态工作领导权、话语权的实现创造一个良好的环境，进而保障高校意识形态工作领导权、话语权顺利地实现。

（二）宣传舆论途径在我国高校意识形态工作领导权、话语权实现过程中的基本要求

高校意识形态工作领导权、话语权要通过宣传舆论途径实现就必须遵循宣传舆论发展的基本规律，坚持正确的政治原则，并实施一些符合时代发展要求的基本措施。

---

① 中共中央文献研究室. 十六大以来重要文献选编：中［M］. 北京：中央文献出版社，2006：495－496.

1. 坚持正确的舆论导向，是通过宣传舆论途径实现高校意识形态工作领导权、话语权的思想保证

马克思、恩格斯认为，报刊的责任是代表社会舆论，表达社会舆论。马克思指出："报刊最适当的使命就是向公众公开介绍当前形势，研究变革的条件，讨论改良的办法，形成舆论，给共同的意志指出一个正确的方向。"① 江泽民强调："舆论导向正确，是党和人民之福；舆论导向错误，是党和人民之祸。"② 江泽民进一步指出这种正确的舆论导向，就是在坚持党性原则的前提下，造就有利于进一步改革开放，建立社会主义市场经济体制，发展社会生产力的舆论；有利于加强社会主义精神文明建设和民主建设的舆论；有利于鼓舞和激励人们为国家富强、人民幸福和社会进步而艰苦创业、开拓创新的舆论；有利于认清是非，坚持真善美，抵制假恶丑的舆论；有利于国家统一、民族团结、人民心情舒畅、社会政治稳定的舆论。胡锦涛也十分重视舆论导向与我国社会主义事业的关系，强调指出："舆论引导正确，利党利国利民；舆论引导错误，误党误国误民。"③ 习近平特别重视舆论导向问题，他指出："坚持团结稳定鼓劲、正面宣传为主，是宣传思想工作必须遵循的重要方针。"④

高校宣传舆论工作坚持正确的舆论导向，就要牢固树立政治意识、大局意识、核心意识、看齐意识，更加自觉主动地为人民服务、为社会主义服务、为党和国家工作大局服务；要增强政治敏锐性和政治鉴别力，严格宣传纪律，做到守土有责、守土负责、守土尽责，在重大问题、敏感问题、热点问题上把好关、把好度；在事关大是大非和政治原则问题上，必须增强主动性、掌握主动权、打好主动仗，帮助高校师生划清是非界限、澄清模糊认识。要大力倡导一切有利于国家富强、社会进步、民族团结、人民幸福的思想和精神，唱响爱党、爱国、爱社会主义的主旋律；要做到积极稳妥地处理意识形态领域的问题，既旗帜鲜明，又讲究策略，既解决问题，又保持稳定；高校的各类媒体要大力宣传科学理论，传播进步文化，塑造美好心灵，弘扬社会正气，坚决抵制低俗、庸俗、媚俗之风。

高校宣传舆论工作想要正确地引导舆论，在具体工作中就要做到：一是，为高校师生提供真实、充分的信息，避免造成舆论误区和社会心理震荡。信息

---

① 马克思，恩格斯. 马克思恩格斯全集：第43卷［M］. 北京：人民出版社，1982：489.
② 江泽民. 在视察人民日报社时的讲话［N］. 人民日报，1996－09－27.
③ 胡锦涛. 在人民日报社考察工作时的讲话［N］. 人民日报，2008－06－21.
④ 习近平. 胸怀大局把握大势着眼大事 努力把宣传思想工作做得更好［N］. 人民日报，2013－08－21.

是意见构建的基础，正确的意见优先依赖于信息的真实和完整，这就要求媒介提供的信息要真实、充分，使公众能够全面地认识事物，避免认识的片面性，以及由此产生的情绪化、躁动化。在市场经济体制下，人们受利益驱动往往容易急功近利，媒体提供的信息要特别注意客观、准确、全面，否则极易发生误导。二是，注意对信息的过滤。高校新闻媒介在宣传解释政策时，要对有关信息进行过滤和分析，减少负面信息、杜绝有害信息、排除虚假信息、剔除反动信息。通过让师生接受大量有益的信息，形成健康的社会心理。三是，要有明确的是非观念，弘扬正气，树立正确的主流价值观。一个社会的维系和发展有赖于一个多数成员共同信仰的价值体系作为是非判断标准，即需要一个主流价值观。舆论媒体在舆论导向上就必须弘扬这种主流价值观，在我国就是要弘扬社会主义核心价值观。四是，要善于发现问题，引导师生理性分析和对待社会热点，疏导师生中的负面情绪，为高校教学和科研营造良好的思想舆论氛围。

2. 坚持党性和人民性的统一，是通过宣传舆论途径实现高校意识形态工作领导权、话语权的政治保证与坚实基础

坚持党性原则是贯穿于我国宣传舆论工作中的一条红线。毛泽东十分重视报纸工作，他强调指出："我们地委的同志，应该把报纸拿在自己手里，作为组织一切工作的一个武器，反映政治、军事、经济，又指导政治、军事、经济的一个武器，组织群众和教育群众的一个武器。"① 毛泽东高度重视党报的党性原则，反复强调宣传工作要服从党的当前政策。他还强调政治家办报纸，"在报纸上正确地宣传党的方针政策，通过报纸加强党和群众的联系"②。邓小平指出："党报党刊一定要无条件地宣传党的主张。"③ 江泽民在历次关于新闻工作的谈话中都特别重视新闻宣传工作的党性原则，要坚持党性原则，新闻宣传在政治上必须同党中央保持一致。在新的历史时期，我党特别强调对宣传舆论工作的领导，保证党对意识形态的领导权和主动权。胡锦涛多次强调，要站在党和国家事业发展全局的高度，站在巩固党的执政地位、提高党的执政水平的高度，切实加强党对宣传舆论工作的领导。习近平指出："坚持党性，核心就是坚持正确政治方向，站稳政治立场，坚定宣传党的理论和路线方针政策，坚定宣传中央重大工作部署，坚定宣传中央关于形势的重大分析判断，坚决同党中央保持

① 中共中央文献研究室. 毛泽东新闻工作文选［M］. 北京：新华出版社，1983：96.
② 毛泽东. 毛泽东选集：第 4 卷［M］. 北京：人民出版社，1991：1319.
③ 邓小平. 邓小平文选：第 2 卷［M］. 北京：人民出版社，1991：272.

高度一致，坚决维护中央权威。"①

高校宣传舆论工作作为我国宣传舆论工作的重要组成部分，必须坚持党性原则。为此，就要做到，强化"一把手"责任制，把意识形态工作纳入高校工作重要议事日程，把意识形态工作与其他工作同谋划、同部署、同检查、同落实；把意识形态工作落实到各个院系等高校基层单位，明确责任，加强监督检查。对意识形态工作中的重大问题，做到政治坚定、勇于担当、敢抓敢管，主要领导要靠前指挥，出现问题及时处置；要加强投入保障，为意识形态建设提供有力的财力和物力支持；高校各级党委和行政部门要及时研究意识形态领域的新情况、新特点、新问题，牢牢掌握意识形态工作的领导权、主导权，决不能使意识形态的领导权旁落。高校作为意识形态的前沿阵地要始终坚持新闻媒体是党和人民喉舌的性质不能变，党管新闻媒体不能变，党管意识形态、党管干部不能变；高校各级党委、党组对高校意识形态工作负有领导责任、把关责任，负有及时发现问题和处理问题的责任。面对社会环境和传播方式的深刻变化，高校各级党委要努力在新的实践中探索新的思路和途径，进一步提高领导宣传舆论工作的水平，指导和帮助宣传舆论战线牢牢把握正确的政治方向，在重大原则问题上旗帜鲜明、立场坚定；要加强对宣传舆论工作重大问题的调查研究，厘清思路，完善政策。高校宣传舆论媒介必须服从党中央和上级党委的领导，大力宣传党的基本理论、基本路线、基本政策，对任何违背党中央制定的路线方针政策的错误开展斗争，保证政令畅通。高校宣传部门作为高校内部主管意识形态工作的综合性部门，要在党委领导下，及时向有关部门通报情况，提出需要把握的问题，加强宏观指导，加强组织协调；要积极妥善地处理一些政治性、政策性、敏感性很强的问题，保持宣传舆论工作良好的态势。在高校宣传舆论工作中只有坚持党性原则，才能保证高校宣传舆论工作的性质，进而为高校意识形态工作领导权、话语权的实现提供根本的政治保障。

在高校宣传舆论中坚持党性原则的同时，必须坚持人民性原则，必须坚持党性和人民性的一致性、统一性，把体现党的主张与反映人民心声统一起来。高校宣传舆论工作坚持人民性原则，就要做到把服务高校师生同教育引导高校师生结合起来，把满足需要与提高高校师生素质结合起来，树立以高校师生为中心的工作导向，多报道高校师生的工作生活，多反映高校师生的利益诉求，多宣传高校师生的先进典型。在高校宣传舆论中坚持人民性，宣传舆论工作就

---

① 习近平．胸怀大局把握大势着眼大事 努力把宣传思想工作做得更好［N］．人民日报，2013－08－21．

会赢得广大高校师生的信赖和支持，扩大马克思主义意识形态在高校师生中的影响力，进而为实现高校意识形态工作领导权、话语权奠定坚实的基础。

3. 不断健全宣传舆论工作机制，是通过宣传舆论途径实现高校意识形态工作领导权、话语权的有力保障

要发挥高校宣传舆论工作在实现高校意识形态工作领导权、话语权中的作用，还要有制度保障，需要建立健全一系列宣传舆论工作的各项规章制度，用制度促进科学管理。近年来，我国高校十分重视宣传舆论工作的制度化建设，逐步构建起一系列的制度与机制。

一是，舆论引导机制。在信息化时代，随着信息接收方式和高校师生意见表达渠道日益多样化，高校舆论也呈多样化态势，在高校师生中，由于各自的具体利益不同，认识问题的角度不同，对同一改革政策的心理感受不同，对一定社会问题、社会现象的批判标准不同，因此在高校师生中往往形成不同的思想舆论。这些思想舆论有的符合实际，正确反映了高校师生的呼声，有的则是体现了个人意见和诉求，还有极个别的表达了自己的不满情绪，甚至还有一些别有用心的人进行煽动。对高校师生中存在的种种思想舆论有必要加以引导，为我国高校健康发展创造积极健康的舆论氛围，因此，高校宣传舆论部门必须构建新的舆论引导机制，"努力形成以宣传部门为主导、实际工作部门相配合、各类媒体齐心协力的舆论引导工作机制"①。在这种引导机制构建中，要努力构建起定位明确、特色鲜明、功能互补、覆盖广泛的高校舆论引导新格局，要提升教育报刊、教育电台等媒体传播能力，发挥好中央媒体作用，占领信息制高点。要充分发挥校报校刊的导向作用，注重发挥新兴媒体的引领作用，加强高校新闻网站建设，培养高校网络评论员队伍，提高高校网上舆论引导能力；还要强化问题引导，围绕重大理论和热点难点问题，组织一批有分量的理论文章，形成强有力的引导能力；在实际工作中，要不断创新引导机制，做到进一步完善重大选题策划会议、新闻通气会、新闻协调会、新闻评阅、新闻发言人等宣传舆论方面具体的引导机制。

二是突发事件、重大事件的新闻报道机制。近年来，我国面临的大事多，各类突发事件频发，这些大事和突发事件对高校师生的心理冲击力大，处理不好易于给高校师生的思想观念带来副作用，损害高校师生对党和政府的认同，不利于高校和谐稳定，因此有必要健全对突发事件的新闻报道机制。要完善新

---

① 中共中央文献研究室. 十六大以来重要文献选编：下 ［M］. 北京：中央文献出版社，2008：793.

闻信息发布和新闻发言人制度，高校要统一设立新闻发言人，及时就高校改革发展重大部署和社会关切的热点敏感问题发布信息，妥善做好各类突发事件的舆论引导工作。在突发事件出现后，高校宣传舆论部门要做到及时召集媒体和有关部门研判舆情，分析舆论态势，确定报道重点和方向，做到第一时间向师生发布权威信息、准确信息，提高高校师生对突发事件了解的时效性，增加透明度，占领舆论制高点，掌握舆论引导主动权。

三是宣传舆论工作的管理制度。随着改革开放的不断深化，我国高校宣传舆论部门的工作日趋繁重，高校是各种思想文化和多样化社会思潮争夺的重要阵地。从高校自身来看，我国高校宣传舆论部门面临的新问题、新情况不断出现。面对我国高校宣传舆论工作的现实情况，因此必须建立起多方面的管理制度，加强对宣传文化阵地的管理，增强工作的针对性和主动性。要做好高校宣传舆论管理工作，"要加快建立健全党委统一领导、党委宣传部门指导协调、党政各部门各负其责、社会方面齐抓共管的管理新格局"①。就要加强意识形态领域管理体制、管理内容、管理手段建设，以建设促管理，以管理促繁荣。

四是舆情分析机制。高校宣传舆论工作有自己的特点和发展趋势，高校师生中各类群体的心理状况不同，要搞好宣传舆论工作，就要认真研究高校宣传舆论的现状和发展趋势，深入研究高校师生中各类受众群体的心理特点和接受习惯，主动设置议题，善于因势利导，针对高校实际情况，建立经常性的重大社会舆情分析制度，加强对意识形态领域倾向性问题、热点难点问题等方面舆情的分析研究。还要完善舆情分析机制，及时掌握意识形态领域的倾向性、苗头性问题，对于高校师生中存在的苗头性、倾向性问题，要从群体性、阶段性、思想性的角度深入分析其特点和规律，增强舆论引导的前瞻性和针对性。高校依托教学和科研的便利条件，要成立宣传舆论工作动态课题组，通过舆情分析会、专题研究会、形势报告会等方式及时分析研判高校意识形态领域的新情况、新动向。

五是宣传舆论协同机制。高校意识形态工作领导权、话语权的实现是一项系统工程，涉及各个领域和部门，并非只是宣传部门的事情，这就需要构建起一种大宣传的工作格局。"宣传思想工作是政治性强、涉及面广、影响力大的系统工程，需要统筹谋划、强化协作，需要多方联动，全员参与。"② 宣传思想工

---

① 中共中央文献研究室. 十七大以来重要文献选编：上［M］. 北京：中央文献出版社，2009：192.

② 人民日报评论员. 构建全党动手的大宣传格局［N］. 人民日报，2013－09－01.

作是首先是高校宣传思想部门的重要职责，要强化责任意识，做到守土有责、守土负责、守土尽责，但宣传思想工作不只是宣传思想部门的事情，而是高校各个部门的重要职责。这就需要建立起高校党委统一领导，党政齐抓共管、宣传部门组织协调、相关部门各负其责，宣传舆论工作机制，统筹各方力量，形成工作合力。高校党委要把宣传思想工作放在高校发展的全局中统筹指导，调动各条战线积极参与大宣传工作格局。只有高校党委高度重视、宣传思想部门尽职尽责、高校各个部门广泛积极参与，才能不断开创高校宣传思想工作新局面。习近平指出："要树立大宣传的工作理念，动员各条战线各个部门一起来做，把宣传思想工作同各个领域的行政管理、行业管理、社会管理更加紧密地结合起来。"①建立高校、宣传部门、新闻媒体三方联动宣传机制，把握好时、度、效，弘扬主旋律，传播正能量，为高校改革发展营造良好舆论氛围。只有调动各方面力量、运用各种资源，形成上下互通、横向联合、齐抓共管的大格局，实现工作共融、资源共享，才能在宣传思想领域从整体上实现高校意识形态工作领导权、话语权。

六是宣传舆论监督机制。要保证高校宣传舆论的正确方向，避免出现背离党的路线、方针、政策，就必须加强对宣传舆论的监督。这种监督除了一般的政策监督外，还有必要构建起一系列具体的监督机制，这主要包括新闻评阅制度、约谈制度、审稿制度、责任追究制度；还要注重提高高校新闻媒体自我管理、自我监督、自我纠错的意识和能力，可利用新闻评阅员、媒体社会监督员进行监督，还可通过制定新闻媒体社会效果评价体系等方式评估新闻媒体的公信力、影响力等。这些具体的监督机制更具有实效性，发挥的作用更直接、更具有针对性，高校党委及宣传部门应对宣传舆论的内容能做到层层把关，发现问题及时纠正，有效避免出现一些导向性错误。

制度具有长期性、全局性、根本性的作用，建立健全高校宣传舆论工作的一系列规章制度，就能够保证高校宣传舆论工作的规范性，为有效发挥宣传舆论在我国高校意识形态工作领导权、话语权实现过程中的作用，提供了有力组织保障。

4. 加快传统媒体与新兴媒体的融合，是通过宣传舆论途径实现高校意识形态工作领导权、话语权的手段保障

宣传舆论要有效发挥在高校意识形态工作领导权、话语权实现中的作用，

---

① 习近平. 胸怀大局把握大势着眼大事 努力把宣传思想工作做得更好［N］. 人民日报，2013－08－21.

必须通过一定的载体和手段。载体和手段不断创新和完善，就会使宣传舆论工作具有事半功倍的效果，在一定意义上讲，控制了载体和手段也就在很大程度上掌控了话语权。

高校的校报、校刊、广播台、宣传栏等是我国高校宣传工作的传统媒体，这些媒体为传播党的方针政策，宣传主流意识形态，对高校师生进行社会主义理想信念教育，保证大学生健康成长发挥了积极作用。在利用这些传统媒体对大学生进行思想品德教育方面，我们积累了丰富的经验，这些经验至今仍有重要的价值，我们在这方面的优良传统不能丢。但在网络、手机广泛普及的今天，大学生更多是通过互联网获取政治信息，以互联网、手机为代表的新兴媒体在大学生中占据越来越重要的地位，甚至具有不可替代的地位，在这种情况下，传统媒体的吸引力、感召力日趋下降。面对这种现实，高校宣传工作要加快传统媒体与新兴媒体的融合，适应发展的要求，这样才能增强高校意识形态工作的吸引力。对此，习近平明确指出："要运用新媒体新技术使工作活起来，推动思想政治工作传统优势同信息技术高度融合，增强时代感和吸引力。"① 2019 年 1 月 25 日，中央政治局就全媒体时代和媒体融合发展举行第十二次集体学习。这次中央政治局集体学习把"课堂"设在了人民日报社媒体融合发展的第一线，采取调研、讲解、讨论相结合的形式进行。习近平总书记在主持学习时发表重要讲话，着眼党和国家事业长远发展，深刻分析全媒体时代的挑战和机遇，科学把握媒体融合发展的趋势和规律，明确提出了推动媒体融合向纵深发展的重大要求。习近平总书记对全媒体时代的深刻洞察，对媒体融合发展的科学谋划，充分彰显了我们党对信息化大势和发展机遇的敏锐把握，对于我们深入推进媒体深度融合，进一步做好新形势下高校宣传舆论工作，具有十分重要的指导意义。

媒体融合是时代所向、大势所趋，面对信息化发展的历史机遇，高校宣传舆论工作要因势而谋、应势而动、顺势而为，加快推进高校领域媒体融合发展，统筹处理好传统媒体与新兴媒体的关系，形成全媒体传播体系，打造一批具有强大影响力、竞争力的新型主流媒体，让新型主流媒体牢牢占据传播制高点，有效掌握高校舆论场主动权和主导权，不断提高正面宣传质量和水平，让党的声音在高校师生中传得更开、传得更广、传得更深，使主流媒体具有强大传播力、引导力、影响力、公信力，形成网上网下同心圆，使高校师生在理想信念、价值理念、道德观念上形成高度共识。因此，大力推进媒体融合，在高校宣传

---

① 习近平. 把思想政治工作贯穿教育教学全过程［N］. 人民日报，2016－12－08.

舆论工作中才能抓住新一轮科技革命带来的机遇，运用信息革命成果，做大做强主流舆论，让正能量更强劲、主旋律更高昂，才能有效巩固高校师生团结奋斗的思想基础。

三、我国高校意识形态工作领导权、话语权实现的互联网途径

互联网作为新兴媒体，从总体上讲属于宣传舆论的组成部分，但由于互联网自身的特点以及目前宣传舆论中所发挥的独特作用，特别是随着互联网的日益普及，应用范围更加广泛，对政治、经济、社会及文化生活的影响更加深入，互联网已经成为舆论斗争的主战场，在互联网这个战场上我们能否取胜，直接关系我国意识形态安全。在高校意识形态工作领导权、话语权实现中互联网发挥的作用越来越大，加强网络舆论引导，运用新型媒体手段创新高校意识形态工作，掌握网络舆论主动权的任务更加凸显。因此，有必要把互联网作为一个相对独立的途径加以分析。

2019年2月28日，中国互联网络信息中心发布了第43次《中国互联网络发展状况统计报告》。报告显示，截至2018年12月，中国网民的规模达到了8.29亿，全年新增网民的数量是5653万，互联网的普及率是59.6%，较前年底提升了3.8个百分点；中国手机网民的规模达到了8.17亿，全年新增手机网民的数量是6433万。截至2018年12月，我国即时通信用户规模达7.92亿，网络新闻用户规模达6.75亿，截至2018年12月，我国网民使用手机上网的比例达98.6%；使用电视上网的比例达31.1%，使用台式电脑上网的比例为48.0%，较2017年底下降5个百分点。以互联网为代表的数字技术正在加速与经济社会各领域深度融合，成为促进我国消费升级、经济社会转型、国家竞争新优势构建的重要推动力。互联网已成为各种思想文化的集散地，成为意识形态斗争的前沿阵地，高校作为互联网普及率高、运用程度高、网络舆情关注度高的部门，互联网对高校意识形态工作领导权、话语权的实现会产生不可估量的影响。因此，高校意识形态工作必须占领互联网这一前沿阵地，这是实现高校意识形态工作领导权、话语权的一个具有时代性的课题。

（一）高校意识形态工作领导权、话语权通过互联网途径实现的特点

互联网作为一种新兴媒体，在高校意识形态工作领导权、话语权实现过程中，与传统媒体相比有自身的特点，只有充分认识这些特点，才能有效地发挥

互联网实现高校意识形态工作领导权、话语权过程中的独特作用。

1. 通过互联网，高校意识形态领导权、话语权的实现具有特定的交互性

互联网传播信息具有一种交互性，这种交互性尤其表现为传播主体与客体在传播信息、交流情感过程中的双向互动，信息不再依赖于某一方发出，而是在双方的交流过程中形成。人们既可以接收信息，又可以发布信息，网上的信息接收者与信息发布者可以随时换位，谁都可以自由浏览信息，谁都可以提供信息。那种"我说你听，我打动你"的单向传播模式将被双向互动的信息传播模式所取代。传统媒体是把信息"推"向大众，大众是被动接受的，而在互联网中信息传播是双向的、互动的。正是由于互联网的这种交互性，"网络文化则展示了最为'平民文化'的魅力"①。

利用互联网的这种交互功能，高校意识形态工作领导权、话语权在实现政治教育、政治整合、政治激励等功能过程中已不再是单向的传输过程，而是注重与高校师生进行即时的沟通和交流。在高校意识形态工作中，高校意识形态工作者可以利用互联网的邮箱、博客、播客、微博、微信等交互形式，发表自己的观点，与高校师生讨论问题，听取师生的建议和要求，了解师生的思想动态，增进与师生的情感，尽量用自己的思想观点或个人影响力感染师生，得到师生的认同。如高校党政领导通过网络与师生对话，就体现了互联网的交互性，高校领导与师生的相互交流，既可以使师生更直接地了解学校发展的一些政策，又可以使高校领导掌握师生的现实要求，有效实现双方的沟通，在这种沟通中增强高校党政领导的公信力，这种公信力就蕴含着一种话语权。可见，互联网这种交互性带有一种"人性化"特征，在一定程度上增加了主流意识形态的亲和力，有利于实现高校意识形态工作领导权、话语权。

2. 通过互联网，高校意识形态工作领导权、话语权的实现具有一定的平等性

互联网技术保证了信息传播主体与客体的平等性。在信息社会里，任何国家和地区的任何人都有权享受信息和知识。网络结构没有中心、没有主次、没有权威，取消了层级等级观念，为人们提供了平等交流的机会和平台，在大众传播史上，你将第一次体验不必是有大资本的个人才能接触的广大的视听群。互联网把所有的人都变成了出版发行人。这是革命性的变革。在互联网中，网络主体的地位是平等的，没有贫富贵贱之分，交流完全平等自由，他们的共同身份都是"网民"。所有网民的身份都是平等的，没有民族、种族、性别、年

---

① 中共中央宣传部理论局. 理论热点面对面［M］. 北京：学习出版社，2009：139.

龄、地位、收入等方面的限制，普通网民甚至可以与国家领导人直接交流。在网络组织中，成员彼此都是平等的，互联网为人们提供了平等交流政治信息、政治态度、政治思想的空间，有助于构建一个平等、民主的思想文化交流和传播模式。

借助于互联网这种平等的属性，高校意识形态工作领导权、话语权在实现过程中具有了便利条件，这种平等性拉进了高校意识形态工作者与高校师生的距离，使高校师生更容易接受我国主流意识形态的观点，有助于增强广大师生学习和掌握马克思主义意识形态的自觉性、主动性，进而更有效地实现马克思主义大众化，这种平等性比起那种单方面的宣传教育效果更显著，效力更持久，渗透力更强，这就有利于高校意识形态工作领导权、话语权的顺利实现。

3. 通过互联网，高校意识形态工作领导权、话语权的实现具有明显的即时性

传播效率是意识形态领导权、话语权实现过程的一个内在要求，一定的意识形态越是快速地在社会传播，越能抢占话语先机，就越会及时地产生影响。在现实政治实践中，许多意识形态特别是以政策、决定、条令、声明、谈话、报告等方式表现出来的意识形态具有较强的时效性，如果错过了向社会传播的最佳时期，其效果就会大打折扣，其话语权的影响力就会明显减弱。互联网为人们提供了一种方便快捷并且有一定智能的信息传输方式，不仅能够高密度、大容量地存贮信息，而且能够高速度地处理和加工信息。传统媒体传播信息的方式主要是"平面传播"，而互联网是一种"立体媒体"，它能将声音、文字、图像等在瞬间加以合成，这就极大地提高了信息传播的容量和速度。在非网络时代，大部分信息主要由人工处理，速度相对缓慢，在网络条件下，信息传输以光速进行，它可以在事件发生后的两分钟内，将有关信息发布上网，评论、讨论也会迅速跟上。从信息的流转看，信息的产生、发布、流通等几乎是同时进行的，网上信息可以同时遍布全世界，在地球另一面发生的事情，通过网络可瞬间传遍世界。

借助于互联网传播信息的快捷性，高校师生能够方便快捷地学习和接受党的十九大报告、习近平新时代中国特色社会主义思想，接受社会主义核心价值的观宣传教育，及时了解国内外形势以及党和国家的方针政策，高校意识形态工作者把自己的理论观点、政治见解、对现实社会的评论等信息快捷发布到网上，把党和国家的新政策、新措施快速传播给师生，并及时地对错误思潮给予批判、回应。特别是出现社会热点问题时，借助于网络的快捷性，党和政府及主流媒体能及时准确地发出自己的声音，避免各种谣言的传播，有效稳定民众

情绪，及时占领舆论制高点，从而使高校意识形态工作领导权、话语权产生即时性的效果。

4. 通过互联网，高校意识形态领导权、话语权的实现具有高度的开放性

互联网具有开放性属性，所以其本身就具有一种在全球传播信息的功能。借助于网络技术，意识形态传播易于穿越各种障碍，冲破一些壁垒，呈现出高度的国际化。网络是一个开放的体系，是一个四通八达，没有边界的散式结构，网络可以超越时空，使人与人之间的距离大大缩短，使人与人之间的交往变得十分便捷。互联网以其超越时空的优势有效地打破了国家和地区之间各种有形和无形的壁垒，其主旨就是"把世界连接起来"。互联网具有"信息高速、广泛传送的特点，使世界形成了一个没有边界的信息空间"①。在网络条件下，国际互联网将世界上最主要的信息数据库和千万台计算机联成一张立体交叉并有交互作用的信息网络，它以其强大的触角延伸到世界各主要国家和地区，构成一个信息网络地球。网络创造了一个没有国界的世界，为人们提供了一个跨越国界的赛博空间，在这个世界，人们的相互登录和访问变得极为便利，网络文化的传播有效地打破国家和地区之间的各种壁垒，在全球范围内超时空地快速传播。网络缩短了人们的距离，冲破了时空限制，它可以实现千差万别、天遥地迥的行为主体之间的沟通与交流。

在互联网时代，高校意识形态工作领导权、话语权的实现，不是在封闭环境下进行的，而是面对一个开放的环境。在这种开放的环境下，高校意识形态工作领导权、话语权在实现过程中，一方面，要不断地吸收借鉴世界各国一切有价值的思想文化，博采众长，不断丰富高校意识形态工作领导权、话语权的内涵，使高校师生在接受各种有益的思想文化中，不断增强对我国主流意识形态的认同；另一方面，高校意识形态工作要借鉴其他领域开展意识形态工作的有益经验和做法，善于把社会各个领域开展意识形态工作行之有效的方法运用到高校意识形态工作中，增强高校意识形态工作的活力。

5. 通过互联网，高校意识形态工作领导权、话语权的实现具有较强的协同性

互联网还具有"一体化"的特性，网络技术和网络社会先天地带有一体化的要求，网络利用统一的通信协议将信息转化为彼此可以交换的语言，在计算机系统之间交换文件、跨国传递信息，实现了世界范围内的网络互联和信息资源共享。资源共享是网络的特点之一，网络综合了报刊、广播、电视、图书、

---

① 江泽民. 在第十六届世界计算机大会开幕式上的讲话 [N]. 人民日报，2000 - 08 - 22.

录音录像等其他媒体的所有优势，汇集了世界各国的政治、经济、科技、文化、艺术等方面的信息，网络上的这些信息都是共享的，每个人都可以获得、可以拥有，网络资源的这种共享性，也增强了网络条件下信息传播的协同性。

通过互联网信息的共享性，高校意识形态工作领导权、话语权在实现过程中就可以充分利用各种网络资源，如通过利用文字信息、图片、视屏、微电影、录音录像等多样化的形式，灌输正确的思想观念，传播正能量，形成一种整体效果，避免单一传播形式的枯燥性，使各种传播形式和载体构成一种互补性、协同性效应；同时，还可以利用互联网把专业课教师、辅导员、党务工作者、共青团、学生管理、社团等方面的力量整合起来，形成强大的高校意识形态工作合力；此外，高校意识形态工作者能更便利地采取多种形式，营造氛围，制造声势，扩大其影响力，进而增强主流意识形态在高校领域影响的协同性。

（二）通过互联网途径实现高校意识形态工作领导权、话语权的基本要求

"互联网是一个社会信息大平台，亿万网民在上面获得信息、交流信息，这会对他们的求知途径、思维方式、价值观念产生重要影响，特别是会对他们对国家、对社会、对工作、对人生的看法产生重要影响。"① 网络已成为我国主流意识形态领导权、话语权实现的必要手段和载体，在网络条件下，马克思主义意识形态的理论观点只有借助于这一新的载体才能得到及时有效的传播，才能使马克思主义意识形态不断吸收人类先进的思想文化，不断丰富自身的内容，进而跟上时代的步伐。互联网是我们面临的最大变量，必须坚持管建结合、善管善用，按照网络生态和运行规律，综合运用法律手段、技术手段加强网络治理，壮大主流思想舆论，使网络这个"变量"成为最大机遇。在高校宣传马克思主义意识形态过程中，只有善于运用网络这种现代化的手段，才能增强马克思主义意识形态的感染力。要有效发挥互联网在高校意识形态工作领导权、话语权实现中的作用，就要做到以下几个方面。

1. 加强思想理论网站、网页建设，不断完善高校意识形态阵地

在互联网条件下，要有效实现高校意识形态工作领导权、话语权，就要加强网络平台建设，要建设好融思想性、知识性、趣味性、服务性于一体的主题教育网站。在高校意识形态工作中要善于打造示范性思想理论教育资源网站、学生主题教育网站和网络互动社区，推进辅导员博客、思想政治理论课教师博

---

① 习近平. 网络安全和信息化工作座谈会上的讲话［N］. 人民日报，2016 - 04 - 26.

客、校务微博、校园微信公众号等网络新媒体建设，扩大校园网络文化的育人覆盖面，增强渗透力。要立足校园网站建设，开办一批贴近师生学习生活的网络名站名栏目，开办图文并茂的主题网站和特色网站，搭建吸引师生广泛参与的网络互动平台，建立新媒体平台联动机制。要以学校官方网站、微博、微信为龙头，以各部门、各院系、各班的新媒体为基础，构建全方位、立体式校园网络格局。高校要加大互联网科技投入力度，扩大网络规模，优化网络结构，扩大信息量，增强功能，用马克思主义意识形态占领网络阵地，抢占思想政治教育制高点。高校新闻网站和主要教育网页要不断改进创新，切实增强吸引力和感染力，提高网上高校意识形态工作能力。通过高校互联网阵地建设，形成覆盖范围广、影响力大的国家主流意识形态网络传播与宣传体系，使这些网站、网页成为社会主义主流意识形态的宣讲阵地、研讨阵地，成为传播社会主义主流意识形态的新途径、展示社会主义主流意识形态的新空间；在互联网中充分展示马克思主义意识形态理论的科学理论，不断发出马克思主义意识形态传播者的强音，牢牢把握网络中思想斗争的主动权、话语权。

要利用互联网有效实现高校意识形态工作领导权、话语权，不仅要重视高校互联网硬件建设，还要注重网络内容建设。习近平明确指出："加强网络内容建设，做强网上正面宣传，培育积极健康、向上向善的网络文化，用社会主义核心价值观和人类优秀文明成果滋养人心、滋养社会，做到正能量充沛、主旋律高昂，为广大网民特别是青少年营造一个风清气正的网络空间。"① 对此，高校各类网站要充分认识所肩负的责任，积极开发马克思主义意识形态教育资源，大力传播马克思主义意识形态，网络成为开展马克思主义意识形态教育的重要手段。要组织开展各种形式的网上思想道德活动，要密切关注网上动态，了解师生的思想状况，及时加强与高校师生的互动、沟通，及时回答师生提出的各种问题，要加强网络新技术的研究和应用，增强网络文化产品的服务供给能力。"要认真贯彻积极利用、科学发展、依法管理、确保安全的方针，加强和改进网络文化建设和管理，加强网上舆论引导，唱响网上思想文化主旋律。"② 要在内容、形式上不断创新，提高点击率、浏览量，增强网站的影响力，善于把深奥晦涩的理论转化为广大师生喜闻乐见、易于接收的信息，进而用马克思主义的科学品质和内在精神去感染师生；在互联网中加大正面宣传力度，让正面的声

---

① 习近平. 在网络安全和信息化工作座谈会上的讲话 [N]. 人民日报, 2016 – 04 – 26.
② 中共中央关于深化文化体制改革推动社会主义文化大发展大繁荣若干重大问题的决定 [N]. 人民日报, 2011 – 11 – 26.

音更多地进入网络阵地，不能任凭各种错误思潮、观点、言论在网上自由泛滥；要充分发挥党的思想理论在网络媒体中的旗帜作用，不断增强马克思主义的战斗力、吸引力。通过加强互联网的硬件建设和"软件建设"，进而实现高校意识形态工作领导权、话语权。

2. 不断加强和完善互联网的管理，为高校意识形态工作领导权、话语权实现创造良好的网络环境

互联网传播信息具有很强的快捷性、开放性、隐蔽性、海量性、渗透性等特征，互联网传播的信息泥沙俱下、鱼龙混杂，其中存在着有害信息、虚假信息、反动信息等，互联网传播的各种社会思潮中也存在为数众多的反动、落后、消极的思想观点，这就对主流意识形态带来巨大冲击，针对互联网信息传播的这种状况和特点，有必要对互联网中的行为进行规范和管理。

在互联网管理方面，要逐步完善管理体制和机制，运用技术、行政和法律手段加强对网络的管理，严防各类有害信息在网上传播，打击网络谣言。要依法加强网络社会管理，加强网络新技术的管理，确保互联网可管可控。要加强对互联网、手机短信等现代媒体的应用和管理，科学把握其特点和规律，理顺管理体制，引导网上舆论，净化网络舆论空间，加强内容管理特别是视听节目管理，有效防范和遏制有害信息传播。开展文明办网、文明上网活动。要遵循网络特点和网上信息传播规律，加强网上正面宣传，唱响主旋律，组织网络媒体参与重大宣传报道，从而为高校意识形态工作领导权、话语权的实现营造良好的网络文化环境。

在互联网规范方面，主要实施好三个层次的规范。一是，法律层面的规范。法律对网络群体和个体行为的制约具有惩戒性、威慑力，如果法律对网络中群体和个体的行为做出了基本的规范要求，那么这些网络主体的行为就要保持克制态度，使自己在互联网中的行为不触犯法律，用相关的法律规范约束好自己。"互联网不是法外之地。利用网络鼓吹推翻国家政权，煽动宗教极端主义，宣扬民族分裂思想，教唆暴力恐怖活动，等等，这样的行为要坚决制止和打击，决不能任其大行其道。"① 国家有关部门要加强对互联网的法制管理，通过互联网领域的立法、执法过程，打击和遏制网络违法、网络犯罪行为，确保网络安全。构建起严格的法律规范，才能使一些社会思潮在法律许可的范围内传播，并以不危害我国文化安全、损害马克思主义意识形态为基本的规范要求。

二是，制度层面的规范。要坚持政府管理网络的主导权，利用行政措施加

---

① 习近平. 在网络安全和信息化工作座谈会上的讲话 [N]. 人民日报，2016 – 04 – 26.

强对互联网的监管；加强网络中网站和主页的管理，尤其是对网络中的信息发布、网络链接加强监管，控制信息源头。制度所强调的不仅是结构性制约，还有方向性制约，制度具有强制性、全局性、稳定性、系统性的特征，借助于互联网中制度的这种特性，构筑起"信息海关"堵塞、过滤有害信息，遏制不良信息，净化网络空间，引领网络文化朝着符合党和人民利益的方向发展。

三是，道德层面的规范。互联网中传播信息具有隐秘性，互联网为人们提供了一个虚拟的网络空间，在这个空间中人们可以自由地发布信息，彼此之间可自由交流，互联网中的这种虚拟性对网络监管带来很大困难，基于互联网传播信息的这种特点，就要求网络经营商、运营商要加强行业自律，遵奉自主、无害、公正等一些基本原则；要不断提升"在网上行走"的网民的网络素养，这种网络素养包括分析信息能力、评价信息能力、选择信息能力等，网民要具有信息规则理念、信息道德理念，具有自我管理意识和健全的网络人格；要注重把现实生活中的一些基本道德规范逐步自觉地运用到网络环境中，使网络自身的道德要求与现实社会的道德要求融合在一起，共同规范互联网行为主体的行为，具体来说就是要做到自觉遵纪守法，倡导社会公德，提倡先进文化，摒弃消极颓废，提倡自主创新，摒弃盗版剽窃，提倡互相尊重，摒弃造谣诽谤，提倡诚实守信，摒弃弄虚作假，提倡社会关爱，摒弃低俗沉迷，提倡公平竞争，摒弃尔虞我诈，提倡人人受益，消除数字鸿沟。① 目前特别是要坚守"七条底线"，即法律法规底线、社会主义制度底线、国家利益底线、公民合法权益底线、社会公共秩序底线、道德风尚底线、信息真实性底线。

我国互联网发展中所倡导的这些规范符合党和人民的根本利益，符合先进文化发展的内在要求，符合马克思主义意识形态的基本精神和价值原则，同样适合于高校网络意识形态工作，在高校网络意识形态工作中通过遵循法律、制度、道德等不同层面的规范，可抵御有害信息、反动信息的侵害，遏制反动腐朽思想文化的传播，保障高校意识形态工作领导权、话语权实现具有顺畅的渠道和良好的网络环境。

3. 注重运用互联网新的交互形式，促进高校意识形态工作领导权、话语权实现方式的创新

运用互联网实现高校意识形态工作领导权、话语权，不仅要建设好网站、设计好网页，还要善于运用互联网中的新技术以及一些流行于师生中的新的交互形式。因为仅仅靠网站、网页的宣传，还是缺乏较强的互动性、灵活性，仍

---

① 中共中央宣传部理论局．理论热点面对面［M］．北京：学习出版社，2009：146.

属于一种单向交流，实质上是传统媒体的电子版，至多是增加点击率，扩大浏览量，久而久之也难免出现程序化、公式化的倾向。网站和网页在宣传我国主流意识形态过程中，虽然也能体现出互联网传播信息的即时性、快捷性、信息海量性的特点，但不能很好地体现出互联网的平等性、自主性、交互性、开放型等特征，远远没有发挥出互联网应有的功能。因此，通过互联网实现高校意识形态工作领导权、话语权也面临一个形式、手段创新的问题。"互联网的迅猛发展，带来了传播手段的深刻变革，已经并将继续对意识形态领域产生不可估量的影响。要高度重视和善于运用互联网等新型传媒引导舆论。"[1] 近年来，高校师生广泛地运用手机媒体、手机短信、微信、博客、播客、微博、论坛等新媒体形态，特别是通过微博发布信息、评论的数量剧增，这些网络媒体的新形式更加便于交流观点、沟通情感，体现出很强的平等性、自主性、互动性，因而也更有效地发挥了互联网的功能。面对不断创新的互联网交互方式，通过互联网做好高校意识形态工作，必须树立互联网思维，构建"互联网＋意识形态"的工作模式，使互联网成为开展意识形态工作的新平台，要制作传播贴近大学生特点的新媒体内容产品，运用大学生喜欢的方式开展意识形态工作。要整合校内新媒体力量，建立校内新媒体联盟，打造思想政治教育网络课堂，通过网络开放社区的形式，鼓励学生积极参加。因此，通过互联网途径实现高校意识形态工作领导权、话语权，要注重采用新形式、新手段，不断地吸引高校师生，增强说服力、感染力。

4. 构建校园网络舆情机制，保证高校意识形态工作领导权、话语权的有效实现

马克思主义意识形态要有效地通过互联网实现自己的话语权，还要积极探索互联网舆情变化规律，构建起一系列的机制。一是，构建起合理的网络表达机制，由于互联网在传播信息过程中具有自主性、平等性的特征，因此互联网是广大高校师生发表意见、表达观点、表明态度的重要载体，这种表达机制既要顺畅、健康，又要受到一定的法律和道德的约束，通过合理的表达机制了解师生的心理、思想变化，掌握一些社会思潮对师生的影响状况。二是，构建起快速的网络舆情反应机制，网上的舆情变化具有快捷性，一些社会思潮就是借助于网络舆情的变化，传播自己的观点，或者借机煽动，影响高校师生，与马克思主义意识形态争夺互联网阵地。因此，要实现高校意识形态工作领导权、

---

① 中共中央文献研究室. 十六大以来重要文献选编：中 [M]. 北京：中央文献出版社，2006：496.

话语权，就必须及时发现矛头性、倾向性问题，建立网络舆情快速反应机制，及时发现问题，及时引导，善于抢占话语先机，早预断、早发声、早造势，掌握主动权。三是，构建科学的网络舆情分析机制。网上舆情具有复杂性、多样性的特点，运用辩证逻辑方法，对互联网中大量的信息进行定量、定性分析。还要研究网络舆论的特点，研究高校师生的接受习惯，加强网络舆情的监测、分析和研判。高校应成立舆情研究中心，搞好网络空间安全研究实训基地建设，严格执行学校网络舆情处置与管理办法，加强网络舆情搜集研判，不断健全网上师生思想动态分析研判机制，及时发现处置网上不良信息，做好重大活动和热点问题、突发事件的网上舆论引导，通过客观全面的舆情分析，有针对性地行使意识形态工作领导权话语权，做到有的放矢。四是，形成有效的高校网络信息内容监管机制。落实网上信息发布和舆论引导规程，规范师生自媒体管理；落实校园网络使用实名登记制度和用网责任制度，严防各种有害信息在网上传播，营造晴朗的校园网络空间。

5. 加强网络意识形态队伍建设，为高校意识形态工作领导权、话语权的实现提供人才支撑

网络意识形态队伍主要包括在高校互联网领域从事舆论宣传、思想教育、理论研究等方面工作的党政干部及工作人员。互联网意识形态队伍比其他领域的意识形态工作者应具有更强的政治意识、责任意识、阵地意识、时代意识，这支队伍既要熟悉马克思主义意识形态基本理论，又要熟练掌握互联网技术。为打造这样一支队伍，要建立完善的培训制度，加强培训力度，凡是进入高校互联网意识形态队伍的人员都要接受培训。要建立培训机构，就要综合调配有效资源，对培训的方法、内容都做出明确的规定，使接受培训的人员掌握最新的网络技术，提高宣传马克思主义意识形态的能力，增强与各种错误思潮进行交锋、斗争的本领。加大网络宣传、网络评论、网络信息员队伍建设，建设一支由学生和青年教师骨干组成的网络宣传员队伍，运用大学生喜爱的网络表达方式，在网络上大力弘扬主旋律、传播正能量；要壮大网上评论员队伍，主动提供内容服务，积极引导网上舆论，形成网上正面舆论的优势，牢牢把握网络宣传舆论的主动权，进而使高校意识形态工作领导权、话语权得到有效发挥；在互联网意识形态队伍建设中，还要善于培植积极的高校"意见领袖"，高校网络"意见领袖"发表的观点感染力大，有很强的说服力，这些"意见领袖"往往是长期从事理论研究的专家，或者是善于分析推理的思考者。在网络中实现高校意识形态工作领导权、话语权，有必要对这些"意见领袖"进行引导、教育。在高校师生网络群体中要积极扶植和培育宣传马克思主义意识形态的"意

见领袖"，这些人坚持正确的政治方向，发表符合党和人民利益的意见，使这些意见领袖正确引领师生的思想。要着力培养一批导向正确、影响力广的网络名师。网络行为最终是一种人的行为，培养一支政治可靠、业务精通、作风过硬、纪律严明的意识形态队伍，是高校意识形态工作领导权、话语权实现的有力人才支撑和队伍保障。

四、我国高校意识形态工作领导权、话语权实现的校园文化途径

校园文化是高校所特有的一种有形物质环境和无形文化氛围。一种优秀的校园文化是一种潜在的、隐形的教育资源，校园文化凝聚着学校人文精神，对高校师生具有潜移默化的塑造功能，因此，校园文化特别是校风学风对高校师生的影响作用更为显著，掌握高校意识形态工作领导权、话语权必须注重校园文化的作用。

（一）校园文化建设对实现高校意识形态工作领导权、话语权的重要作用

要有效发挥文化途径在高校意识形态工作领导权、话语权中的作用，就要高度重视校园文化建设，校园文化建设是实现以文化人、以文育人的第二课堂，对高校意识形态工作领导权、话语权的实现具有独特的作用。

1. 校园文化对高校师生具有以文化人的作用

习近平总书记强调："要更加注重以文化人以文育人，广泛开展文明校园创建，开展形式多样、健康向上、格调高雅的校园文化活动。"① 文化的基本功能就是对人具有一种教化作用，通过文化基因的传承、文化氛围的培育、文化价值的传承，对人们的精神具有滋养作用，对人们的行为具有一种导向作用。文化成为高校意识形态工作的重要领域、形态和载体，高校坚持以文化人、以文育人，把中华优秀传统文化、红色革命文化和社会主义先进文化结合起来，涵育、滋养当代大学生，不断增强大学生中华优秀传统文化、红色革命文化和社会主义先进文化的文化血脉和精神基因，把文化自觉、文化自信和文化自强结合起来，增强大学生传承、创新中华优秀文化的使命感和责任感，把发展社会先进文化和建设优秀校园文化结合起来，使文化成为春风化雨、成风化人的丰

---

① 习近平.把思想政治工作贯穿教育教学全过程［N］.人民日报，2016 – 12 – 08.

厚精神滋养，使大学生在积极参与丰富多彩的校园文化创作、传播和欣赏活动中，实现文化共享和文化自育。

2. 校园文化对高校师生政治思想观念具有一种塑造功能

习近平总书记提出"以先进文化塑造灵魂"的论断，这对科学理解高校校园文化的塑造功能有直接指导意义。高校校园文化的塑造功能既包括在高校师生中主流政治文化的倡导、培育过程，也包括对错误思想观点的批判、抵制过程，进而保证高校教师特别是青年教师及大学生形成正确的世界观、人生观和价值观。先进的文化、革命文化对大学生成长具有强大的塑造功能，通过在校园中宣传培育先进文化、革命文化，使大学生保持积极健康的精神状态，高校校园文化对高校师生的意识形态起着重要的塑造作用，是透视和整合大学生意识形态的重要平台，是增强大学生意识形态凝聚力的有效载体。校园文化是指在学校这一特色社会空间内自由生活、工作和学习的师生员工共同形成、共同拥有的校园价值观。高校师生在校园文化培育和熏陶下，形成积极向上的精神状态，使高校师生自觉抵制各种错误思潮的侵袭。通过在高校中强化马克思主义教育，强化马克思主义在高校意识形态中的主导地位，把社会主义核心价值观渗透到校园文化建设的各个方面，使大学生潜移默化地接受社会主义意识形态教育，高度警惕各种非马克思主义意识形态的渗透。

3. 校园文化是高校意识形态建设的一种恒久动力

在高校校园文化中，既客观存在着主流意识形态，发挥着对高校校园文化的主导作用，也有各种非主流意识形态的渗透，深刻影响着高校校园文化的健康发展，这些不同的意识形态相互碰撞，折射出各种社会问题在高校的反映。因此，高校校园文化建设必定能成为巩固高校社会主义意识形态阵地的重要载体。通过校园文化建设，加强高校社会主义主流意识形态氛围，能够不断增强高校大学生对社会主义主流意识形态的认同，使之在潜移默化中接受社会主导的思维方式和行为模式，并内化于心、外化于行。校园文化实际上就是一种特定的文化氛围，这种文化氛围是高校在长期发展中逐步形成和积累的一种人文精神，是高校一种特定的传统，是一种无形的思想气质。校园文化作为一种强大的内在力量，是推动高校意识形态工作的一种恒久的动力，体现着文化对意识形态的支撑作用。如果一种意识形态没有一定文化的涵养和支撑，那么，这种意识形态不可能长久地发挥作用，中华优秀传统文化对社会主义核心价值观具有一种涵养作用，就是一种文化意识形态的作用，因为社会主义核心价值观是社会主义意识形态的本质体现。在特定的高校氛围内，要加强意识形态工作，除了需要国家、民族政治文化的支撑、涵养外，也需要自身校园文化的熏陶、支撑，积极健康的校园文化，能够为主流意识形态的宣传教育提供良好的氛围，而且更有效地进课堂、进头脑，进而保障高校意识形态工作领导权、话语权顺畅地实现。

（二）通过校园文化建设途径实现高校意识形态工作领导权、话语权的基本要求

1. 充分发挥校训、校歌、校史、校风的文化传承和陶冶作用，积极营造健康向上、各具特色的校园文化环境

由于产生、发展的时代背景不同以及办学目标、地理环境等差异，每一所高校都具有与众不同、独具特色的大学文化。大学文化是在历史的积淀中形成的精神财富，高度凝聚着大学使命，深刻反映大学特质，启迪和陶冶了一代莘莘学子，是高校涵育社会主义核心价值观的重要载体和宝贵资源。由于每个高校都有其特殊的具体情况，因而每个高校都有自己的校史、校风、校训、校歌等，这些就形成了一所高校特有的校园文化，这种校园文化具有鲜明的价值导向性和思想教育功能，对高校师生的精神风貌、思想品德具有潜移默化的影响。高校校园文化作为意识形态建设的具体呈现，要把社会主义核心价值观作为校园文化建设的根本，着力挖掘各自的文化资源和特色学科优势，重点围绕精神文化、学术文化、实践文化、物质文化等，打造"一校一品"的校园文化格局，用丰富、生动的文化形式，深化意识形态建设的文化内涵。在高校意识形态工作中要多渠道、常态化开展校史校情教育，强化校训校风传播，一定要善于整理、凝练、宣传好本校的校史、校风、校训、校歌，进一步深入挖掘其中蕴含的历史积淀、时代价值、精神理念，积极培育大学精神和大学文化，要具体结合校史、院史、学科史和人物史的挖掘整理和研究，发掘其独特的文化育人功能，以优良的学风校风，引导师生准确理解和把握社会主义核心价值观的深刻内涵和实践要求。这样可使高校意识形态工作更加自觉和自信，为牢牢掌握高校意识形态工作领导权、话语权，奠定坚实的文化基础。

2. 利用学校博物馆、校史馆、图书馆、档案馆等载体，充分发掘其育人功能

博物馆、校史馆、图书馆、档案馆等既是重要的文化载体，又是思想教育载体，具有很强的意识形态功能，在高校意识形态工作中必须重视发挥其育人功能。意识形态载体既包括精神层面的，也包括实体层面的，博物馆、校史馆、图书馆、档案馆等承载的不仅仅是文化，也有思想和价值观，属于一种特殊的物质层面的意识形态载体。这种物质层面的意识形态载体，在对高校师生进行

意识形态教育过程中具有直观性、现实性，更能触动受教育者的情感、引发受教育者的思考。利用博物馆、校史馆、图书馆、档案馆等对高校师生进行意识形态教育说服力强、感染力大、引导力显著。高校师生了解、掌握博物馆、校史馆、图书馆、档案馆所蕴含的历史、文化等，往往也经历了一次精神的洗礼和升华。因此，在高校意识形态工作中，必须善于利用本校的博物馆、校史馆、图书馆、档案馆等，建立学校荣誉室、名人堂，使这些"物"活起来，充分挖掘、利用其思想教育价值，这是牢牢掌握高校意识形态工作领导权、话语权不可忽视的重要载体。

3. 开展积极健康的校园文化活动，努力形成校园文化品牌

校园文化活动是建设大学校园文化的重要载体，通过丰富多彩的校园文化活动，打造以文化人、以文育人的良好校园文化，建设具有中国特色、体现时代要求的大学文化，培育和弘扬大学精神，把高校建设成为精神文明建设示范区和辐射源，使高校师生接受先进文化、革命文化的熏陶，培育积极向上的精神风貌。

高校作为创造知识、传播知识的重要场所，做好高校意识形态工作，更要注重以文化人、以文育人，通过开展丰富多彩、格调高雅、健康向上的校园文化活动，创新校园文化模式，提升校园文化品位和校园文明程度，积极探索大学校园文化与社会主义核心价值观教育的有机契合点。通过打造系列文化讲坛活动，完善优化大学生科技文化艺术节、大学生艺术展演等校园文化活动，培育一批体现文脉传承彰显学校特色的校园文化；通过创新主题教育活动，充分发挥共青团、学生社团等作用；通过学术讲座、社团活动、书画展演等，发挥大学文化的熏陶作用；利用新生入学、校园开放日、毕业典礼、学校周年庆典、国家重大节日等时间节点，有计划地组织参观、举办仪式等教育活动，增进师生爱校、爱教、爱学生和爱党、爱国之情；邀请各领域的专家学者讲学，营造高校学术活动的氛围，让大学生在校园文化活动中接受跨领域、跨专业的知识，丰富大学生知识结构，增强对各种错误思潮的抵御能力；通过组织教书育人楷模、优秀校友和先进模范校园巡讲，通过榜样的力量引领高校师生的思想观念和行为，广泛宣传师生的先进事迹和精神品质，与时俱进传承和发展大学精神文化；广泛利用广播、校报、网络、开放日、节庆日等传统载体，开展特色鲜明、内容丰富、寓教于乐的校园文化，实现大学文化与社会主义核心价值观同频共振。

总之，高校在充分了解高校师生思想形态状况的基础上，开展针对性强、效果明显的校园文化建设，以校园文化这种特定的方式，给生活在其中的高校

师生传递正确的价值信息、思想信息，进而影响和熏陶广大师生的行为方式、价值取向、思想品德。因此，构建具有社会主义意识形态要求的和时代精神的校园文化，增强社会主义意识形态吸引力、凝聚力，激发高校意识形态建设的创造力，是掌握高校意识形态工作领导权、话语权的重要途径。

五、高校思想政治理论课是实现高校意识形态 领导权、话语权的重要载体

2019 年 3 月 18 日，习近平总书记主持召开了学校思想政治理论课教师座谈会，在这次座谈会上习近平总书记发表重要讲话，他指出："办好思想政治理论课，最根本的是全面贯彻党的教育方针，解决好培养什么人、怎样培养人、为谁培养人这个根本问题。"① 高校思想政治理论课在实现高校意识形态工作领导权、话语权过程中发挥着重要作用，"思想政治理论课是落实立德树人根本任务的关键课程"②。在高校意识形态工作领导权、话语权实现途径方面，高校思想政治理论课是目前必须高度重视的一个途径。

（一）高校思想政治理论课在实现高校意识形态工作领导权、话语权中的具体作用

高校思想政治理论课包括马克思主义基本原理概论、毛泽东思想和中国特色社会主义体系概论、中国近现代史纲要、思想道德修养和法律基础四门课程及形势与政策课。这些课程是全面贯彻党的教育方针，落实立德树人根本任务的主干课和核心课程，这些课程既具有知识性，又具有鲜明的意识形态属性，这种属性就决定了这些课程在高校意识形态工作中必定发挥重要作用。

1. 高校思想政治理论课是对学生系统进行马克思主义理论教育的核心课程

我们办的大学是社会主义大学，马克思主义是我国的根本指导思想，是我国占主导地位的意识形态。掌握高校意识形态工作领导权、话语权首先就要求马克思主义意识形态占领高校意识形态阵地，用习近平新时代中国特色社会主

① 习近平. 用新时代中国特色社会主义思想铸魂育人 贯彻党的教育方针落实立德树人根本任务 [N]. 人民日报，2019 – 03 – 19.
② 习近平. 用新时代中国特色社会主义思想铸魂育人 贯彻党的教育方针落实立德树人根本任务 [N]. 人民日报，2019 – 03 – 19.

义思想铸魂育人，马克思主义基本理论必须进教材、进课堂、进学生头脑，要坚决克服马克思主义被"边缘化"现象。对此，习近平同志明确指出："我们的高校是党领导下的高校，是中国特色社会主义高校。办好我们的高校，必须坚持以马克思主义为指导，全面贯彻党的教育方针。要坚持不懈传播马克思主义科学理论，抓好马克思主义理论教育，为学生一生成长奠定科学的思想基础。"① 思想政治理论课程在对学生进行马克思主义理论教育方面承担着各自的职责。形势与政策课是帮助大学生正确认识新时代国内外形势，深刻领会党的十八大以来党和国家事业取得的历史性成就、发生的历史性变革、面临的历史性机遇和挑战，第一时间推动党的理论创新成果进教材、进课堂、进学生头脑，引导大学生准确理解党的基本理论、基本路线、基本方略的重要渠道。马克思主义基本原理概论课程是让学生较为系统地学习马克思主义哲学、政治经济学、科学社会主义及党的最新理论成果。这门课程旨在帮助学生学习和理解马克思主义的基本原理，从整体上把握马克思主义，并学会运用马克思主义的基本原理认识和分析现实问题，其主要内容包括：马克思主义基本原理是关于无产阶级和人类解放的科学，物质世界的本质及其发展，认识世界和改造世界，社会结构，社会发展规律与历史主体，资本主义的形成及其本质，资本主义的发展进程，社会主义制度的建立及其发展，共产主义是人类最崇高的社会理想等。高校"要坚持不懈传播马克思主义科学理论，抓好马克思主义理论教育，为学生一生成长奠定科学的思想基础"②。通过对马克思主义基本概论的总结和学习，帮助学生了解马克思主义的基本规律及其在现实生活中的实际应用。中国近现代史纲要主要让学生知道中国近现代社会发展的历史过程，中国近代史就是中国人民不断抗击外敌入侵，争取民族解放的历史，全面认识中国近现代史就其主流和本质来说，是中国一代又一代的人民群众和仁人志士为救国存亡而英勇奋斗、艰苦探索的历史；是中国各族人民在中国共产党的领导下，进行伟大的艰苦的斗争，经过新民主主义革命，赢得民族独立和人民解放的历史；是中国各族人民在中国共产党的领导下，经过社会主义革命、建设和改革，把一个极度贫弱的旧中国逐步变成一个初步繁荣昌盛、充满生机和活力的社会主义新中国的历史，进而深刻理解中国坚持共产党的领导、坚持走社会主义道路是人民的选择、历史的选择。毛泽东思想和中国特色社会主义体系概论课程着重讲授中国共产党把马克思主义基本原理与中国实际相结合的历史进程，充分反

---

① 习近平. 把思想政治工作贯穿教育教学全过程［N］. 人民日报，2016 – 12 – 09.
② 习近平. 把思想政治工作贯穿教育教学全过程［N］. 人民日报，2016 – 12 – 09.

映马克思主义中国化的两次历史飞跃和两大理论成果。其主要任务是帮助学生学习毛泽东思想和中国特色社会主义理论体系的基本内容，帮助学生理解毛泽东思想和中国特色社会主义理论体系是马克思主义的基本原理与中国实际相结合的两次伟大的理论成果，是中国共产党集体智慧的结晶。通过学习，培养学生运用马克思主义的立场、观点和方法分析问题、解决问题的能力，增强贯彻党的基本理论、基本路线、基本纲领以及各项方针政策的自觉性、坚定性，积极投身到全面建设小康社会的伟大实践。思想道德修养与法律基础课程主要是对学生进行中国特色社会主义共同理想、人生价值、爱国主义、社会主义道德、法律精神、法治理念等方面的教育。通过对这些课程的学习，使大学生系统掌握马克思主义基本理论。

2. 高校思想政治理论课是对大学生进行思想教育的灵魂课程

每门课程都肩负着教书育人的职责，要深入挖掘每门课程的思想政治教育资源，实现课程思政的基本职责，保证各门课程的协同育人功能。在高校各门课程中，思想政治理论课具有特殊的作用。该课程是巩固马克思主义在高校的指导地位，坚持社会主义办学方向的重要阵地，是全面贯彻党的教育方针，落实立德树人根本任务的主干课和核心课程。开设思想政治理论课既是我国高校的特色，也是办好我国高校教育的优势。社会主义教育的基本目标和根本任务是培养社会主义建设者和接班人，社会主义人才必须有社会主义的品质，这就需要有特定的课程来实现，思想政治理论课正是起着这样的作用。思想政治理论课是一门知识性与思想高度统一的课程，这是该课程的鲜明特色，思想政治理论课的教学，一方面，是让学生掌握有关的知识，另一方面，更重要的是对学生进行思想政治教育。中国特色社会主义进入新时代，需要有正确的理论指导，需要有共同的价值观念，思想政治理论课在传授知识的同时对大学生进行思想品德教育、爱国主义教育、理想信念教育、集体主义教育等，培育学生健全的人格和高尚的思想品德。因此，思想政治理论课是对大学生进行思想政治教育的主渠道，是培养一代又一代社会主义建设者和接班人的重要保障。

3. 高校思想政治理论课是高校落实立德树人根本任务的关键课程

高校肩负着培养德才兼备、全面发展的中国特色社会主义事业合格建设者和可靠接班人的重大任务。高校思想政治理论课关系着高校培养什么样的人、如何培养人以及为谁培养人这个根本问题，要坚持把立德树人作为中心环节。习近平总书记在纪念五四运动100周年大会上的讲话中，对当代青年提出六点要求：一是，要树立远大理想，"树立对马克思主义的信仰、对中国特色社会主义的信念、对中华民族伟大复兴中国梦的信心，到人民群众中去，到新时代新天地中去，让理想信念在创业奋斗中升华，让青春在创新创造中闪光!"①；二是，要热爱伟大祖国，听党话、跟党走；三是，要担当时代责任；四是，要勇于砥砺奋斗，勇做走在时代前列的奋进者、开拓者、奉献者；五是，要练就过硬本领；六是，要锤炼品德修为，自觉树立和践行社会主义核心价值观，明大德、守公德、严私德。习近平总书记的这一重要论述，为高校思想政治理论课肩负起立德树人的根本任务指明了方向。

思想政治理论课的教学内容与立德树人的要求无论是在知识层面还是价值层面都是一致的，这是该门课在实现立德树人根本任务方面的独特优势和特色。思想政治理论课通过进行马克思主义理论、中国近现代、毛泽东思想和中国特色社会主义理论体系及思想道德修养方面的教学，把习近平总书记对青年大学生提出的思想品德要求落到教书育人的实践中去，与教学内容有机融为一体，在传授知识的同时，也在进行思想政治教育。思想政治理论课通过让学生系统掌握马克思主义基本理论，引导和帮助学生树立马克思主义信仰；通过学习中国特色社会主义理论体系，坚定对中国特色社会主义、对实现中华民族伟大复兴"中国梦"的信心，自觉肩负起时代赋予大学生的神圣责任，努力学习文化知识、增长才干；通过对中国近现代史的学习，进一步厚植学生的爱国主义情怀，充分认识没有共产党，就没有新中国的深刻道理；通过思想道德修养课程的学习，使学生自觉树立和践行社会主义核心价值观，做一个品德高尚的时代新人。

4. 高校思想政治理论课是坚守高校意识形态阵地的前沿课程

意识形态工作是党和国家一项极端重要的工作，高校作为意识形态的前沿阵地，肩负着学习研究宣传马克思主义，培育和践行社会主义核心价值观，为实现中华民族伟大复兴"中国梦"提供人才保障和智力支持的重要任务。做好高校意识形态工作是一项战略工程、固本工程、铸魂工程，事关党对高校的领导，事关全面贯彻党的教育方针，事关中国特色社会主义事业后继有人，对巩固马克思主义在高校意识形态领域的指导地位具有十分重要而深远的意义。高校思想政治理论课具有鲜明的意识形态属性，该门课政治性鲜明，直接讲授马克思主义理论、中国革命史、社会主义核心价值观等主流意识形态，同时高校思想政治理论课还具有鲜明的批判性，在对学生进行主流意识形态教育的同时，对各种错误思潮进行批驳、批判，特别是对历史虚无主义、宪政民主、普世价值、民主社会主义、西方新闻观、公民社会理论等进行批驳、批判，使大学生

---

① 习近平. 在纪念五四运动 100 周年大会上的讲话 [N] . 人民日报，2019 – 05 – 01.

自觉抵制形形色色错误思潮的影响，保障大学生健康成长。可见，高校思想政治理论课既肩负着学习、灌输、传播主流意识形态的职责，也肩负着批驳、批判、抵制错误意识形态的职责，该课程的意识形态功能就决定了在实现高校意识形态工作领导权、话语权过程中，必须高度重视思想政治理论课。

（二）通过高校思想政治理论课实现高校意识形态工作领导权、话语权的基本要求

高校思想政治理论课的特殊地位和职责要求不断加强和改进思想政治理论课教学，使该课程更好地发挥其作用。目前，高校思想政治理论课越来越得到重视，这为发挥思想政治理论课程在高校意识形态工作中的作用提供了有力保障。为有效发挥高校思想政治理路课在实现高校意识形态工作领导权、话语权过程中的作用，要做到以下几个方面。

1. 不断增强思想政治理论课的思想性、理论性和亲和力、针对性

在学校思想政治理论课座谈会上，习近平总书记对加强和改进思想政治理论课提出了"坚持八个统一"，即坚持政治性和学理性相统一、坚持价值性和知识性相统一、坚持建设性和批判性相统一、坚持理论性和实践性相统一、坚持统一性和多样性相统一、坚持主导性和主体性相统一、坚持灌输性和启发性相统一、坚持显形教育与隐形教育相统一。这为增强高校思想政治理论课的亲和力、针对性指明了方向。在教学实践中，高校思想政治理论课要坚持政治性和学理性相统一，就要做到以透彻的学理分析回应学生，以彻底的思想理论说服学生，用真理的强大力量引导学生。马克思讲："理论只要说服人，就能掌握群众；而理论只要彻底，就能说服人。所为彻底，就是抓住事物的根本。"[1] 要增强高校思想政治理论课的亲和力、针对性，就要求教师有深厚的马克思主义理论功底，不仅要用事实说话，还要做到用理论说话，思想政治理论课教师只有把理论讲清除、讲透彻、讲生动，才能触动学生、打动学生。如果学生对教师讲的理论不清楚、不感兴趣，那么这门课的意识形态工作也就失去了依托。知识是政治性的载体，学生对所讲的知识感到茫然，政治上也就会迷茫，因此高校思想政治理论课必须做到把政治性融入学理性之中。要坚持价值性和知识性相统一，高校思想政治理论课要在传授大量科学的知识过程中，注重价值引导，积极传播正能量。要坚持建设性和批判性相统一，高校思想政治理论课就要坚定地传播主流意识形态，对学生进行马克思主义基本理论教育，坚定理论自信，

---

① 马克思，恩格斯. 马克思恩格斯选集：第 1 卷 ［M］. 北京：人民出版社，1995：9.

用习近平新时代中国特色社会主义理论铸魂育人。同时，还要引导学生善于辨别各种错误思潮，坚决批判和抵制各种错误思潮对大学生的侵蚀，保障大学生健康成长。要坚持理论性和实践性相统一，高校思想政治理论课既要以科学的理论武装人，又要重视思政课的实践性，把思政小课堂同社会大课堂结合起来。思想政治理论课教师要紧密结合现实讲授知识，把社会实践发展新变化及时融入课堂教学，增强教学内容的时代性、现实性，增强说服力。要坚持统一性和多样性相统一，高校思想政治理论课既要落实在教学目标、课程设置、教材使用、教学管理等方面的统一要求，又要因地制宜、因时制宜、因材施教。在统一性指导下，发挥各地、各校、各个教师的积极性、主动性、创造性，形成自己的特色和优势，不断增强高校思想政治理论课的感染力。坚持主导性和主体性相统一，高校思想政治理论课要注重发挥教师的主导作用，同时要加大对学生的认知规律和接受特点的研究，发挥学生的主体作用，采取多种方法引导学生参与课堂，增强学习的主动性，把教师和学生的积极性都调动起来。坚持灌输性和启发性相统一，高校思想政治理论课在对学生灌输科学理论的同时，要善于采取科学的方式、手段，这种灌输不是机械地灌输，而是注重采取启发性教育，引导学生发现问题、分析问题、思考问题。要坚持显性教育与隐形教育的统一，高校思想政治理论课要善于挖掘自身思想政治教育资源，既要利用所讲授的内容直接、明确地对学生进行思想教育，又要通过课外活动、与学生谈话、课堂讨论、布置作业等多种途径和方式对学生进行思想教育，善于把多种资源转化为思想政治教育资源。

2. 各级领导干部要高度重视思想政治理论课

2019 年 3 月 18 日，习近平总书记主持召开了学校思想政治理论课教师座谈会，他强调开设思想政治理论课是培养一代又一代社会主义建设者和接班人的重要保障。习近平总书记明确提出："学校党委书记、校长要带头走进课堂，带头推动思政课建设，带头联系思政课教师。"① 他还进一步指出，要把统筹推进大中小学思政课一体化建设作为一项重要工程，推动思政课内涵式发展。这次座谈会的召开，充分表明我党对思想政治理论课的高度重视。

各级领导越来越重视思政课，纷纷走上讲台、深入课堂给学生上思政课、听老师讲思政课。2019 年 4 月 15 日，河北省委书记王东峰到河北师范大学，先到教室听了一节思政课，又在该校的真知讲堂为大学生上了一堂生动的思政课。

---

① 习近平. 用新时代中国特色社会主义思想铸魂育人 贯彻党的教育方针落实立德树人根本任务 [N] . 人民日报，2019 – 03 – 19.

在讲课中，王东峰联系学生实际提出，大学生要坚定理想信念，担当时代重任，争做社会主义建设者和接班人，为实现中华民族伟大复兴"中国梦"而奋斗。这次思政课在河北省高校领域引起热烈反响，充分体现了党和政府对高校思想政治理论课的重视，这也是思想政治理论课开放性改革的典型体现。河北师范大学规定，学校党委书记、校长及其他校级领导每学期都要给学生上一堂思政课，学校各部门的一把手也要做到每学期给学生上一次思政课。上海交通大学校长、中科院院士张杰坚持给学生上第一堂思想政治理论课；东北大学邀请专家学者、先进模范人物担任思想政治理论课特聘教授。这种开放式教学，不仅体现了各级领导重视，而且大大提升了思想政治理论课的地位和影响力，增强了学生的学习兴趣，激发了思政课教师的积极性。

3. 积极探索思想政治理论课教学方式创新

高校思想政治理论课的改革创新直接关系到该课程的教学效果和思想教育效果，各地各高校在推进思想政治理论课创新方面，采取了多方面的措施。近年来，有关部门通过现场会、论坛、研讨会、培训班，在全国推广100多种优秀教学方法，一批体现时代特色、适合教学需要的优秀教学方法逐步形成。如慕课、微课、反转课堂等形式都是一些新的教学方式、方法。教育部连续出版《全国高校思想政治理论课教学方法改革年度发展报告》。如2015年高校思想政治理论课教学方法改革年度进展报告指出，高校思想政治理论课特聘教授制度逐步推行，学生自己组织的课程参与模式取得实质性进展等。教育部将2017年确定为"高校思想政治理论课教学改革质量年"，组织各地各高校推动思想政治理论课教学方式创新，不断激发学生学习思政课的积极性、主动性。在思政课教学方法创新方面，有许多闪光点，有的学校将思政课作业升华为艺术品，2018年1月举办的全国高校思政课学生艺术作品展吸引了全社会的目光。在这次作品展中，学生绘画作品《列宁在十月》，生动形象地描绘出俄国十月社会主义革命的历史细节；手工作品《一带一路》，以纤维丝质绳为材料，模拟"一带一路"路线图，展现出我国与"一带一路"相关国家千丝万缕的联系。这些参展的作品都是以艺术类专业学生平时的思政课作业为基础创作而成的，这些作品通过绘画、雕塑、书法、剪纸、编织、摄影、刺绣、染织等自己喜爱的形式，积极参与到思政课堂中，大大调动了学生学习思政课的积极性，取得了良好的教学效果。针对新媒体环境中成长起来的新一代大学生喜欢短视频、微表达的特点，教育部以"我心中的思政课"为主题，开展了全国高校学生微电影展示活动。156所高校报送的191部微电影作品涵盖了各门思政课程，内容涉及当代大学生广泛关注的共享经济、精准扶贫、诚信、亲情等热点话题，展现了当代大学生思考问题的独特角度和思想深度。在 2018 年 1 月举办的这次作品展中，中南大学学生拍摄的《青年毛泽东》、西南林业大学学生拍摄的《我心中的思政课》、山东商业职业技术学院学生拍摄的《妈妈来了》等微电影受到网友追捧。微电影这一大学生喜闻乐见的载体的应用提升了思政课的育人质量，有利于激发学生的主动性，激活思政课堂气氛。为让学生深度感受马克思主义理论课的魅力，教育部还举办了"践行核心价值观 凝聚最美中国梦"全国高校学生讲思政课公开课活动，各地各高校推荐了 97 堂优秀公开课，并于 2017 年 12 月上旬进行了集中展示。在集中展示现场，东北师范大学学生讲的《追逐共产主义的光芒》、北京联合大学学生讲的《坚持和发展中国特色社会主义 为实现共产主义而奋斗》、南开大学学生讲的《红色文化与文化自信》等，都展示了当代大学生丰富的知识储备和对问题的独特认识，受到高度赞扬。

4. 要善于把新媒体应用于思政课教学

当代大学生是在网络环境中成长起来的，他们的学习、生活、交往越来越离不开互联网，因此，在思政课教学过程中必须善于运用现代技术手段，图文并茂，增强课堂感染力、吸引力，并给学生参与课堂提供便利的手段。在课堂上除了使用精美的课件之外，还要善于运用网络，积极开发和运用一些教学软件。现在许多高校思政课教师使用的"超星学习通"在引导学生参与课堂方面发挥着十分显著的作用。"超星学习通"是面向智能手机、平板电脑等移动终端的移动学习专业平台。用户可以在"超星学习通"上自助完成图书馆藏书借阅查询、电子资源搜索下载、图书馆资讯浏览，学习学校课程，进行小组讨论，查看本校通讯录，同时拥有电子图书、报纸文章以及中外文献元数据。思政课教师运用"超星学习通"可以检查学生出勤、进行课堂提问、让学生参与课堂讨论等。这种新的教学手段对加强课堂上师生的互动具有十分显著的作用，激发了思政课课堂的活力，增强了思政课的吸引力，学生参与热情高，课堂效果好。在互联网时代，只要把最新的网络技术应用于高校思想政治理论课教学，就能使该课程不仅具有知识基础，还具有了科技支撑，使高校思想政治理论课教学具有时代性，更好地适应当代大学生的生活、学习习惯，有效地实现高校思想政治理论课知识性、价值性、政治性、现实性的有机统一，进而使高校思想政治理论课成为学生真心喜欢、终身受益的课程。

5. 办好思想政治理论课关键在教师

习近平总书记指出："办好思想政治理论课关键在教师，关键在发挥教师的积极性、主动性、创造性。思政课教师，要给学生心灵埋下真善美的种子，引导学生扣好人生第一粒扣子。"① 在 2019 年 3 月 18 日召开的学校思想政治理论课教师座谈会上，习近平总书记第一次对思想政治理论课教师提出了全面、系统的要求，这些要求包括："第一，政治要强，让有信仰的人讲信仰，善于从政治上看问题，在大是大非面前保持政治清醒。第二，情怀要深，保持家国情怀，心里装着国家和民族，在党和人民的伟大实践中关注时代、关注社会，汲取养分、丰富思想。第三，思维要新，学会掌握辩证唯物主义和历史唯物主义，创新课堂教学，给学生深刻的学习体验，引导学生树立正确的理想信念，学会正确的思维方法。第四，视野要广，有知识视野、国际视野、历史视野，通过生动、深入、具体的纵横比较，把道理讲明白、讲清楚。第五，自律要严，做到课上课下一致，网上网下一致，自觉弘扬主旋律，积极传播正能量。第六，人格要正，有人格才有吸引力。亲其师，才能信其道。要有堂堂正正的人格，用高尚的人格感染学生、赢得学生，用真理的力量感召学生，以深厚的理论功底赢得学生，自觉作为学为人的表率，做学生喜爱的人。"②

习近平总书记对思想政治理论课教师提出的殷切期望，为高校思想政治理论课教师队伍的建设指明了方向，以这些基本要求为指导，要进一步加强高校思想政治理论课教师队建设，不断提高这支教师队伍的整体素质和水平，为此要做到不断强化对高校思想政治理论课教师队伍的培训，依托全国重点马克思主义学院、12 个教育部思政课教师实践研修基地，组织形式多样、对象明确、重点突出的思政课骨干教师培训。通过成立高等学校思想政治理论课教学指导委员会，推广高校思想政治理论课特聘教授计划，补齐师资短板，使高校思想政治理论课队伍不断扩大和优化。高校思政课教师要有扎实的马克思主义理论基础，自觉做到不断提升自身业务水平，不断加强业务修养。特别是对马克思主义经典著作，要读懂读透，全面掌握马克思主义基本原理，善于运用马克思主义立场观点认识问题、分析问题、解决问题；必须学懂弄通习近平新时代中国特色社会主义思想，用习近平新时代中国特色社会主义思想铸魂育人，推动习近平新时代中国特色社会主义思想进教材、进课堂、进大学生头脑；高校思想政治理论课教师更要注重个人的道德修为和职业道德，用高尚的道德起到示范和引领作用，成为学生人生楷模；思想政治理论课教师要增强职业自信心，

---

① 习近平. 用新时代中国特色社会主义思想铸魂育人 贯彻党的教育方针落实立德树人根本任务［N］. 人民日报，2019－03－19.

② 习近平. 用新时代中国特色社会主义思想铸魂育人 贯彻党的教育方针落实立德树人根本任务［N］. 人民日报，2019－03－19.

不断增强担当意识和历史责任感，自觉肩负起教书育人、立德树人的神圣使命；广大高校思想课教师要用好课堂讲坛，用好校园阵地，用自己的学识、阅历、经验点燃学生对真善美的向往，使社会主义核心价值观浸润学生心田，转化为日常行为，增强学生的价值判断力、价值选择力、价值塑造力，要关注现实、关切学生，关心每个学生的发展成为大学生政治上的指导者和引路人；高校思想政治理论课教师要坚持正确的政治方向，在事关政治原则、政治立场和政治方向的问题上与党中央保持高度一致。必须时刻牢记共产党员的政治信仰，有坚定的政治立场，要坚持学术研究无禁区、课堂讲授有纪律的原则，坚决杜绝在课堂上传播违纪违法、有害观点和言论的现象，自觉同各种错误思想观念进行批驳斗争。

结　语

高校意识形态工作领导权、话语权要在创新中实现

创新是高校意识形态工作发展的不竭动力，只有创新才能增强高校意识形态工作的活力，进而不断开创高校意识形态工作的新局面。保守、僵化、封闭、滞后只会阻碍高校意识形态工作。创新既为高校意识形态领导权、话语权的实现提供丰厚的资源和动力，也为高校意识形态工作领导权、话语权的实现创造出鲜活的形式，高校意识形态工作领导权、话语权实现在总体态势上，正是在创新过程中实现的。

（一）全面认识我国高校意识形态工作新形势

党的十八大以来，以习近平同志为核心的党中央把高校意识形态工作和意识形态工作摆在更加突出的地位，做出了一系列重大决策部署，各地高校积极主动地开展思意识形态工作，不断取得新成效，高校意识形态工作者把握大局的能力及政治敏锐性、政治鉴别力、政治判断力普遍提高。高校广大师生对以习近平同志为核心的党中央充分信任和拥护，对坚持中国共产党的领导和中国特色社会主义理想高度认同，对实现中华民族伟大复兴的"中国梦"充满信心，这种新成效、新形势是我们做好高校意识形态工作的底气所在、自信所在。

同时要清醒地认识到，随着国内外形势的深刻变化，不同思想文化的交流、交融、交锋更加频繁，社会思潮多元、多样、多变的趋势更加明显，外部环境对高校意识形态工作的影响更加复杂，高校抵御不同思想文化渗透的任务更加繁重，高校意识形态工作的任务更加艰巨。面对这种新形势，我们必须充分认识到高校意识形态工作关系高校培养什么样的人、如何培养人以及为谁培养人这个根本问题。这种新问题、新形势是我们做好高校意识形态工作的压力所在、动力所在。

（二）积极推动我国高校意识形态工作呈现新态势

当前我国高校意识形态工作还存在不少薄弱环节，一些高校领导对意识形

态工作抓得不紧，校内外共同推动意识形态工作的合力尚未真正形成，高校教师教书育人能力需要进一步提高，高校哲学社会科学育人功能和学术话语体系建设需要进一步加强，高校意识形态工作方式需要进一步改进。高校意识形态工作真正实现因势而新，就要有效解决好这些问题，积极推动高校意识形态工作呈现新态势。

一方面，进一步加强和改进党对高校意识形态工作的领导，使高校意识形态工作呈现强势化态势。习近平总书记在全国高校意识形态工作会议上指出："办好我国高等教育，必须坚持党的领导，牢牢掌握党对高校工作的领导权，使高校成为坚持党的领导的坚强阵地。"为此，各级党委要把高校意识形态工作摆在重要位置，加强领导和指导，形成党委统一领导、各部门各方面齐抓共管的工作格局；高校党委对学校工作实行全面领导，承担管党治党、办学治校主体责任；高校党委主要负责同志，要肩负起高校意识形态工作的第一责任；在广大师生中切实强化意识形态工作主阵地意识，坚持学术研究无禁区、课堂讲授有纪律，对各种错误思潮、错误言行决不姑息，要坚决抵制和批驳。只有保持高校意识形态工作强势化态势，才能牢牢掌握高校意识形态工作主导权，保证高校始终成为培养社会主义事业建设者和接班人的坚强阵地。

另一方面，不断增强高校意识形态工作内生动力，使高校意识形态工作呈现创新化态势。高校意识形态工作有效做到因势而新，就要遵循意识形态工作规律，遵循教书育人规律，遵循学生成长规律，不断实现高校意识形态工作内容创新、思想政治理论课建设体系创新、话语方式创新、工作手段创新等。在教育内容方面，要着力增强思想政治教育内容的时效性，使教育内容紧跟时代步伐，增强高校意识形态工作的影响力；在思想政治理论课建设体系方面，做到全面深化课程建设综合改革，充分反映党的理论创新成果和中国特色社会主义实践经验，并注重教学方式的改进，增强高校意识形态工作的感召力；在话语方式方面，要努力构建具有中国特色、中国风格、中国气派的主流话语体系，创造贴近校园、贴近师生、贴近生活的话语方式，增强高校意识形态工作的感染力；在意识形态工作手段方面，要积极探索有利于破解难题的新办法，特别是要适应信息化社会的新要求，习近平总书记在全国高校意识形态工作会议上强调：要运用新媒体新技术使工作活起来，推动意识形态工作传统优势同信息技术高度融合，增强时代感和吸引力。只有保持不断创新的态势，才能使高校意识形态工作呈现出勃勃生机。

（三）自觉适应我国高校意识形态工作发展趋势

高校意识形态工作要做到因势而新，还要及时适应意识形态工作发展的新趋势，随着时代的发展和我国高校意识形态工作经验日益丰富，我国高校意识形态工作出现了新的走向和发展趋势。一是，随着全面依法治国战略的深入实施，我国高校更加注重运用法治思维、法治文化、法治手段开展意识形态工作。这就使我国高校意识形态工作更加注重规范化、制度化，高校意识形态工作的制度体系正在逐步形成。二是，随着系统思维方式的广泛应用，我国高校正逐步构建起意识形态工作的大格局。这就使我国高校意识形态工作不再是某一个部门的任务，而是推动各方面力量，形成校内外协同配合、全社会支持参与的高校意识形态工作新格局。三是，随着互联网技术的深入普及和开发，我国高校越来越善于运用主题教育网站、网络互动社区、辅导员博客、校务微博、校园微信公众号等日新月异的网络平台对大学生开展意识形态工作。这就使高校意识形态工作更加契合当前大学生的学习及生活方式，更加符合信息社会的要求。四是，随着社会竞争压力增大和新的社会问题的不断出现，我国高校意识形态工作更加注重对大学生的人文关怀。高校意识形态工作通过围绕学生、关照学生、服务学生，进而不断提高大学生的政治觉悟、道德品质、文化素养，让大学生成为德才兼备、全面发展的人才。因此，高校意识形态工作要做到因势而新，就要自觉适应高校意识形态工作发展的法治化、协同化、信息化、人文化趋势。

（四）充分把握我国高校意识形态工作当前大势

作为意识形态的前沿阵地，我国高校肩负着学习研究马克思主义，培育和弘扬社会主义核心价值观，为实现中华民族伟大复兴的"中国梦"提供人才保障和智力支持的重大任务。我国高校意识形态工作要把握大势，就必须坚持正确的政治方向和远大战略目标，就要围绕党的中心任务开展工作。当前我国高校意识形态工作的大势，就是要为人民服务，为中国共产党治国理政服务，为巩固和发展中国特色社会主义制度服务，为改革开放和社会主义现代化建设服务。因此就要教育和引导学生正确认识世界和中国发展大势，从我们党探索中国特色社会主义历史发展和伟大实践中，认识和把握人类社会发展的历史必然性，认识和把握中国特色社会主义的历史必然性，正确认识自己所肩负的时代责任和历史使命。这是我国高校意识形态工作的大势所趋，只有充分把握我国高校意识形态工作当前大势，才无愧于党和政府对高校意识形态工作提出的新任务、新要求。

主要参考文献

一、中文著作类

[1] 马克思，恩格斯．马克思恩格斯选集：1—4 卷［M］．北京：人民出版社，2012.

[2] 列宁．列宁专题文集：论马克思主义［M］．北京：人民出版社，2009.

[3] 列宁．列宁专题文集：论社会主义［M］．北京：人民出版社，2009.

[4] 列宁．列宁专题文集：论无产阶级政党［M］．北京：人民出版社，2009.

[5] 毛泽东．毛泽东选集：1—4 卷［M］．北京：人民出版社，1991.

[6] 毛泽东．毛泽东文集：6—7 卷［M］．北京：人民出版社，1999.

[7] 邓小平．邓小平文选：第二卷［M］．北京：人民出版社，1994.

[8] 邓小平．邓小平文选：第三卷［M］．北京：人民出版社，1993.

[9] 江泽民．江泽民文选：1—3 卷［M］．北京：人民出版社，2006.

[10] 胡锦涛．胡锦涛文选：1—3 卷［M］．北京：人民出版社，2016.

[11] 习近平．习近平谈治国理政：［M］．北京：外文出版社，2014.

[12] 习近平．习近平谈治国理政：第二卷［M］．北京：外文出版社，2017.

[13] 中共中央文献研究室．十六大以来重要文献选编：上［M］．北京：中央文献出版社，2005.

[14] 中共中央文献研究室．十六大以来重要文献选编：中［M］．北京：中央文献出版社，2006.

[15] 中共中央文献研究室．十六大以来重要文献选编：下［M］．北京：中央文献出版社，2008.

[16] 中共中央文献研究室．十七大以来重要文献选编：上［M］．北京：

中央文献出版社, 2009.

[17] 中共中央文献研究室. 十七大以来重要文献选编: 中 [M]. 北京: 中央文献出版社, 2011.

[18] 中共中央文献研究室. 十七大以来重要文献选编: 下 [M]. 北京: 中央文献出版社, 2013.

[19] 中共中央文献研究室. 十八大以来重要文献选编: 上 [M]. 北京: 中央文献出版社, 2014.

[20] 中共中央文献研究室. 十八大以来重要文献选编: 中 [M]. 北京: 中央文献出版社, 2016.

[21] 中共中央文献研究室. 十八大以来重要文献选编: 下 [M]. 北京: 中央文献出版社, 2018.

[22] 中共中央宣传部. 毛泽东邓小平江泽民论思想政治工作 [M]. 北京: 学习出版社, 2000.

[23] 中共中央宣传部. 毛泽东邓小平江泽民论社会主义道德建设 [M]. 北京: 学习出版社, 2001.

[24] 中共中央文献研究室. 江泽民论社会主义精神文明建设 [M]. 北京: 中央文献出版社, 1999.

[25] 中国社会科学院马克思主义研究院. 马克思恩格斯列宁论意识形态 [M]. 北京: 人民出版社, 2009.

[26] 侯惠勤. 马克思的意识形态批判与当代中国 [M]. 北京: 中国社会科学出版社, 2010.

[27] 俞吾金. 意识形态论 (修订版) [M]. 北京: 人民出版社, 2009.

[28] 张骥. 中国文化安全与意识形态战略 [M]. 北京: 人民出版社, 2009.

[29] 张骥. 国际政治文化学导论 [M]. 北京: 世界知识出版社, 2005.

[30] 张骥. "四个如何认识"与思想政治工作创新研究 [M]. 石家庄: 河北教育出版社, 2004.

[31] 童世骏. 意识形态新论 [M]. 上海: 上海人民出版社, 2006.

[32] 宋惠昌. 当代意识形态研究 [M]. 北京: 中共中央党校出版社, 1993.

[33] 王永贵, 等. 经济全球化与社会主义意识形态建设 [M]. 北京: 人民出版社, 2005.

[34] 梁建新. 穿越意识形态终结的幻想——西方意识形态终结论思潮评析

［M］．北京：中国社会科学出版社，2008.

［35］赵继伟．马克思主义意识形态接受论［M］．武汉：武汉大学出版社，2009.

［36］黄传新，吴兆雪．构建和谐社会与意识形态建设［M］．合肥：安徽人民出版社，2007.

［37］徐海波．意识形态与大众文化［M］．北京：人民出版社，2009.

［38］徐海波．中国社会转型与意识形态问题［M］．北京：人民出版社，2003.

［39］李辽宁．当代中国思想政治教育意识形态功能研究［M］．武汉：武汉大学出版社，2006.

［40］王晓升，等．西方马克思主义意识形态理论［M］．北京：社会科学文献出版社，2009.

［41］袁铎．非意识形态化研究［M］．北京：中国社会科学出版社，2008.

［42］陈晓明，等．意识形态建设理论的新发展［M］．北京：社会科学文献出版社，2008.

［43］韩振江．齐泽克意识形态研究［M］．北京：人民出版社，2009.

［44］杨河．社会主义和谐社会与意识形态［M］．北京：北京大学出版社，2009.

［45］张秀琴．马克思意识形态理论的当代阐释［M］．北京：中国社会科学出版社，2005.

［46］杨海英．中国社会主义意识形态创新研究［M］．北京：中共中央党校出版社，2005.

［47］曹长盛，张婕，樊建新．苏联演变进程中的意识形态研究［M］．北京：人民出版社，2004.

［48］郑永廷，等．社会主义意识形态发展研究［M］．北京：人民出版社，2002.

［49］朱兆中．中国社会主义意识形态纵论［M］．北京：人民出版社，2003.

［50］刘建飞．美国与反共产主义——论美国对社会主义国家的意识形态外交［M］．北京：中国社会科学出版社，2001.

［51］叶启绩，谭毅，等．当代中国经济与社会主义意识形态互动发展研究［M］．北京：人民出版社，2010.

［52］徐大同．当代西方政治思潮［M］．天津：天津人民出版社，2001.

［53］梅荣政．用马克思主义引领社会思潮［M］．武汉：武汉大学出版社，2008.

［54］何秉孟．新自由主义评析［M］．北京：社会科学文献出版社，2004.

［55］孙利天．让马克思主义哲学说中国话［M］．武汉：武汉大学出版社，2010.

［56］胡惠林．中国国家文化安全论［M］．上海：上海人民出版社，2005.

［57］周琪．美国人权外交政策［M］．上海：上海人民出版社，2001.

［58］孙晶．文化霸权理论研究［M］．北京：社会科学文献出版社，2004.

［59］卢卡奇．历史与阶级意识［M］．杜章智，任立，燕宏远，译．北京：商务印书馆，1992.

［60］葛兰西．狱中札记［M］．曹雷雨，等译．北京：中国社会科学出版社，2000.

［61］马尔库塞．单向度的人［M］．刘继，译．上海：上海译文出版社，1989.

［62］曼海姆．意识形态与乌托邦［M］．姚仁权，译．北京：中国社会科学出版社，2009.

［63］格尔茨．文化的解释［M］．谢莉，译．南京：译林出版社，1999.

［64］阿尔都塞．保卫马克思［M］．顾良，译．北京：商务印书馆，2006.

［65］哈贝马斯．作为“意识形态”的技术与科学［M］．李黎，郭官义，译．上海：学林出版社，1999.

［66］伊格尔顿．美学意识形态［M］．王杰，等译．广西师范大学出版社，1997.

［67］贝尔．资本主义文化矛盾［M］．严蓓雯，译．南京：江苏人民出版社，2007.

［68］汤普森·B．意识形态与现代文化［M］．高铦，等译．南京：译林出版社，2005.

［69］亨廷顿、哈里森．文化的重要作用——价值观如何影响人类进步［M］．北京：新华出版社，2002.

［70］汤林森．文化帝国主义［M］．冯建三，译．上海：上海人民出版社，1999.

［71］齐泽克．意识形态的崇高客体［M］．季广茂，译．北京：中央编译出版社，2002.

［72］齐泽克．图绘意识形态［M］．方杰，译．南京：南京大学出版社，

2006.

[73] 马特拉. 世界传播与文化霸权——思想与战略的历史 [M]. 陈卫星, 译. 北京: 中央编译出版社, 2001.

[74] 巴拉达特·P. 意识形态——起源和影响 [M]. 张惠芝, 张露璐, 译. 北京: 世界图书出版公司, 2010.

[75] 施密特. 全球化与道德重建 [M]. 柴方国, 译. 北京: 社会科学文献出版社, 2001.

[76] 奈. 硬权力与软权力 [M]. 门洪华, 译. 北京: 北京大学出版社, 2005.

[77] 德里达. 马克思的幽灵 [M]. 北京: 中国人民大学出版社, 1999.

[78] 阿普尔. 意识形态与课程 [M]. 黄忠敬, 译. 上海: 华东师范大学出版社, 2001.

二、论文类

[1] 张国祚. 关于"话语权"的几点思考 [J]. 求是, 2009 (9).

[2] 侯惠勤. 正确认识改革开放掌握社会主义意识形态话语权 [J]. 马克思主义研究, 2009 (1).

[3] 王习胜. 意识形态及其话语权审思 [J]. 马克思主义研究, 2007 (4).

[4] 肖怀远. 提高舆论引导能力 掌握舆论主动权 [J]. 求是, 2009 (12).

[5] 秋石. 为什么必须坚持马克思主义在意识形态领域的指导地位而不能搞指导思想多元化 [J]. 求是, 2009 (6).

[6] 任平. 论中国特色社会主义的文化矛盾与马克思主义文化领导权 [J]. 马克思主义研究, 2009 (5).

[7] 张雷声. 论坚持马克思主义的指导地位 [J]. 思想理论教育, 2009 (21).

[8] 龚正荣. 胡锦涛同志以主流意识形态引领社会稳定思想论析 [J]. 毛泽东思想研究, 2009 (5).

[9] 陈锡喜. 关于"坚持马克思主义在意识形态领域的指导地位"的理论辨析 [J]. 思想理论教育, 2009 (15).

[10] 张玲枣. 建设社会主义核心价值体系 实现党的文化领导权 [J]. 科学社会主义, 2010 (1).

[11] 曹长盛. 始终坚持马克思主义在意识形态领域的指导地位 [J]. 北京大学学报, 2009 (1).

[12] 田心铭. 为什么不能搞指导思想多元化 [J]. 马克思主义研究, 2009 (8).

[13] 田心铭. 评几种否定马克思主义指导地位的观点 [J]. 马克思主义研究, 2009 (9).

[14] 沈壮海. 文化软实力的中国话语、中国境遇与中国道路 [J]. 马克思主义研究, 2009 (11).

[15] 刘同舫. 在应对当代各种思潮的挑战中发挥马克思主义的威力 [J]. 马克思主义研究, 2010 (3).

[16] 吴学琴. 日常生活化的意识形态与新中国流行语的变迁 [J]. 马克思主义研究, 2010 (3).

[17] 王乐泉. 牢牢掌握意识形态工作的主动权 [J]. 求是, 2005 (2).

[18] 张雷、陈世润. 论马克思主义在意识形态领域的指导地位 [J]. 前沿, 2010 (9).

[19] 陶文昭. 论当代中国马克思主义大众化的关键 [J]. 思想理论教育, 2009 (23).

[20] 郭建宁. 打造与中国道路相适应的话语体系 [J]. 学术前沿, 2012 (9) (下)。

[21] 田福宁. 关于马克思主义大众化若干问题的再思考 [J]. 思想理论教育, 2009 (23).

[22] 胡润忠. 哈贝马斯的话语民主理论 [N]. 学习时报, 2008 - 07 - 14.

[23] 王永贵. 推动当代中国马克思主义大众化战略机制探析 [J]. 马克思主义研究, 2009 (7).

[24] 秋石. 大力推进马克思主义中国化、时代化、大众化 [J]. 求是, 2009 (23).

[25] 吴琼, 纪淑云. 马克思主义大众化语境中的思想政治教育话语变革 [J]. 求实, 2012 (10).

[26] 王桂兰. 主流理论的形态特征与大众化的路径选择 [J]. 马克思主义与现实, 2009 (6).

[27] 王让新, 吴满意, 宋歌. 论马克思主义大众化的战略意义和实现方式 [J]. 毛泽东思想研究, 2009 (11).

[28] 张志洲. 提升学术话语权与中国的话语体系构建 [J]. 红旗文稿, 2012 (13).

[29] 姚迎春. 论马克思主义大众化与国家文化软实力 [J]. 科学社会主

义，2010（1）．

[30] 王必胜．我国社会主义意识形态建设的大众视野 [J]．社会主义研究，2010（2）．

[31] 胡伯项，刘东浩．论当代中国意识形态理论的文化话语转换 [J]．马克思主义研究，2013（4）．

[32] 王万征．对新时期我国意识形态创新的思考 [J]．毛泽东邓小平理论研究，2009（2）．

[33] 类延旭，蒋耕中，覃川．加强社会主义意识形态工作的文化路径探析 [J]．思想政治教育导刊，2009（3）．

[34] 周连顺．新时期意识形态的分化与整合 [J]．科学社会主义，2009（1）．

[35] 张骥，程新英．论马克思主义意识形态在我国面临的挑战与回应 [J]．马克思主义研究，2009（2）．

[36] 刘增明，张青卫．努力构建马克思主义哲学的中国话语系统 [J]．马克思主义研究，2013（4）．

[37] 中央党校中国特色社会主义理论体系研究中心．社会主义核心价值观的历史进步意义 [J]．求是，2014（3）．

[38] 廖志诚．论思想政治教育发展动力系统的构成 [J]．马克思主义与现实，2009（6）．

[39] 欧阳英，程晓萱．在知识、意识形态与政治之间 [J]．武汉大学学报，2009（1）．

[40] 徐海波．国家理论、意识形态与"构建和谐社会" [J]．马克思主义与现实，2005（1）．

[41] 马俊领，王晓生．埃尔斯特对马克思意识形态理论的概念分析 [J]．求索，2009（1）．

[42] 张秀琴．意识形态的实践导向及其研究方法 [J]．马克思主义与现实，2009（6）．

[43] 侯惠勤．改革开放是决定当代中国命运的关键抉择 [J]．北京大学学报，2009（1）．

[44] 郭建新．论核心价值体系道德认同的依据和路径 [J]．马克思主义研究，2009（11）．

[45] 李俊．新时期中国政治文化的创新及其向度 [J]．科学社会主义，2009（3）．

［46］林雄. 全面提高文化软实力需要处理好五个关系［J］. 求是，2009（22）.

［47］张三元. 制度思维方式与社会主义核心价值体系的双向构建［J］. 思想理论教育，2009（17）.

［48］陆树程，王继全. 社会主义核心价值体系与和谐社会构建［J］. 马克思主义研究，2009（5）.

［49］冯周卓. 以马克思主义意识形态建设推进社会主义核心价值观认同［J］. 道德与文明，2009（6）.

［50］赵曜. 当代中国社会思潮透视［J］. 中国特色社会主义研究，2002（1）.

［51］梅荣政. 坚持以马克思主义引领社会思潮［J］. 马克思主义研究，2007（2）.

［52］龚正荣. 胡锦涛同志以主流意识形态引领社会稳定思想论析［J］. 毛泽东思想研究，2009（5）.

［53］杨冬民，许春玲. 以社会主义核心价值体系引领当代社会思潮［J］. 马克思主义与现实，2009（5）.

［54］朱士群. 当代中国社会思潮：回应与引领［J］. 安徽师范大学学报（人文社会科学版），2008（7）.

［55］李爱芳. 试论社会主义和谐文化建设的路径选择［J］. 马克思主义与现实，2009（2）.

［56］侯惠勤. 新中国主流意识形态建设的基本经验，（上），思想理论教育导刊，2009（8）.

［57］侯惠勤. 新中国主流意识形态建设的基本经验，（下），思想理论教育导刊，2009（9）.

［58］孙学玉. 我国社会主义核心价值体系建设的现实基础与实现路径［J］. 江海学刊，2009（5）.

［59］戴木才，田海舰. 社会主义核心价值体系建设需要深化研究的若干理论问题［J］. 马克思主义研究，2009（9）.

［60］刘昀献. 谈马克思主义中国化、时代化、大众化［J］. 求是，2010（5）.

［61］中国社会科学院中国特色社会主义理论体系研究中心. 划清"四个界限"筑牢思想防线［J］. 求是，2010（4）.

［62］王秀阁. 论社会主义核心价值体系引领机制的建构［J］. 马克思主

义研究, 2010 (1).

[63] 张树林, 江敏. 我国意识形态面临的挑战及应对之策 [J]. 理论探索, 2009 (1).

[64] 黄明理, 张秀芹. 社会主义意识形态吸引力制约因素的认识论分析 [J]. 齐鲁学刊, 2010 (2).

[65] 李红梅. 恩格斯晚年对马克思主义意识形态理论的完善 [J]. 毛泽东邓小平理论研究, 2010 (2).

[66] 曹泳鑫. 马克思主义中国化时代化大众化的基本内涵和基本要求 [J]. 毛泽东邓小平理论研究, 2010 (1).

[67] 胡大平. 马克思主义的意识形态范畴 [J]. 教学与研究, 2009 (11).

[68] 朱彦振. 马克思意识形态理论研究述评 [J]. 学海, 2009 (4).

[69] 王永贵. 马克思恩格斯意识形态理论精髓及其当代启示 [J]. 理论学刊, 2009 (6).

[70] 韩柱. 论意识形态影响力的基本构成 [J]. 云南社会科学, 2009 (1).

[71] 江苏省社会主义核心价值体系研究中心. 论我国现阶段社会主义意识形态建设的目标指向及实现机制 [J]. 当代世界与社会主义, 2009 (1).

[72] 陈吉猛. 意识形态的二重视域 [J]. 学术论坛, 2009 (1).

[73] 赵德江, 胡海波. 论马克思主义意识形态观 [J]. 社会科学战线, 2006 (4).

[74] 陈国栋. 论马克思主义意识形态的基本内容和特征 [J]. 理论月刊, 2009 (3).

[75] 郝燕. 西方马克思主义的意识形态理论 [J]. 山东社会科学, 2004 (4).

[76] 张骥, 申文杰. 马克思主义意识形态话语权在我国思想宣传领域面临的挑战与实现方式探究 [J]. 当代世界与社会主义, 2011 (1).

[77] 王永芹. 当代中国多样化社会思潮发展态势与引领机制探析 [J]. 河北学刊, 2008 (11).

[78] 冯霞. 论社会主义核心价值体系引领社会思潮的实现路径 [J]. 学术论坛, 2009 (7).

[79] 张骥, 赵学琳. 马克思主义意识形态引领社会思潮基本经验研究 [J]. 理论学刊, 2009 (4).

[80] 梅荣政. 用社会主义核心价值体系引领社会思潮的政策探索 [J]. 毛泽东邓小平理论研究, 2008 (10).

[81] 孙发锋. 尊重差异、包容多样: 社会主义核心价值体系引领多样化社

会思潮的重要方针 [J]. 求索, 2009 (5).

[82] 廖胜刚, 秦在东. 论新时期社会主义意识形态管理的创新 [J]. 山西师大学报, 2008 (7).

[83] 孟轲. 略论社会主义意识形态吸引力面临的时代挑战与科学应对 [J]. 湖北社会科学, 2009 (4).

[84] 张耀灿. 试析我国社会主义意识形态建设的基本规律 [J]. 理论前沿, 2006 (4).

[85] 张丽芬. 开放条件下社会主义意识形态的影响方式与传播途径 [J]. 学术论坛, 2009 (9).

[86] 石云霞, 周太山. 我国主流意识形态对社会各阶层的影响力研究 [J]. 学术论坛, 2010 (3).

[87] 蒋淑晴. 江泽民对社会主义意识形态战略地位和作用的科学阐释 [J]. 学术论坛, 2010 (1).

[88] 山东省中国特色社会主义理论体系研究中心. 大力推进社会主义核心价值体系大众化 [J]. 求实, 2011 (4).

[89] 王存福. 苏东社会主义国家意识形态安全的历史考察及其启示 [J]. 社会主义研究, 2011 (1).

[90] 张秀琴. 马克思与恩格斯意识形态观比较研究 [J]. 马克思主义研究, 2011 (2).

[91] 王岩, 魏崇辉. 新制度经济学意识形态理论与我国意识形态安全 [J]. 马克思主义研究, 2011 (2).

[92] 徐俊, 刘魁. 马克思主义信仰中国化论析 [J]. 马克思主义研究, 2011 (2).

[93] 湖南省邓小平理论和"三个代表"重要思想研究中心. 用社会主义核心价值体系引领社会思潮 [N]. 光明日报, 2008 – 03 – 04.

[94] 廖可铎, 赵志翔. 在解放思想、改革开放中创新理论 [N]. 光明日报, 2009 – 07 – 30.

[95] 戴长征. 意识形态话语结构: 当代中国基层政治运作的符号空间 [J]. 学术论坛, 2010 (4).

[96] 戈士国. 马克思意识形态概念的功能学解读 [J]. 马克思主义研究, 2010 (10).

[97] 张志丹. 齐泽克意识形态思想的创新及评价 [J]. 马克思主义研究, 2010 (10).

［98］蒋乾麟，程建国．积极探索用社会主义核心价值体系引领社会思潮的有效途径［J］．求是，2011（5）．

［99］林凌．用社会主义核心价值体系引领网络文化建设［J］．马克思主义研究，2011（2）．

［100］徐奉臻．生活的生产：《德意志意识形态》中被遮蔽的现代性维度［J］．马克思主义研究，2011（1）．

［101］陈锡喜．论马克思主义的理论自尊、理论自信和理论自觉［J］．教学与研究，2012（10）．

［102］胡大平．马克思为什么是对的？［J］．南京政治学院学报，2012（5）．

［103］张师伟．西方话语输入与"中国模式"构建［J］．文史哲，2012（5）．

［104］尤金．广义历史唯物主义中的隐形空间话语［J］．马克思主义与现实，2013（3）．

［106］刘光锋．马克思主义语言大众化的理论透析及当代审视［J］．马克思主义研究，2013（5）．

［107］吴瑛．信息传播视角下的话语权生产机制研究［J］．四川大学学报（哲学社会科学版），2011（3）．

［108］钱圆圆．话语权力及主体位置——基于福柯理论的分析［J］．西南农业大学学报（社会科学版），2011（10）．

［109］李伟．牢牢把握宣传思想工作的主动权［J］．求是，2013（18）．

［110］孙守刚．讲导向不含糊 抓导向不放松［J］．求是，2013（18）．

［111］王伟光．牢牢掌握意识形态工作领导权管理权话语权［N］．人民日报，2013－10－08．

［112］卢旭东．巩固意识形态领导权是当务之急［J］．思想政治工作研究，2013（10）．

［113］徐惟诚．依靠人民群众建设道德高地［J］．求是，2013（21）．

［114］秋石．巩固马克思主义在意识形态领域的指导地位［J］．求是，2013（19）．

［115］章忠民．中国梦：提升中华民族的凝聚力［J］．马克思主义研究，2013（10）．

［116］韩喜平．"中国梦"与理论工作者的使命［J］．马克思主义研究，2013（10）．

［117］郑承军．论社会主义核心价值观形成的个人自觉与社会自觉［J］．马克思主义研究，2013（9）．

[118] 余丽. 从互联网霸权看西方大国的战略实质和目标 [J]. 马克思主义研究, 2013 (9).

[119] 韩源, 等. 论意识形态安全视阈中的指导思想一元化问题 [J]. 马克思主义研究, 2011 (7).

[120] 韩毓海. 坚定马克思主义中国化的自信 [J]. 毛泽东邓小平理论研究, 2013 (1).

[121] 张秀琴. 马克思意识形态概念在中国的早期传播与接受: 1919—1949 [J]. 马克思主义与现实, 2013 (1).

[123] 杨德霞, 张桂珍. 试析马克思视野中的意识形态虚假性 [J]. 马克思主义研究, 2013 (3).

[124] 徐斌. 论坚定马克思主义信仰 [J]. 马克思主义研究, 2013 (3).

[125] 袁银传, 韩玲. 凝练社会主义核心价值观的基本依据 [J]. 马克思主义研究, 2013 (1).

[126] 季卫兵. 从福柯微权力观点看自媒体的话语传播 [J]. 学术论坛, 2013 (3).

[127] 黄丹. 牢牢掌握新媒体时代马克思主义意识形态话语权 [J]. 军队政工理论研究, 2012 (1).

[128] 张健. 话语权的解释框架及公民社会中的话语表达 [J]. 湖南行政学院学报, 2008 (5).

[129] 徐国民. 话语、权力与社会价值 [J]. 求索, 2008 (7).

[130] 孙民. "意识形态"领导权理论的实质 [J]. 社会科学家, 2008 (10).

[131] 张曙光. "话语""道理"与"秩序" [J]. 天津社会科学, 2008 (3).

[132] 冯广艺. 论话语权 [J]. 福建师范大学学报 (哲学社会科学版) 2008 (4).

[133] 王啸. 国际话语权与中国国际形象的塑造 [J]. 国际关系学院学报, 2010 (6).

[134] 杨昕. 当代中国意识形态话语权研究述评 [J]. 探索, 2012 (3).

[135] 邓伯军, 李长成. 大众文化对马克思主义意识形态话语权的影响及对策研究 [J]. 宁夏党校学报, 2012 (4).

[136] 李根寿. "中国政治发展模式"与"西方话语权"的打破 [J]. 前沿, 2010 (5).

[137] 李君如. 中国梦的意义、内涵及辩证逻辑 [J]. 毛泽东邓小平理论研究, 2013 (7).

[138] 曹泳鑫. 大国崛起的基本规律与中国梦 [J]. 毛泽东邓小平理论研究, 2013 (7).

[139] 王春玺. 中国梦让中国特色社会主义目标更加明确 [J]. 毛泽东邓小平理论研究, 2013 (7).

[140] 周新城. 中国特色社会主义的性质与地位 [J]. 毛泽东邓小平理论研究, 2013 (5).

[141] 汪青松. 科学发展观与中国梦的理想信仰 [J]. 毛泽东邓小平理论研究, 2013 (10).

[142] 夏东民, 金朝晖. 我国主流价值观面临的挑战与对策 [J]. 毛泽东邓小平理论研究, 2013 (9).

[143] 陈锡喜. 论马克思主义的理论自尊、理论自信和理论自觉 [J]. 教学与研究, 2012 (10).

[144] 胡大平. 马克思为什么是对的? [J]. 南京政治学院学报, 2012 (5).

[145] 郭建宁. 打造与中国道路相适应的话语体系 [J]. 学术前沿, 2012 (9).

[146] 周欣平. 占据国际视野: 提升中国学术话语权新思维 [J]. 学术前沿, 2012 (10).

[147] 王伦光. 社会主义核心价值体系实践路径研究 [J]. 浙江社会科学, 2012 (12).

[148] 张师伟. 西方话语输入与 "中国模式" 构建 [J]. 文史哲, 2012 (5).

[149] 侯惠勤. 意识形态的变革与话语权 [J]. 马克思主义研究, 2007 (12).

[150] 刘晓露, 熊力游. 话语权力观照下的主体身份构建 [J]. 求索, 2012 (2).

[151] 郝贵生. 论马克思主义的批判性与革命性 [J]. 马克思主义研究, 2012 (1).

[152] 沙健孙. 毛泽东关于社会主义文化建设的若干思想 [J]. 毛泽东邓小平理论研究, 2012 (8).

[153] 侯惠勤. 弱化与强化: 意识形态的当代走向与马克思主义的话语权 [J]. 毛泽东邓小平理论研究, 2004 (6).

[154] 邹绍清. 论意识形态主导话语权的变革 [J]. 马克思主义研究, 2013 (3).

[155] 余斌. 学术话语的舍弃、更正、沿用与创新 [J]. 马克思主义研

究，2013（3）.

[156] 卢国琪. 马克思主义中国化的十大创新话语体系 [J]. 马克思主义研究，2013（4）.

[157] 刘华初. 从《实践论》与《矛盾论》看我国马克思主义话语体系构建 [J]. 马克思主义研究，2013（4）.

[158] 李士坤. 社会主义核心价值体系与我国的意识形态建设 [J]. 毛泽东邓小平理论研究，2012（4）.

[159] 吴佩芬. 意识形态"多元论"的实质、危害及警示 [J]. 毛泽东邓小平理论研究，2012（4）.

[160] 张国祚. 关于中国文化软实力建设的几点思考 [J]. 毛泽东邓小平理论研究，2012（7）.

[161] 袁贵仁. 把握大势，着眼大事，努力做好新形势下高校宣传思想工作 [J]. 求是，2015（3）.

[163] 曹文泽. 让高校思想政治工作活起来 [N]. 人民出日报，2017－02－13.

[164] 朱景林. 从"三个统一"着力，大力加强师德师风建设 [N]. 人民出日报，2017－02－13.

[165] 丁振国. 高校如何应对意识形态建设的挑战 [N]. 光明日报，2017－02－14.

[166] 邓学源、李国兴. 加强高校意识形态工作领导权、话语权 [N]. 光明日报，2017－02－13.

[167] 韩振峰. 高校思想政治工作必须强化"四个服务"意识 [N]. 光明日报，2017－02－11.

[168] 黄建军，周洲. 高校意识形态工作面临的挑战及对策 [J]. 马克思主义研究，2017（7）.

[169] 史明艳. 高校意识形态问题研究 [J]. 学校党建与思想教育，2018（9）.

[170] 马书臣. 高校意识形态工作需要处理好五大关系 [J]. 中国高等教育，2017（1）.

[171] 袁小云. 高校意识形态工作面临的挑战与应对策略 [J]. 学校党建与思想教育，2017（1）.

[172] 寇翔. 高校意识形态教育面临的挑战及其应对 [J]. 学校党建与思想教育，2018（4）.

[173] 习近平. 在纪念马克思200周年诞辰大会上的讲话 [N]. 人民日

报，2018 － 05 － 07.

　　［174］习近平. 举旗帜　聚民心　育新人　展形象　更好完成新形势下宣传思想工作任务［N］. 人民日报，2018 － 08 － 23.

　　［175］习近平. 坚持中国特色社会主义教育发展道路　培养德智体美劳全面发展的社会主义建设者和接班人［N］. 人民日报，2018 － 09 － 11.

　　［176］习近平. 自主创新推进网络强国建设［N］. 人民日报，2018 － 04 － 22.

　　［177］李民. 切实提高高校意识形态工作科学化水平［N］. 光明日报，2016 － 01 － 16.

后　记

　　寒来暑往，历经四个春夏秋冬，终于完成了这部著作，不免有感而发。本人乐于写后记，但后记并不是随意写的，只有完成一本专著时才可以写，因此，每当写后记的时候，总带有一点儿收获感。

　　本书为作者2015年承担的河北省社会科学基金项目，项目编号：HB15MK022。本书是河北省社会科学基金项目"牢牢掌握高校意识形态领导权、话语权研究"的最终结项成果。意识形态工作是党和国家一项极端重要的工作，高校作为意识形态工作前沿阵地，肩负着学习研究宣传马克思主义，培育和弘扬社会主义核心价值，为实现中华民族伟大复兴的"中国梦"提供人才保障和智力支持的重要任务。做好高校意识形态工作，牢牢掌握高校意识形态工作领导权、话语权，是一项战略工程、固本工程、筑魂工程，事关党对高校的领导，事关全面贯彻党的教育方针，事关中国特色社会主义事业后继有人，对于巩固马克思主义在意识形态领域的指导地位、巩固全党全国各族人民团结奋斗的共同思想基础，具有十分重要而深远的意义。中国特色社会主义进入新时代，在以习近平同志为核心的党中央坚强领导下，我国高校意识形态工作始终坚持正确的政治方向，高校意识形态工作取得显著成效，高校意识形态领域主流积极、健康、向上，广大师生对党的领导衷心拥护，对以习近平同志为核心的党中央充分信赖，对中国特色社会主义事业和实现伟大复兴的"中国梦"充满信心。但是，也要清醒地看到，世界范围内各种思想文化交流、交融、交锋更加频繁，国际思想文化领域斗争深刻复杂，一些西方国家把我国发展壮大视为对其价值观和制度模式的挑战，高校是敌对势力渗透的重要场所，抵御、防范敌对势力渗透的任务更加繁重；国内各种社会矛盾和问题相互叠加、集中呈现，人们思想活动的独立性、选择性、多变性、差异性日益增强，牢牢掌握高校意识形态工作领导权、话语权更为重要。

　　本人作为一名高校教师，肩负着立德树人、教书育人的神圣职责，这种职责不仅来自日常的教学工作、指导学生论文工作，还来自科研工作。对高校的意识形态状况、意识形态工作，本人身临其境，在教学、科研、讲座及有关社会工作中，多方面接触、感知高校意识形态问题。近年来，本人主要研究领域是意识形态问题，因此，对于深入、具体地研究高校意识形态，自己感到有一种沉甸甸的责任，也认为是一种理所当然的任务。基于这样的考虑和心愿，于2015年3月申报了河北省社会科学基金项目，心诚则灵，本人申报的"牢牢掌握高校意识形态领导权、话语权研究"项目获得立项。该项目立项后，本人决心把这一项目作为一个精品项目，一定要认真地、高质量地完成。围绕这一项目，本人搜集了大量资料，把这些资料打印出来，反复研究，发表了8篇论文，并进行了多方面调研活动，撰写了4篇有关高校意识形态情况的调研报告，作了5次有关学术报告，这些研究成果和研究活动，为完成该课题奠定了良好的基础。这一课题得以完成是这四年劳动的结晶。

特别提到的是，在这一课题完成过程中，2017年10月18日召开了党的十九大，在贯彻落实十九大精神、学习习近平新时代中国特色社会主义思想过程中，我不仅增加了完成这一课题的动力，也及时吸收了十九大报告中关于意识形态问题的新观点，如十九大报告中提出的"牢牢掌握意识形态工作领导权""意识形态决定文化前进方向和发展道路""建设具有强大凝聚力和引领力的社会主义意识形态"等基本观点在本书中都有体现。

本书得到了河北师范大学马克思主义学院学术著作出版基金的资助，非常感谢！

在课题调研及撰写过程中得到河北师范大学马克思主义学院教授、博士生导师张骥的指导，深表谢意！

本书在出版过程中得到了河北师范大学马克思主义学院教授、博士生导师李素霞院长的大力支持，谨表谢忱！

本书在出版过程中得到了光明日报出版社编辑老师的鼎力支持和具体指导，深表感谢！

我爱人董同娟帮我做了大量校对工作，辛苦啦！

申文杰

2019年12月8日写于石家庄